T&P BOOKS

I0168235

PORTUGEES
WOORDENSCHAT

THEMATISCHE WOORDENLIJST

NEDERLANDS PORTUGEES

De meest bruikbare woorden
Om uw woordenschat uit te breiden en
uw taalvaardigheid aan te scherpen

9000 woorden

Thematische woordenschat Nederlands-Braziliaans Portugees - 9000 woorden

Door Andrey Taranov

Woordenlijsten van T&P Books zijn bedoeld om u woorden van een vreemde taal te helpen leren, onthouden, en bestudering. Dit woordenboek is ingedeeld in thema's en behandelt alle belangrijk terreinen van het dagelijkse leven, bedrijven, wetenschap, cultuur, etc.

Het proces van het leren van woorden met behulp van de op thema's gebaseerde aanpak van T&P Books biedt u de volgende voordelen:

- Correct gegroepeerde informatie is bepalend voor succes bij opeenvolgende stadia van het leren van woorden
- De beschikbaarheid van woorden die van dezelfde stam zijn maakt het mogelijk om woordgroepen te onthouden (in plaats van losse woorden)
- Kleine groepen van woorden faciliteren het proces van het aanmaken van associatieve verbindingen, die nodig zijn bij het consolideren van de woordenschat
- Het niveau van talenkennis kan worden ingeschat door het aantal geleerde woorden

T&P Books Publishing
www.tpbooks.com

ISBN: 978-1-80001-786-3

Dit boek is ook beschikbaar in e-boek formaat.
Gelieve www.tpbooks.com te bezoeken of de belangrijkste online boekwinkels.

BRAZILIAANS PORTUGESE WOORDENSCHAT
nieuwe woorden leren

T&P Books woordenlijsten zijn bedoeld om u te helpen vreemde woorden te leren, te onthouden, en te bestuderen. De woordenschat bevat meer dan 9000 veel gebruikte woorden die thematisch geordend zijn.

- De woordenlijst bevat de meest gebruikte woorden
- Aanbevolen als aanvulling bij welke taalcursus dan ook
- Voldoet aan de behoeften van de beginnende en gevorderde student in vreemde talen
- Geschikt voor dagelijks gebruik, bestudering en zelftestactiviteiten
- Maakt het mogelijk om uw woordenschat te evalueren

Bijzondere kenmerken van de woordenschat

- De woorden zijn gerangschikt naar hun betekenis, niet volgens alfabet
- De woorden worden weergegeven in drie kolommen om bestudering en zelftesten te vergemakkelijken
- Woorden in groepen worden verdeeld in kleine blokken om het leerproces te vergemakkelijken
- De woordenschat biedt een handige en eenvoudige beschrijving van elk buitenlands woord

De woordenschat bevat 256 onderwerpen zoals:

Basisconcepten, getallen, kleuren, maanden, seizoenen, meeteenheden, kleding en accessoires, eten & voeding, restaurant, familieleden, verwanten, karakter, gevoelens, emoties, ziekten, stad, dorp, bezienswaardigheden, winkelen, geld, huis, thuis, kantoor, werken op kantoor, import & export, marketing, werk zoeken, sport, onderwijs, computer, internet, gereedschap, natuur, landen, nationaliteiten en meer ...

INHOUDSOPGAVE

UITSPRAAKGIDS

T&P fonetisch alfabet	Portugees voorbeeld	Nederlands voorbeeld

Klinkers

[a]	**baixo** ['baɪʃu]	acht
[e]	**erro** ['eʀu]	delen, spreken
[ɛ]	**leve** ['lɛvə]	elf, zwembad
[i]	**lancil** [lã'sil]	bidden, tint
[o], [ɔ]	**boca, orar** ['bokɐ], [ɔ'raɾ]	overeenkomst, bot
[u]	**urgente** [ur'ʒẽtə]	hoed, doe
[ã]	**toranja** [tu'rãʒɐ]	nasale [a]
[ẽ]	**gente** ['ʒẽtə]	zwemmen, existeren
[ĩ]	**seringa** [sə'rĩgɐ]	nasale [i]
[õ]	**ponto** ['põtu]	nasale [o]
[ũ]	**umbigo** [ũ'bigu]	nasale [u]

Medeklinkers

[b]	**banco** ['bãku]	hebben
[d]	**duche** ['duʃə]	Dank u, honderd
[ʤ]	**abade** [a'baʤi]	jeans, jungle
[f]	**facto** ['faktu]	feestdag, informeren
[g]	**gorila** [gu'rilɐ]	goal, tango
[j]	**feira** ['fejrɐ]	New York, januari
[k]	**claro** ['klaru]	kennen, kleur
[l]	**Londres** ['lõdrəʃ]	delen, luchter
[ʎ]	**molho** ['moʎu]	biljet, morille
[m]	**montanha** [mõ'tɐɲɐ]	morgen, etmaal
[n]	**novela** [nu'vɛlɐ]	nemen, zonder
[ɲ]	**senhora** [sə'ɲorɐ]	cognac, nieuw
[ŋ]	**marketing** ['maɾkətiŋ]	optelling
[p]	**prata** ['pratɐ]	parallel, koper
[s]	**safira** [sɐ'firɐ]	spreken, kosten
[ʃ]	**texto** ['tɛʃtu]	shampoo, machine
[t]	**teto** ['tɛtu]	tomaat, taart
[ʧ]	**doente** [do'ẽʧi]	Tsjechië, cello
[v]	**alvo** ['alvu]	beloven, schrijven
[z]	**vizinha** [vi'ziɲɐ]	zeven, zesde
[ʒ]	**juntos** ['ʒũtuʃ]	journalist, rouge
[w]	**sequoia** [sə'kwɔjɐ]	twee, willen

AFKORTINGEN
gebruikt in de woordenschat

Nederlandse afkortingen

abn	-	als bijvoeglijk naamwoord
bijv.	-	bijvoorbeeld
bn	-	bijvoeglijk naamwoord
bw	-	bijwoord
enk.	-	enkelvoud
enz.	-	enzovoort
form.	-	formele taal
inform.	-	informele taal
mann.	-	mannelijk
mil.	-	militair
mv.	-	meervoud
on.ww.	-	onovergankelijk werkwoord
ontelb.	-	ontelbaar
ov.	-	over
ov.ww.	-	overgankelijk werkwoord
telb.	-	telbaar
vn	-	voornaamwoord
vrouw.	-	vrouwelijk
vw	-	voegwoord
vz	-	voorzetsel
wisk.	-	wiskunde
ww	-	werkwoord

Nederlandse artikelen

de	-	gemeenschappelijk geslacht
de/het	-	gemeenschappelijk geslacht, onzijdig
het	-	onzijdig

Portugese afkortingen

f	-	vrouwelijk zelfstandig naamwoord
f pl	-	vrouwelijk meervoud
m	-	mannelijk zelfstandig naamwoord
m pl	-	mannelijk meervoud
m, f	-	mannelijk, vrouwelijk

pl	-	meervoud
v aux	-	hulp werkwoord
vi	-	onovergankelijk werkwoord
vi, vt	-	onovergankelijk, overgankelijk werkwoord
vr	-	reflexief werkwoord
vt	-	overgankelijk werkwoord

BASISBEGRIPPEN

Basisbegrippen Deel 1

1. Voornaamwoorden

ik	**eu**	['ew]
jij, je	**você**	[vɔ'se]
hij	**ele**	['ɛli]
zij, ze	**ela**	['ɛla]
wij, we	**nós**	[nɔs]
jullie	**vocês**	[vɔ'ses]
zij, ze (mann.)	**eles**	['ɛlis]
zij, ze (vrouw.)	**elas**	['ɛlas]

2. Begroetingen. Begroetingen. Afscheid

Hallo! Dag!	**Oi!**	[ɔj]
Hallo!	**Olá!**	[o'la]
Goedemorgen!	**Bom dia!**	[bõ 'ʤia]
Goedemiddag!	**Boa tarde!**	['boa 'tarʤi]
Goedenavond!	**Boa noite!**	['boa 'nojʧi]
gedag zeggen (groeten)	**cumprimentar** (vt)	[kũprimẽ'tar]
Hoi!	**Oi!**	[ɔj]
groeten (het)	**saudação** (f)	[sawda'sãw]
verwelkomen (ww)	**saudar** (vt)	[saw'dar]
Hoe gaat het met u?	**Como você está?**	['kɔmu vo'se is'ta]
Hoe is het?	**Como vai?**	['kɔmu 'vaj]
Is er nog nieuws?	**E aí, novidades?**	[a a'i novi'daʤis]
Dag! Tot ziens!	**Tchau!**	['ʧaw]
Tot snel! Tot ziens!	**Até breve!**	[a'tɛ 'brɛvi]
Vaarwel!	**Adeus!**	[a'dews]
afscheid nemen (ww)	**despedir-se** (vr)	[ʤispe'ʤirsi]
Tot kijk!	**Até mais!**	[a'tɛ majs]
Dank u!	**Obrigado! -a!**	[obri'gadu, -a]
Dank u wel!	**Muito obrigado! -a!**	['mwĩtu obri'gadu, -a]
Graag gedaan	**De nada**	[de 'nada]
Geen dank!	**Não tem de quê**	['nãw tẽj de ke]
Geen moeite.	**Não foi nada!**	['nãw foj 'nada]
Excuseer me, ... (inform.)	**Desculpa!**	[ʤis'kuwpa]
Excuseer me, ... (form.)	**Desculpe!**	[ʤis'kuwpe]

excuseren (verontschuldigen)	**desculpar** (vt)	[dʒiskuw'par]
zich verontschuldigen	**desculpar-se** (vr)	[dʒiskuw'parsi]
Mijn excuses.	**Me desculpe**	[mi dʒis'kuwpe]
Het spijt me!	**Desculpe!**	[dʒis'kuwpe]
vergeven (ww)	**perdoar** (vt)	[per'dwar]
Maakt niet uit!	**Não faz mal**	['nãw fajʒ maw]
alsjeblieft	**por favor**	[por fa'vor]
Vergeet het niet!	**Não se esqueça!**	['nãw si is'kesa]
Natuurlijk!	**Com certeza!**	[kõ ser'teza]
Natuurlijk niet!	**Claro que não!**	['klaru ki 'nãw]
Akkoord!	**Está bem! De acordo!**	[is'ta bẽj], [de a'kordu]
Zo is het genoeg!	**Chega!**	['ʃega]

3. Hoe aan te spreken

Excuseer me, ...	**Desculpe ...**	[dʒis'kuwpe]
meneer	**senhor**	[se'ɲor]
mevrouw	**senhora**	[se'ɲora]
juffrouw	**senhorita**	[seɲo'rita]
jongeman	**jovem**	['ʒɔvẽ]
jongen	**menino**	[me'ninu]
meisje	**menina**	[me'nina]

4. Kardinale getallen. Deel 1

nul	**zero**	['zɛru]
een	**um**	[ũ]
twee	**dois**	['dojs]
drie	**três**	[tres]
vier	**quatro**	['kwatru]
vijf	**cinco**	['sĩku]
zes	**seis**	[sejs]
zeven	**sete**	['sɛtʃi]
acht	**oito**	['ojtu]
negen	**nove**	['nɔvi]
tien	**dez**	[dɛz]
elf	**onze**	['õzi]
twaalf	**doze**	['dozi]
dertien	**treze**	['trezi]
veertien	**catorze**	[ka'torzi]
vijftien	**quinze**	['kĩzi]
zestien	**dezesseis**	[deze'sejs]
zeventien	**dezessete**	[dezi'setʃi]
achttien	**dezoito**	[dʒi'zojtu]
negentien	**dezenove**	[deze'nɔvi]
twintig	**vinte**	['vĩtʃi]
eenentwintig	**vinte e um**	['vĩtʃi i ũ]

tweeëntwintig	**vinte e dois**	['vĩtʃi i 'dojs]
drieëntwintig	**vinte e três**	['vĩtʃi i 'tres]
dertig	**trinta**	['trĩta]
eenendertig	**trinta e um**	['trĩta i ũ]
tweeëndertig	**trinta e dois**	['trĩta i 'dojs]
drieëndertig	**trinta e três**	['trĩta i 'tres]
veertig	**quarenta**	[kwa'rẽta]
eenenveertig	**quarenta e um**	[kwa'rẽta i 'ũ]
tweeënveertig	**quarenta e dois**	[kwa'rẽta i 'dojs]
drieënveertig	**quarenta e três**	[kwa'rẽta i 'tres]
vijftig	**cinquenta**	[sĩ'kwẽta]
eenenvijftig	**cinquenta e um**	[sĩ'kwẽta i ũ]
tweeënvijftig	**cinquenta e dois**	[sĩ'kwẽta i 'dojs]
drieënvijftig	**cinquenta e três**	[sĩ'kwẽta i 'tres]
zestig	**sessenta**	[se'sẽta]
eenenzestig	**sessenta e um**	[se'sẽta i ũ]
tweeënzestig	**sessenta e dois**	[se'sẽta i 'dojs]
drieënzestig	**sessenta e três**	[se'sẽta i 'tres]
zeventig	**setenta**	[se'tẽta]
eenenzeventig	**setenta e um**	[se'tẽta i ũ]
tweeënzeventig	**setenta e dois**	[se'tẽta i 'dojs]
drieënzeventig	**setenta e três**	[se'tẽta i 'tres]
tachtig	**oitenta**	[oj'tẽta]
eenentachtig	**oitenta e um**	[oj'tẽta i 'ũ]
tweeëntachtig	**oitenta e dois**	[oj'tẽta i 'dojs]
drieëntachtig	**oitenta e três**	[oj'tẽta i 'tres]
negentig	**noventa**	[no'vẽta]
eenennegentig	**noventa e um**	[no'vẽta i 'ũ]
tweeënnegentig	**noventa e dois**	[no'vẽta i 'dojs]
drieënnegentig	**noventa e três**	[no'vẽta i 'tres]

5. Kardinale getallen. Deel 2

honderd	**cem**	[sẽ]
tweehonderd	**duzentos**	[du'zẽtus]
driehonderd	**trezentos**	[tre'zẽtus]
vierhonderd	**quatrocentos**	[kwatro'sẽtus]
vijfhonderd	**quinhentos**	[ki'ɲẽtus]
zeshonderd	**seiscentos**	[sej'sẽtus]
zevenhonderd	**setecentos**	[sete'sẽtus]
achthonderd	**oitocentos**	[ojtu'sẽtus]
negenhonderd	**novecentos**	[nove'sẽtus]
duizend	**mil**	[miw]
tweeduizend	**dois mil**	['dojs miw]
drieduizend	**três mil**	['tres miw]

tienduizend	**dez mil**	['dɛz miw]
honderdduizend	**cem mil**	[sẽ miw]
miljoen (het)	**um milhão**	[ũ mi'ʎãw]
miljard (het)	**um bilhão**	[ũ bi'ʎãw]

6. Ordinale getallen

eerste (bn)	**primeiro**	[pri'mejru]
tweede (bn)	**segundo**	[se'gũdu]
derde (bn)	**terceiro**	[ter'sejru]
vierde (bn)	**quarto**	['kwartu]
vijfde (bn)	**quinto**	['kĩtu]
zesde (bn)	**sexto**	['sestu]
zevende (bn)	**sétimo**	['sɛtʃimu]
achtste (bn)	**oitavo**	[oj'tavu]
negende (bn)	**nono**	['nonu]
tiende (bn)	**décimo**	['dɛsimu]

7. Getallen. Breuken

breukgetal (het)	**fração** (f)	[fra'sãw]
half	**um meio**	[ũ 'meju]
een derde	**um terço**	[ũ 'tersu]
kwart	**um quarto**	[ũ 'kwartu]
een achtste	**um oitavo**	[ũ oj'tavu]
een tiende	**um décimo**	[ũ 'dɛsimu]
twee derde	**dois terços**	['dojs 'tersus]
driekwart	**três quartos**	[tres 'kwartus]

8. Getallen. Eenvoudige berekeningen

aftrekking (de)	**subtração** (f)	[subtra'sãw]
aftrekken (ww)	**subtrair** (vi, vt)	[subtra'ir]
deling (de)	**divisão** (f)	[dʒivi'zãw]
delen (ww)	**dividir** (vt)	[dʒivi'dʒir]
optelling (de)	**adição** (f)	[adʒi'sãw]
erbij optellen (bij elkaar voegen)	**somar** (vt)	[so'mar]
optellen (ww)	**adicionar** (vt)	[adʒisjo'nar]
vermenigvuldiging (de)	**multiplicação** (f)	[muwtʃiplika'sãw]
vermenigvuldigen (ww)	**multiplicar** (vt)	[muwtʃipli'kar]

9. Getallen. Diversen

cijfer (het)	**algarismo, dígito** (m)	[awga'rizmu], ['dʒiʒitu]
nummer (het)	**número** (m)	['numeru]

telwoord (het)	**numeral** (m)	[nume'raw]
minteken (het)	**sinal** (m) **de menos**	[si'naw de 'menus]
plusteken (het)	**mais** (m)	[majs]
formule (de)	**fórmula** (f)	['fɔrmula]
berekening (de)	**cálculo** (m)	['kawkulu]
tellen (ww)	**contar** (vt)	[kõ'tar]
bijrekenen (ww)	**calcular** (vt)	[kawku'lar]
vergelijken (ww)	**comparar** (vt)	[kõpa'rar]
Hoeveel? (ontelb.)	**Quanto?**	['kwãtu]
Hoeveel? (telb.)	**Quantos? -as?**	['kwãtus, -as]
som (de), totaal (het)	**soma** (f)	['sɔma]
uitkomst (de)	**resultado** (m)	[hezuw'tadu]
rest (de)	**resto** (m)	['hɛstu]
enkele (bijv. ~ minuten)	**alguns, algumas ...**	[aw'gũs], [aw'gumas]
weinig (telb.)	**poucos, poucas**	['pokus], ['pokas]
een beetje (ontelb.)	**um pouco ...**	[ũ 'poku]
restant (het)	**resto** (m)	['hɛstu]
anderhalf	**um e meio**	[ũ i 'meju]
dozijn (het)	**dúzia** (f)	['duzja]
middendoor (bw)	**ao meio**	[aw 'meju]
even (bw)	**em partes iguais**	[ẽ 'partʃis i'gwais]
helft (de)	**metade** (f)	[me'tadʒi]
keer (de)	**vez** (f)	[vez]

10. De belangrijkste werkwoorden. Deel 1

aanbevelen (ww)	**recomendar** (vt)	[hekomẽ'dar]
aandringen (ww)	**insistir** (vi)	[ĩsis'tʃir]
aankomen (per auto, enz.)	**chegar** (vi)	[ʃe'gar]
aanraken (ww)	**tocar** (vt)	[to'kar]
adviseren (ww)	**aconselhar** (vt)	[akõse'ʎar]
afdalen (on.ww.)	**descer** (vi)	[de'ser]
afslaan (naar rechts ~)	**virar** (vi)	[vi'rar]
antwoorden (ww)	**responder** (vt)	[hespõ'der]
bang zijn (ww)	**ter medo**	[ter 'medu]
bedreigen (bijv. met een pistool)	**ameaçar** (vt)	[amea'sar]
bedriegen (ww)	**enganar** (vt)	[ẽga'nar]
beëindigen (ww)	**acabar, terminar** (vt)	[aka'bar], [termi'nar]
beginnen (ww)	**começar** (vt)	[kome'sar]
begrijpen (ww)	**entender** (vt)	[ẽtẽ'der]
beheren (managen)	**dirigir** (vt)	[dʒiri'ʒir]
beledigen (met scheldwoorden)	**insultar** (vt)	[ĩsuw'tar]
beloven (ww)	**prometer** (vt)	[prome'ter]
bereiden (koken)	**preparar** (vt)	[prepa'rar]

bespreken (spreken over)	**discutir** (vt)	[dʒisku'tʃir]
bestellen (eten ~)	**pedir** (vt)	[pe'dʒir]
bestraffen (een stout kind ~)	**punir** (vt)	[pu'nir]
betalen (ww)	**pagar** (vt)	[pa'gar]
betekenen (beduiden)	**significar** (vt)	[signifi'kar]
betreuren (ww)	**arrepender-se** (vr)	[ahepẽ'dersi]
bevallen (prettig vinden)	**gostar** (vt)	[gos'tar]
bevelen (mil.)	**ordenar** (vt)	[orde'nar]
bevrijden (stad, enz.)	**libertar, liberar** (vt)	[liber'tar], [libe'rar]
bewaren (ww)	**guardar** (vt)	[gwar'dar]
bezitten (ww)	**possuir** (vt)	[po'swir]
bidden (praten met God)	**rezar, orar** (vi)	[he'zar], [o'rar]
binnengaan (een kamer ~)	**entrar** (vi)	[ẽ'trar]
breken (ww)	**quebrar** (vt)	[ke'brar]
controleren (ww)	**controlar** (vt)	[kõtro'lar]
creëren (ww)	**criar** (vt)	[krjar]
deelnemen (ww)	**participar** (vi)	[partʃisi'par]
denken (ww)	**pensar** (vi, vt)	[pẽ'sar]
doden (ww)	**matar** (vt)	[ma'tar]
doen (ww)	**fazer** (vt)	[fa'zer]
dorst hebben (ww)	**ter sede**	[ter 'sedʒi]

11. De belangrijkste werkwoorden. Deel 2

een hint geven	**dar uma dica**	[dar 'uma 'dʒika]
eisen (met klem vragen)	**exigir** (vt)	[ezi'ʒir]
excuseren (vergeven)	**desculpar** (vt)	[dʒiskuw'par]
existeren (bestaan)	**existir** (vi)	[ezis'tʃir]
gaan (te voet)	**ir** (vi)	[ir]
gaan zitten (ww)	**sentar-se** (vr)	[sẽ'tarsi]
gaan zwemmen	**ir nadar**	[ir na'dar]
geven (ww)	**dar** (vt)	[dar]
glimlachen (ww)	**sorrir** (vi)	[so'hir]
goed raden (ww)	**adivinhar** (vt)	[adʒivi'ɲar]
grappen maken (ww)	**brincar** (vi)	[brĩ'kar]
graven (ww)	**cavar** (vt)	[ka'var]
hebben (ww)	**ter** (vt)	[ter]
helpen (ww)	**ajudar** (vt)	[aʒu'dar]
herhalen (opnieuw zeggen)	**repetir** (vt)	[hepe'tʃir]
honger hebben (ww)	**ter fome**	[ter 'fɔmi]
hopen (ww)	**esperar** (vi, vt)	[ispe'rar]
horen (waarnemen met het oor)	**ouvir** (vt)	[o'vir]
huilen (wenen)	**chorar** (vi)	[ʃo'rar]
huren (huis, kamer)	**alugar** (vt)	[alu'gar]
informeren (informatie geven)	**informar** (vt)	[ĩfor'mar]
instemmen (akkoord gaan)	**concordar** (vi)	[kõkor'dar]

jagen (ww)	**caçar** (vi)	[ka'sar]
kennen (kennis hebben van iemand)	**conhecer** (vt)	[koɲe'ser]
kiezen (ww)	**escolher** (vt)	[isko'ʎer]
klagen (ww)	**queixar-se** (vr)	[kej'ʃarsi]
kosten (ww)	**custar** (vt)	[kus'tar]
kunnen (ww)	**poder** (vi)	[po'der]
lachen (ww)	**rir** (vi)	[hir]
laten vallen (ww)	**deixar cair** (vt)	[dej'ʃar ka'ir]
lezen (ww)	**ler** (vt)	[ler]
liefhebben (ww)	**amar** (vt)	[a'mar]
lunchen (ww)	**almoçar** (vi)	[awmo'sar]
nemen (ww)	**pegar** (vt)	[pe'gar]
nodig zijn (ww)	**ser necessário**	[ser nese'sarju]

12. De belangrijkste werkwoorden. Deel 3

onderschatten (ww)	**subestimar** (vt)	[subestʃi'mar]
ondertekenen (ww)	**assinar** (vt)	[asi'nar]
ontbijten (ww)	**tomar café da manhã**	[to'mar ka'fɛ da ma'ɲã]
openen (ww)	**abrir** (vt)	[a'brir]
ophouden (ww)	**cessar** (vt)	[se'sar]
opmerken (zien)	**perceber** (vt)	[perse'ber]
opscheppen (ww)	**gabar-se** (vr)	[ga'barsi]
opschrijven (ww)	**anotar** (vt)	[ano'tar]
plannen (ww)	**planejar** (vt)	[plane'ʒar]
prefereren (verkiezen)	**preferir** (vt)	[prefe'rir]
proberen (trachten)	**tentar** (vt)	[tẽ'tar]
redden (ww)	**salvar** (vt)	[saw'var]
rekenen op ...	**contar com ...**	[kõ'tar kõ]
rennen (ww)	**correr** (vi)	[ko'her]
reserveren (een hotelkamer ~)	**reservar** (vt)	[hezer'var]
roepen (om hulp)	**chamar** (vt)	[ʃa'mar]
schieten (ww)	**disparar, atirar** (vi)	[dʒispa'rar], [atʃi'rar]
schreeuwen (ww)	**gritar** (vi)	[gri'tar]
schrijven (ww)	**escrever** (vt)	[iskre'ver]
souperen (ww)	**jantar** (vi)	[ʒã'tar]
spelen (kinderen)	**brincar, jogar** (vi, vt)	[brĩ'kar], [ʒo'gar]
spreken (ww)	**falar** (vi)	[fa'lar]
stelen (ww)	**roubar** (vt)	[ho'bar]
stoppen (pauzeren)	**parar** (vi)	[pa'rar]
studeren (Nederlands ~)	**estudar** (vt)	[istu'dar]
sturen (zenden)	**enviar** (vt)	[ẽ'vjar]
tellen (optellen)	**contar** (vt)	[kõ'tar]
toebehoren aan ...	**pertencer** (vt)	[pertẽ'ser]
toestaan (ww)	**permitir** (vt)	[permi'tʃir]
tonen (ww)	**mostrar** (vt)	[mos'trar]

twijfelen (onzeker zijn)	**duvidar** (vt)	[duvi'dar]
uitgaan (ww)	**sair** (vi)	[sa'ir]
uitnodigen (ww)	**convidar** (vt)	[kõvi'dar]
uitspreken (ww)	**pronunciar** (vt)	[pronũ'sjar]
uitvaren tegen (ww)	**ralhar, repreender** (vt)	[ha'ʎar], [heprjẽ'der]

13. De belangrijkste werkwoorden. Deel 4

vallen (ww)	**cair** (vi)	[ka'ir]
vangen (ww)	**pegar** (vt)	[pe'gar]
veranderen (anders maken)	**mudar** (vt)	[mu'dar]
verbaasd zijn (ww)	**surpreender-se** (vr)	[surprjẽ'dersi]
verbergen (ww)	**esconder** (vt)	[iskõ'der]
verdedigen (je land ~)	**defender** (vt)	[defẽ'der]
verenigen (ww)	**unir** (vt)	[u'nir]
vergelijken (ww)	**comparar** (vt)	[kõpa'rar]
vergeten (ww)	**esquecer** (vt)	[iske'ser]
vergeven (ww)	**perdoar** (vt)	[per'dwar]
verklaren (uitleggen)	**explicar** (vt)	[ispli'kar]
verkopen (per stuk ~)	**vender** (vt)	[vẽ'der]
vermelden (praten over)	**mencionar** (vt)	[mẽsjo'nar]
versieren (decoreren)	**decorar** (vt)	[deko'rar]
vertalen (ww)	**traduzir** (vt)	[tradu'zir]
vertrouwen (ww)	**confiar** (vt)	[kõ'fjar]
vervolgen (ww)	**continuar** (vt)	[kõtʃi'nwar]
verwarren (met elkaar ~)	**confundir** (vt)	[kõfũ'dʒir]
verzoeken (ww)	**pedir** (vt)	[pe'dʒir]
verzuimen (school, enz.)	**faltar a …**	[faw'tar a]
vinden (ww)	**encontrar** (vt)	[ẽkõ'trar]
vliegen (ww)	**voar** (vi)	[vo'ar]
volgen (ww)	**seguir …**	[se'gir]
voorstellen (ww)	**propor** (vt)	[pro'por]
voorzien (verwachten)	**prever** (vt)	[pre'ver]
vragen (ww)	**perguntar** (vt)	[pergũ'tar]
waarnemen (ww)	**observar** (vt)	[obser'var]
waarschuwen (ww)	**advertir** (vt)	[adʒiver'tʃir]
wachten (ww)	**esperar** (vt)	[ispe'rar]
weerspreken (ww)	**objetar** (vt)	[obʒe'tar]
weigeren (ww)	**negar-se** (vt)	[ne'garsi]
werken (ww)	**trabalhar** (vi)	[traba'ʎar]
weten (ww)	**saber** (vt)	[sa'ber]
willen (verlangen)	**querer** (vt)	[ke'rer]
zeggen (ww)	**dizer** (vt)	[dʒi'zer]
zich haasten (ww)	**apressar-se** (vr)	[apre'sarsi]
zich interesseren voor …	**interessar-se** (vr)	[ĩtere'sarsi]
zich vergissen (ww)	**errar** (vi)	[e'har]
zich verontschuldigen	**desculpar-se** (vr)	[dʒiskuw'parsi]

zien (ww)	**ver** (vt)	[ver]
zoeken (ww)	**buscar** (vt)	[bus'kar]
zwemmen (ww)	**nadar** (vi)	[na'dar]
zwijgen (ww)	**ficar em silêncio**	[fi'kar ẽ si'lẽsju]

14. Kleuren

kleur (de)	**cor** (f)	[kɔr]
tint (de)	**tom** (m)	[tõ]
kleurnuance (de)	**tonalidade** (m)	[tonali'dadʒi]
regenboog (de)	**arco-íris** (m)	['arku 'iris]
wit (bn)	**branco**	['brãku]
zwart (bn)	**preto**	['pretu]
grijs (bn)	**cinza**	['sĩza]
groen (bn)	**verde**	['verdʒi]
geel (bn)	**amarelo**	[ama'rɛlu]
rood (bn)	**vermelho**	[ver'meʎu]
blauw (bn)	**azul**	[a'zuw]
lichtblauw (bn)	**azul claro**	[a'zuw 'klaru]
roze (bn)	**rosa**	['hɔza]
oranje (bn)	**laranja**	[la'rãʒa]
violet (bn)	**violeta**	[vjo'leta]
bruin (bn)	**marrom**	[ma'hõ]
goud (bn)	**dourado**	[do'radu]
zilverkleurig (bn)	**prateado**	[pra'tʃjadu]
beige (bn)	**bege**	['bɛʒi]
roomkleurig (bn)	**creme**	['krɛmi]
turkoois (bn)	**turquesa**	[tur'keza]
kersrood (bn)	**vermelho cereja**	[ver'meʎu se'reʒa]
lila (bn)	**lilás**	[li'las]
karmijnrood (bn)	**carmim**	[kah'mĩ]
licht (bn)	**claro**	['klaru]
donker (bn)	**escuro**	[is'kuru]
fel (bn)	**vivo**	['vivu]
kleur-, kleurig (bn)	**de cor**	[de kɔr]
kleuren- (abn)	**a cores**	[a 'kores]
zwart-wit (bn)	**preto e branco**	['pretu i 'brãku]
eenkleurig (bn)	**de uma só cor**	[de 'uma sɔ kɔr]
veelkleurig (bn)	**multicolor**	[muwtʃiko'lor]

15. Vragen

Wie?	**Quem?**	[kẽj]
Wat?	**O que?**	[u ki]
Waar?	**Onde?**	['õdʒi]

Waarheen?	**Para onde?**	['para 'õʤi]
Waarvandaan?	**De onde?**	[de 'õʤi]
Wanneer?	**Quando?**	['kwãdu]
Waarom?	**Para quê?**	['para ke]
Waarom?	**Por quê?**	[por 'ke]
Waarvoor dan ook?	**Para quê?**	['para ke]
Hoe?	**Como?**	['kɔmu]
Wat voor ...?	**Qual?**	[kwaw]
Welk?	**Qual?**	[kwaw]
Aan wie?	**A quem?**	[a kẽj]
Over wie?	**De quem?**	[de kẽj]
Waarover?	**Do quê?**	[du ke]
Met wie?	**Com quem?**	[kõ kẽj]
Hoeveel? (ontelb.)	**Quanto?**	['kwãtu]
Hoeveel? (telb.)	**Quantos? -as?**	['kwãtus, -as]
Van wie? (mann.)	**De quem?**	[de kẽj]

16. Voorzetsels

met (bijv. ~ beleg)	**com**	[kõ]
zonder (~ accent)	**sem**	[sẽ]
naar (in de richting van)	**a ..., para ...**	[a], ['para]
over (praten ~)	**sobre ...**	['sobri]
voor (in tijd)	**antes de ...**	['ãtʃis de]
voor (aan de voorkant)	**em frente de ...**	[ẽ 'frẽtʃi de]
onder (lager dan)	**debaixo de ...**	[de'baɪʃu de]
boven (hoger dan)	**sobre ..., em cima de ...**	['sobri], [ẽ 'sima de]
op (bovenop)	**em ..., sobre ...**	[ẽ], ['sobri]
van (uit, afkomstig van)	**de ...**	[de]
van (gemaakt van)	**de ...**	[de]
over (bijv. ~ een uur)	**em ...**	[ẽ]
over (over de bovenkant)	**por cima de ...**	[por 'sima de]

17. Functiewoorden. Bijwoorden. Deel 1

Waar?	**Onde?**	['õʤi]
hier (bw)	**aqui**	[a'ki]
daar (bw)	**lá, ali**	[la], [a'li]
ergens (bw)	**em algum lugar**	[ẽ aw'gũ lu'gar]
nergens (bw)	**em lugar nenhum**	[ẽ lu'gar ne'ɲũ]
bij ... (in de buurt)	**perto de ...**	['pɛrtu de]
bij het raam	**perto da janela**	['pɛrtu da ʒa'nɛla]
Waarheen?	**Para onde?**	['para 'õʤi]
hierheen (bw)	**aqui**	[a'ki]

daarheen (bw)	**para lá**	['para la]
hiervandaan (bw)	**daqui**	[da'ki]
daarvandaan (bw)	**de lá, dali**	[de la], [da'li]
dichtbij (bw)	**perto**	['pɛrtu]
ver (bw)	**longe**	['lõʒi]
in de buurt (van ...)	**perto de ...**	['pɛrtu de]
dichtbij (bw)	**à mão, perto**	[a mãw], ['pɛrtu]
niet ver (bw)	**não fica longe**	['nãw 'fika 'lõʒi]
linker (bn)	**esquerdo**	[is'kerdu]
links (bw)	**à esquerda**	[a is'kerda]
linksaf, naar links (bw)	**para a esquerda**	['para a is'kerda]
rechter (bn)	**direito**	[dʒi'rejtu]
rechts (bw)	**à direita**	[a dʒi'rejta]
rechtsaf, naar rechts (bw)	**para a direita**	['para a dʒi'rejta]
vooraan (bw)	**em frente**	[ẽ 'frẽtʃi]
voorste (bn)	**da frente**	[da 'frẽtʃi]
vooruit (bw)	**adiante**	[a'dʒjãtʃi]
achter (bw)	**atrás de ...**	[a'trajs de]
van achteren (bw)	**de trás**	[de trajs]
achteruit (naar achteren)	**para trás**	['para trajs]
midden (het)	**meio** (m), **metade** (f)	['meju], [me'tadʒi]
in het midden (bw)	**no meio**	[nu 'meju]
opzij (bw)	**do lado**	[du 'ladu]
overal (bw)	**em todo lugar**	[ẽ 'todu lu'gar]
omheen (bw)	**por todos os lados**	[por 'todus os 'ladus]
binnenuit (bw)	**de dentro**	[de 'dẽtru]
naar ergens (bw)	**para algum lugar**	['para aw'gũ lu'gar]
rechtdoor (bw)	**diretamente**	[dʒireta'mẽtʃi]
terug (bijv. ~ komen)	**de volta**	[de 'vɔwta]
ergens vandaan (bw)	**de algum lugar**	[de aw'gũ lu'gar]
ergens vandaan (en dit geld moet ~ komen)	**de algum lugar**	[de aw'gũ lu'gar]
ten eerste (bw)	**em primeiro lugar**	[ẽ pri'mejru lu'gar]
ten tweede (bw)	**em segundo lugar**	[ẽ se'gũdu lu'gar]
ten derde (bw)	**em terceiro lugar**	[ẽ ter'sejru lu'gar]
plotseling (bw)	**de repente**	[de he'pẽtʃi]
in het begin (bw)	**no início**	[nu i'nisju]
voor de eerste keer (bw)	**pela primeira vez**	['pɛla pri'mejra 'vez]
lang voor ... (bw)	**muito antes de ...**	['mw̃itu 'ãtʃis de]
opnieuw (bw)	**de novo**	[de 'novu]
voor eeuwig (bw)	**para sempre**	['para 'sẽpri]
nooit (bw)	**nunca**	['nũka]
weer (bw)	**de novo**	[de 'novu]

nu (bw)	**agora**	[a'gɔra]
vaak (bw)	**frequentemente**	[frekwẽtʃi'mẽtʃi]
toen (bw)	**então**	[ẽ'tãw]
urgent (bw)	**urgentemente**	[urʒẽte'mẽtʃi]
meestal (bw)	**normalmente**	[nɔrmaw'mẽtʃi]
trouwens, ... (tussen haakjes)	**a propósito, ...**	[a pro'pɔzitu]
mogelijk (bw)	**é possível**	[ɛ po'sivew]
waarschijnlijk (bw)	**provavelmente**	[provavɛw'mẽtʃi]
misschien (bw)	**talvez**	[taw'vez]
trouwens (bw)	**além disso, ...**	[a'lẽj 'dʒisu]
daarom ...	**por isso ...**	[por 'isu]
in weerwil van ...	**apesar de ...**	[ape'zar de]
dankzij ...	**graças a ...**	['grasas a]
wat (vn)	**que**	[ki]
dat (vw)	**que**	[ki]
iets (vn)	**algo**	[awgu]
iets	**alguma coisa**	[aw'guma 'kojza]
niets (vn)	**nada**	['nada]
wie (~ is daar?)	**quem**	[kẽj]
iemand (een onbekende)	**alguém**	[aw'gẽj]
iemand (een bepaald persoon)	**alguém**	[aw'gẽj]
niemand (vn)	**ninguém**	[nĩ'gẽj]
nergens (bw)	**para lugar nenhum**	['para lu'gar ne'ɲũ]
niemands (bn)	**de ninguém**	[de nĩ'gẽj]
iemands (bn)	**de alguém**	[de aw'gẽj]
zo (Ik ben ~ blij)	**tão**	[tãw]
ook (evenals)	**também**	[tã'bẽj]
alsook (eveneens)	**também**	[tã'bẽj]

18. Functiewoorden. Bijwoorden. Deel 2

Waarom?	**Por quê?**	[por 'ke]
om een bepaalde reden	**por alguma razão**	[por aw'guma ha'zãw]
omdat ...	**porque ...**	[por'ke]
voor een bepaald doel	**por qualquer razão**	[por kwaw'ker ha'zãw]
en (vw)	**e**	[i]
of (vw)	**ou**	['o]
maar (vw)	**mas**	[mas]
voor (vz)	**para**	['para]
te (~ veel mensen)	**muito, demais**	['mwĩtu], [dʒi'majs]
alleen (bw)	**só, somente**	[sɔ], [sɔ'mẽtʃi]
precies (bw)	**exatamente**	[ɛzata'mẽtʃi]
ongeveer (~ 10 kg)	**cerca de ...**	['serka de]
omstreeks (bw)	**aproximadamente**	[aprosimada'mẽti]
bij benadering (bn)	**aproximado**	[aprosi'madu]

bijna (bw)	**quase**	['kwazi]
rest (de)	**resto** (m)	['hɛstu]
de andere (tweede)	**o outro**	[u 'otru]
ander (bn)	**outro**	['otru]
elk (bn)	**cada**	['kada]
om het even welk	**qualquer**	[kwaw'ker]
veel (ontelb.)	**muito**	['mwĩtu]
veel (telb.)	**muitos, muitas**	['mwĩtos], ['mwĩtas]
veel mensen	**muitas pessoas**	['mwĩtas pe'soas]
iedereen (alle personen)	**todos**	['todus]
in ruil voor ...	**em troca de ...**	[ẽ 'trɔka de]
in ruil (bw)	**em troca**	[ẽ 'trɔka]
met de hand (bw)	**à mão**	[a mãw]
onwaarschijnlijk (bw)	**pouco provável**	['poku pro'vavew]
waarschijnlijk (bw)	**provavelmente**	[provavɛw'mẽtʃi]
met opzet (bw)	**de propósito**	[de pro'pɔzitu]
toevallig (bw)	**por acidente**	[por asi'dẽtʃi]
zeer (bw)	**muito**	['mwĩtu]
bijvoorbeeld (bw)	**por exemplo**	[por e'zẽplu]
tussen (~ twee steden)	**entre**	['ẽtri]
tussen (te midden van)	**entre, no meio de ...**	['ẽtri], [nu 'meju de]
zoveel (bw)	**tanto**	['tãtu]
vooral (bw)	**especialmente**	[ispesjal'mẽte]

Basisbegrippen Deel 2

19. Tegenovergestelden

rijk (bn)	**rico**	['hiku]
arm (bn)	**pobre**	['pɔbri]
ziek (bn)	**doente**	[do'ẽtʃi]
gezond (bn)	**bem**	[bẽj]
groot (bn)	**grande**	['grãdʒi]
klein (bn)	**pequeno**	[pe'kenu]
snel (bw)	**rapidamente**	[hapida'mẽtʃi]
langzaam (bw)	**lentamente**	[lẽta'mẽtʃi]
snel (bn)	**rápido**	['hapidu]
langzaam (bn)	**lento**	['lẽtu]
vrolijk (bn)	**alegre, feliz**	[a'lɛgri], [fe'liz]
treurig (bn)	**triste**	['tristʃi]
samen (bw)	**juntos**	['ʒũtus]
apart (bw)	**separadamente**	[separada'mẽtʃi]
hardop (~ lezen)	**em voz alta**	[ẽ vɔz 'awta]
stil (~ lezen)	**para si**	['para si]
hoog (bn)	**alto**	['awtu]
laag (bn)	**baixo**	['baɪʃu]
diep (bn)	**profundo**	[pro'fũdu]
ondiep (bn)	**raso**	['hazu]
ja	**sim**	[sĩ]
nee	**não**	[nãw]
ver (bn)	**distante**	[dʒis'tãtʃi]
dicht (bn)	**próximo**	['prɔsimu]
ver (bw)	**longe**	['lõʒi]
dichtbij (bw)	**perto**	['pɛrtu]
lang (bn)	**longo**	['lõgu]
kort (bn)	**curto**	['kurtu]
vriendelijk (goedhartig)	**bom, bondoso**	[bõ], [bõ'dozu]
kwaad (bn)	**mal**	[maw]
gehuwd (mann.)	**casado**	[ka'zadu]
ongehuwd (mann.)	**solteiro**	[sow'tejru]

verbieden (ww)	**proibir** (vt)	[proi'bir]
toestaan (ww)	**permitir** (vt)	[permi'tʃir]
einde (het)	**fim** (m)	[fĩ]
begin (het)	**início** (m)	[i'nisju]
linker (bn)	**esquerdo**	[is'kerdu]
rechter (bn)	**direito**	[dʒi'rejtu]
eerste (bn)	**primeiro**	[pri'mejru]
laatste (bn)	**último**	['uwtʃimu]
misdaad (de)	**crime** (m)	['krimi]
bestraffing (de)	**castigo** (m)	[kas'tʃigu]
bevelen (ww)	**ordenar** (vt)	[orde'nar]
gehoorzamen (ww)	**obedecer** (vt)	[obede'ser]
recht (bn)	**reto**	['hɛtu]
krom (bn)	**curvo**	['kurvu]
paradijs (het)	**paraíso** (m)	[para'izu]
hel (de)	**inferno** (m)	[ĩ'fɛrnu]
geboren worden (ww)	**nascer** (vi)	[na'ser]
sterven (ww)	**morrer** (vi)	[mo'her]
sterk (bn)	**forte**	['fɔrtʃi]
zwak (bn)	**fraco, débil**	['fraku], ['debiw]
oud (bn)	**velho, idoso**	['vɛʎu], [i'dozu]
jong (bn)	**jovem**	['ʒɔvẽ]
oud (bn)	**velho**	['vɛʎu]
nieuw (bn)	**novo**	['novu]
hard (bn)	**duro**	['duru]
zacht (bn)	**macio**	[ma'siu]
warm (bn)	**quente**	['kẽtʃi]
koud (bn)	**frio**	['friu]
dik (bn)	**gordo**	['gordu]
dun (bn)	**magro**	['magru]
smal (bn)	**estreito**	[is'trejtu]
breed (bn)	**largo**	['largu]
goed (bn)	**bom**	[bõ]
slecht (bn)	**mau**	[maw]
moedig (bn)	**valente, corajoso**	[va'lẽtʃi], [kora'ʒozu]
laf (bn)	**covarde**	[ko'vardʒi]

20. Dagen van de week

maandag (de)	**segunda-feira** (f)	[se'gũda-'fejra]
dinsdag (de)	**terça-feira** (f)	['tersa 'fejra]
woensdag (de)	**quarta-feira** (f)	['kwarta-'fejra]
donderdag (de)	**quinta-feira** (f)	['kĩta-'fejra]
vrijdag (de)	**sexta-feira** (f)	['sesta-'fejra]
zaterdag (de)	**sábado** (m)	['sabadu]
zondag (de)	**domingo** (m)	[do'mĩgu]
vandaag (bw)	**hoje**	['oʒi]
morgen (bw)	**amanhã**	[ama'ɲã]
overmorgen (bw)	**depois de amanhã**	[de'pojs de ama'ɲã]
gisteren (bw)	**ontem**	['õtẽ]
eergisteren (bw)	**anteontem**	[ãtʃi'õtẽ]
dag (de)	**dia** (m)	['ʤia]
werkdag (de)	**dia** (m) **de trabalho**	['ʤia de tra'baʎu]
feestdag (de)	**feriado** (m)	[fe'rjadu]
verlofdag (de)	**dia** (m) **de folga**	['ʤia de 'fɔwga]
weekend (het)	**fim** (m) **de semana**	[fĩ de se'mana]
de hele dag (bw)	**o dia todo**	[u 'ʤia 'todu]
de volgende dag (bw)	**no dia seguinte**	[nu 'ʤia se'gĩtʃi]
twee dagen geleden	**há dois dias**	[a 'dojs 'ʤias]
aan de vooravond (bw)	**na véspera**	[na 'vɛspera]
dag-, dagelijks (bn)	**diário**	['ʤjarju]
elke dag (bw)	**todos os dias**	['todus us 'ʤias]
week (de)	**semana** (f)	[se'mana]
vorige week (bw)	**na semana passada**	[na se'mana pa'sada]
volgende week (bw)	**semana que vem**	[se'mana ke vẽj]
wekelijks (bn)	**semanal**	[sema'naw]
elke week (bw)	**toda semana**	['tɔda se'mana]
twee keer per week	**duas vezes por semana**	['duas 'vezis por se'mana]
elke dinsdag	**toda terça-feira**	['tɔda tersa 'fejra]

21. Uren. Dag en nacht

morgen (de)	**manhã** (f)	[ma'ɲã]
's morgens (bw)	**de manhã**	[de ma'ɲã]
middag (de)	**meio-dia** (m)	['meju 'ʤia]
's middags (bw)	**à tarde**	[a 'tarʤi]
avond (de)	**tardinha** (f)	[tar'ʤiɲa]
's avonds (bw)	**à tardinha**	[a tar'ʤiɲa]
nacht (de)	**noite** (f)	['nojtʃi]
's nachts (bw)	**à noite**	[a 'nojtʃi]
middernacht (de)	**meia-noite** (f)	['meja 'nojtʃi]
seconde (de)	**segundo** (m)	[se'gũdu]
minuut (de)	**minuto** (m)	[mi'nutu]
uur (het)	**hora** (f)	['ɔra]

halfuur (het)	**meia hora** (f)	['meja 'ɔra]
kwartier (het)	**quarto** (m) **de hora**	['kwartu de 'ɔra]
vijftien minuten	**quinze minutos**	['kĩzi mi'nutus]
etmaal (het)	**vinte e quatro horas**	['vĩtʃi i 'kwatru 'ɔras]
zonsopgang (de)	**nascer** (m) **do sol**	[na'ser du sɔw]
dageraad (de)	**amanhecer** (m)	[amaɲe'ser]
vroege morgen (de)	**madrugada** (f)	[madru'gada]
zonsondergang (de)	**pôr-do-sol** (m)	[por du 'sɔw]
's morgens vroeg (bw)	**de madrugada**	[de madru'gada]
vanmorgen (bw)	**esta manhã**	['ɛsta ma'ɲã]
morgenochtend (bw)	**amanhã de manhã**	[ama'ɲã de ma'ɲã]
vanmiddag (bw)	**esta tarde**	['ɛsta 'tarʤi]
's middags (bw)	**à tarde**	[a 'tarʤi]
morgenmiddag (bw)	**amanhã à tarde**	[ama'ɲã a 'tarʤi]
vanavond (bw)	**esta noite, hoje à noite**	['ɛsta 'nojtʃi], ['oʒi a 'nojtʃi]
morgenavond (bw)	**amanhã à noite**	[ama'ɲã a 'nojtʃi]
klokslag drie uur	**às três horas em ponto**	[as tres 'ɔras ẽ 'põtu]
ongeveer vier uur	**por volta das quatro**	[por 'vɔwta das 'kwatru]
tegen twaalf uur	**às doze**	[as 'dozi]
over twintig minuten	**em vinte minutos**	[ẽ 'vĩtʃi mi'nutus]
over een uur	**em uma hora**	[ẽ 'uma 'ɔra]
op tijd (bw)	**a tempo**	[a 'tẽpu]
kwart voor ...	**... um quarto para**	[... ũ 'kwartu 'para]
binnen een uur	**dentro de uma hora**	['dẽtru de 'uma 'ɔra]
elk kwartier	**a cada quinze minutos**	[a 'kada 'kĩzi mi'nutus]
de klok rond	**as vinte e quatro horas**	[as 'vĩtʃi i 'kwatru 'ɔras]

22. Maanden. Seizoenen

januari (de)	**janeiro** (m)	[ʒa'nejru]
februari (de)	**fevereiro** (m)	[feve'rejru]
maart (de)	**março** (m)	['marsu]
april (de)	**abril** (m)	[a'briw]
mei (de)	**maio** (m)	['maju]
juni (de)	**junho** (m)	['ʒuɲu]
juli (de)	**julho** (m)	['ʒuʎu]
augustus (de)	**agosto** (m)	[a'gostu]
september (de)	**setembro** (m)	[se'tẽbru]
oktober (de)	**outubro** (m)	[o'tubru]
november (de)	**novembro** (m)	[no'vẽbru]
december (de)	**dezembro** (m)	[de'zẽbru]
lente (de)	**primavera** (f)	[prima'vɛra]
in de lente (bw)	**na primavera**	[na prima'vɛra]
lente- (abn)	**primaveril**	[primave'riw]
zomer (de)	**verão** (m)	[ve'rãw]

in de zomer (bw)	**no verão**	[nu ve'rãw]
zomer-, zomers (bn)	**de verão**	[de ve'rãw]
herfst (de)	**outono** (m)	[o'tɔnu]
in de herfst (bw)	**no outono**	[nu o'tɔnu]
herfst- (abn)	**outonal**	[oto'naw]
winter (de)	**inverno** (m)	[ĩ'vɛrnu]
in de winter (bw)	**no inverno**	[nu ĩ'vɛrnu]
winter- (abn)	**de inverno**	[de ĩ'vɛrnu]
maand (de)	**mês** (m)	[mes]
deze maand (bw)	**este mês**	['estʃi mes]
volgende maand (bw)	**mês que vem**	['mes ki vẽj]
vorige maand (bw)	**no mês passado**	[no mes pa'sadu]
een maand geleden (bw)	**um mês atrás**	[ũ 'mes a'trajs]
over een maand (bw)	**em um mês**	[ẽ ũ mes]
over twee maanden (bw)	**em dois meses**	[ẽ dojs 'mezis]
de hele maand (bw)	**todo o mês**	['todu u mes]
een volle maand (bw)	**um mês inteiro**	[ũ mes ĩ'tejru]
maand-, maandelijks (bn)	**mensal**	[mẽ'saw]
maandelijks (bw)	**mensalmente**	[mẽsaw'mẽtʃi]
elke maand (bw)	**todo mês**	['todu 'mes]
twee keer per maand	**duas vezes por mês**	['duas 'vezis por mes]
jaar (het)	**ano** (m)	['anu]
dit jaar (bw)	**este ano**	['estʃi 'anu]
volgend jaar (bw)	**ano que vem**	['anu ki vẽj]
vorig jaar (bw)	**no ano passado**	[nu 'anu pa'sadu]
een jaar geleden (bw)	**há um ano**	[a ũ 'anu]
over een jaar	**em um ano**	[ẽ ũ 'anu]
over twee jaar	**dentro de dois anos**	['dẽtru de 'dojs 'anus]
het hele jaar	**todo o ano**	['todu u 'anu]
een vol jaar	**um ano inteiro**	[ũ 'anu ĩ'tejru]
elk jaar	**cada ano**	['kada 'anu]
jaar-, jaarlijks (bn)	**anual**	[a'nwaw]
jaarlijks (bw)	**anualmente**	[anwaw'mẽte]
4 keer per jaar	**quatro vezes por ano**	['kwatru 'vezis por 'anu]
datum (de)	**data** (f)	['data]
datum (de)	**data** (f)	['data]
kalender (de)	**calendário** (m)	[kalẽ'darju]
een half jaar	**meio ano**	['meju 'anu]
zes maanden	**seis meses**	[sejs 'mezis]
seizoen (bijv. lente, zomer)	**estação** (f)	[ista'sãw]
eeuw (de)	**século** (m)	['sɛkulu]

23. Tijd. Diversen

tijd (de)	**tempo** (m)	['tẽpu]
ogenblik (het)	**momento** (m)	[mo'mẽtu]

moment (het)	**instante** (m)	[ĩs'tãtʃi]
ogenblikkelijk (bn)	**instantâneo**	[ĩstã'tanju]
tijdsbestek (het)	**lapso** (m) **de tempo**	['lapsu de 'tẽpu]
leven (het)	**vida** (f)	['vida]
eeuwigheid (de)	**eternidade** (f)	[eterni'dadʒi]
epoche (de), tijdperk (het)	**época** (f)	['ɛpoka]
era (de), tijdperk (het)	**era** (f)	['ɛra]
cyclus (de)	**ciclo** (m)	['siklu]
periode (de)	**período** (m)	[pe'riodu]
termijn (vastgestelde periode)	**prazo** (m)	['prazu]
toekomst (de)	**futuro** (m)	[fu'turu]
toekomstig (bn)	**futuro**	[fu'turu]
de volgende keer	**da próxima vez**	[da 'prɔsima vez]
verleden (het)	**passado** (m)	[pa'sadu]
vorig (bn)	**passado**	[pa'sadu]
de vorige keer	**na última vez**	[na 'uwtʃima 'vez]
later (bw)	**mais tarde**	[majs 'tardʒi]
na (~ het diner)	**depois**	[de'pojs]
tegenwoordig (bw)	**atualmente**	[atwaw'mẽtʃi]
nu (bw)	**agora**	[a'gɔra]
onmiddellijk (bw)	**imediatamente**	[imedʒata'mẽtʃi]
snel (bw)	**em breve**	[ẽ 'brɛvi]
bij voorbaat (bw)	**de antemão**	[de ante'mãw]
lang geleden (bw)	**há muito tempo**	[a 'mwĩtu 'tẽpu]
kort geleden (bw)	**recentemente**	[hesẽtʃi'mẽtʃi]
noodlot (het)	**destino** (m)	[des'tʃinu]
herinneringen (mv.)	**recordações** (f pl)	[hekorda'sõjs]
archief (het)	**arquivo** (m)	[ar'kivu]
tijdens ... (ten tijde van)	**durante ...**	[du'rãtʃi]
lang (bw)	**durante muito tempo**	[du'rãtʃi 'mwĩtu 'tẽpu]
niet lang (bw)	**pouco tempo**	['poku 'tẽpu]
vroeg (bijv. ~ in de ochtend)	**cedo**	['sedu]
laat (bw)	**tarde**	['tardʒi]
voor altijd (bw)	**para sempre**	['para 'sẽpri]
beginnen (ww)	**começar** (vt)	[kome'sar]
uitstellen (ww)	**adiar** (vt)	[a'dʒjar]
tegelijkertijd (bw)	**ao mesmo tempo**	['aw 'mezmu 'tẽpu]
voortdurend (bw)	**permanentemente**	[permanẽtʃi'mẽtʃi]
voortdurend	**constante**	[kõs'tãtʃi]
tijdelijk (bn)	**temporário**	[tẽpo'rarju]
soms (bw)	**às vezes**	[as 'vezis]
zelden (bw)	**raras vezes, raramente**	['harus 'vezis]' [hara'mẽtʃi]
vaak (bw)	**frequentemente**	[frekwẽtʃi'mẽtʃi]

24. Lijnen en vormen

vierkant (het)	**quadrado** (m)	[kwa'dradu]
vierkant (bn)	**quadrado**	[kwa'dradu]

cirkel (de)	**círculo** (m)	['sirkulu]
rond (bn)	**redondo**	[he'dõdu]
driehoek (de)	**triângulo** (m)	['trjãgulu]
driehoekig (bn)	**triangular**	[trjãgu'lar]
ovaal (het)	**oval** (f)	[o'vaw]
ovaal (bn)	**oval**	[o'vaw]
rechthoek (de)	**retângulo** (m)	[he'tãgulu]
rechthoekig (bn)	**retangular**	[hetãgu'lar]
piramide (de)	**pirâmide** (f)	[pi'ramidʒi]
ruit (de)	**losango** (m)	[lo'zãgu]
trapezium (het)	**trapézio** (m)	[tra'pɛzju]
kubus (de)	**cubo** (m)	['kubu]
prisma (het)	**prisma** (m)	['prizma]
omtrek (de)	**circunferência** (f)	[sirkũfe'rẽsja]
bol, sfeer (de)	**esfera** (f)	[is'fɛra]
bal (de)	**globo** (m)	['globu]
diameter (de)	**diâmetro** (m)	['dʒjametru]
straal (de)	**raio** (m)	['haju]
omtrek (~ van een cirkel)	**perímetro** (m)	[pe'rimetru]
middelpunt (het)	**centro** (m)	['sẽtru]
horizontaal (bn)	**horizontal**	[orizõ'taw]
verticaal (bn)	**vertical**	[vertʃi'kaw]
parallel (de)	**paralela** (f)	[para'lɛla]
parallel (bn)	**paralelo**	[para'lɛlu]
lijn (de)	**linha** (f)	['liɲa]
streep (de)	**traço** (m)	['trasu]
rechte lijn (de)	**reta** (f)	['hɛta]
kromme (de)	**curva** (f)	['kurva]
dun (bn)	**fino**	['finu]
omlijning (de)	**contorno** (m)	[kõ'tornu]
snijpunt (het)	**interseção** (f)	[ĩterse'sãw]
rechte hoek (de)	**ângulo** (m) **reto**	[ãgulu 'hɛtu]
segment (het)	**segmento** (m)	[sɛ'gmẽtu]
sector (de)	**setor** (m)	[sɛ'tor]
zijde (de)	**lado** (m)	['ladu]
hoek (de)	**ângulo** (m)	[ãgulu]

25. Meeteenheden

gewicht (het)	**peso** (m)	['pezu]
lengte (de)	**comprimento** (m)	[kõpri'mẽtu]
breedte (de)	**largura** (f)	[lar'gura]
hoogte (de)	**altura** (f)	[aw'tura]
diepte (de)	**profundidade** (f)	[profũdʒi'dadʒi]
volume (het)	**volume** (m)	[vo'lumi]
oppervlakte (de)	**área** (f)	['arja]
gram (het)	**grama** (m)	['grama]
milligram (het)	**miligrama** (m)	[mili'grama]

kilogram (het)	**quilograma** (m)	[kilo'grama]
ton (duizend kilo)	**tonelada** (f)	[tune'lada]
pond (het)	**libra** (f)	['libra]
ons (het)	**onça** (f)	['õsa]
meter (de)	**metro** (m)	['mɛtru]
millimeter (de)	**milímetro** (m)	[mi'limetru]
centimeter (de)	**centímetro** (m)	[sẽ'tʃimetru]
kilometer (de)	**quilômetro** (m)	[ki'lometru]
mijl (de)	**milha** (f)	['miʎa]
duim (de)	**polegada** (f)	[pole'gada]
voet (de)	**pé** (m)	[pɛ]
yard (de)	**jarda** (f)	['ʒarda]
vierkante meter (de)	**metro** (m) **quadrado**	['mɛtru kwa'dradu]
hectare (de)	**hectare** (m)	[ek'tari]
liter (de)	**litro** (m)	['litru]
graad (de)	**grau** (m)	[graw]
volt (de)	**volt** (m)	['vɔwtʃi]
ampère (de)	**ampère** (m)	[ã'pɛri]
paardenkracht (de)	**cavalo** (m) **de potência**	[ka'valu de po'tẽsja]
hoeveelheid (de)	**quantidade** (f)	[kwãtʃi'dadʒi]
een beetje ...	**um pouco de ...**	[ũ 'poku de]
helft (de)	**metade** (f)	[me'tadʒi]
dozijn (het)	**dúzia** (f)	['duzja]
stuk (het)	**peça** (f)	['pɛsa]
afmeting (de)	**tamanho** (m), **dimensão** (f)	[ta'maɲu], [dʒimẽ'sãw]
schaal (bijv. ~ van 1 op 50)	**escala** (f)	[is'kala]
minimaal (bn)	**mínimo**	['minimu]
minste (bn)	**menor, mais pequeno**	[me'nɔr], [majs pe'kenu]
medium (bn)	**médio**	['mɛdʒju]
maximaal (bn)	**máximo**	['masimu]
grootste (bn)	**maior, mais grande**	[ma'jɔr], [majs 'grãdʒi]

26. Containers

glazen pot (de)	**pote** (m) **de vidro**	['pɔtʃi de 'vidru]
blik (conserven~)	**lata** (f)	['lata]
emmer (de)	**balde** (m)	['bawdʒi]
ton (bijv. regenton)	**barril** (m)	[ba'hiw]
ronde waterbak (de)	**bacia** (f)	[ba'sia]
tank (bijv. watertank-70-ltr)	**tanque** (m)	['tãki]
heupfles (de)	**cantil** (m) **de bolso**	[kã'tʃiw dʒi 'bowsu]
jerrycan (de)	**galão** (m) **de gasolina**	[ga'lãw de gazo'lina]
tank (bijv. ketelwagen)	**cisterna** (f)	[sis'tɛrna]
beker (de)	**caneca** (f)	[ka'nɛka]
kopje (het)	**xícara** (f)	['ʃikara]

schoteltje (het)	**pires** (m)	['piris]
glas (het)	**copo** (m)	['kɔpu]
wijnglas (het)	**taça** (f) **de vinho**	['tasa de 'viɲu]
pan (de)	**panela** (f)	[pa'nɛla]
fles (de)	**garrafa** (f)	[ga'hafa]
flessenhals (de)	**gargalo** (m)	[gar'galu]
karaf (de)	**jarra** (f)	['ʒaha]
kruik (de)	**jarro** (m)	['ʒahu]
vat (het)	**recipiente** (m)	[hesi'pjẽtʃi]
pot (de)	**pote** (m)	['pɔtʃi]
vaas (de)	**vaso** (m)	['vazu]
flacon (de)	**frasco** (m)	['frasku]
flesje (het)	**frasquinho** (m)	[fras'kiɲu]
tube (bijv. ~ tandpasta)	**tubo** (m)	['tubu]
zak (bijv. ~ aardappelen)	**saco** (m)	['saku]
tasje (het)	**sacola** (f)	[sa'kɔla]
pakje (~ sigaretten, enz.)	**maço** (m)	['masu]
doos (de)	**caixa** (f)	['kaɪʃa]
kist (de)	**caixote** (m)	[kaj'ʃɔtʃi]
mand (de)	**cesto** (m)	['sestu]

27. Materialen

materiaal (het)	**material** (m)	[mate'rjaw]
hout (het)	**madeira** (f)	[ma'dejra]
houten (bn)	**de madeira**	[de ma'dejra]
glas (het)	**vidro** (m)	['vidru]
glazen (bn)	**de vidro**	[de 'vidru]
steen (de)	**pedra** (f)	['pɛdra]
stenen (bn)	**de pedra**	[de 'pɛdra]
plastic (het)	**plástico** (m)	['plastʃiku]
plastic (bn)	**plástico**	['plastʃiku]
rubber (het)	**borracha** (f)	[bo'haʃa]
rubber-, rubberen (bn)	**de borracha**	[de bo'haʃa]
stof (de)	**tecido, pano** (m)	[te'sidu], ['panu]
van stof (bn)	**de tecido**	[de te'sidu]
papier (het)	**papel** (m)	[pa'pɛw]
papieren (bn)	**de papel**	[de pa'pɛw]
karton (het)	**papelão** (m)	[pape'lãw]
kartonnen (bn)	**de papelão**	[de pape'lãw]
polyethyleen (het)	**polietileno** (m)	[poljetʃi'lɛnu]
cellofaan (het)	**celofane** (m)	[selo'fani]

multiplex (het)	**madeira** (f) **compensada**	[ma'dejra kõpẽ'sada]
porselein (het)	**porcelana** (f)	[porse'lana]
porseleinen (bn)	**de porcelana**	[de porse'lana]
klei (de)	**argila** (f), **barro** (m)	[ar'ʒila], ['bahu]
klei-, van klei (bn)	**de barro**	[de 'bahu]
keramiek (de)	**cerâmica** (f)	[se'ramika]
keramieken (bn)	**de cerâmica**	[de se'ramika]

28. Metalen

metaal (het)	**metal** (m)	[me'taw]
metalen (bn)	**metálico**	[me'taliku]
legering (de)	**liga** (f)	['liga]
goud (het)	**ouro** (m)	['oru]
gouden (bn)	**de ouro**	[de 'oru]
zilver (het)	**prata** (f)	['prata]
zilveren (bn)	**de prata**	[de 'prata]
ijzer (het)	**ferro** (m)	['fɛhu]
ijzeren	**de ferro**	[de 'fɛhu]
staal (het)	**aço** (m)	['asu]
stalen (bn)	**de aço**	[de 'asu]
koper (het)	**cobre** (m)	['kɔbri]
koperen (bn)	**de cobre**	[de 'kɔbri]
aluminium (het)	**alumínio** (m)	[alu'minju]
aluminium (bn)	**de alumínio**	[de alu'minju]
brons (het)	**bronze** (m)	['brõzi]
bronzen (bn)	**de bronze**	[de 'brõzi]
messing (het)	**latão** (m)	[la'tãw]
nikkel (het)	**níquel** (m)	['nikew]
platina (het)	**platina** (f)	[pla'tʃina]
kwik (het)	**mercúrio** (m)	[mer'kurju]
tin (het)	**estanho** (m)	[is'taɲu]
lood (het)	**chumbo** (m)	['ʃũbu]
zink (het)	**zinco** (m)	['zĩku]

MENS

Mens. Het lichaam

29. Mensen. Basisbegrippen

mens (de)	**ser** (m) **humano**	[ser u'manu]
man (de)	**homem** (m)	['ɔmẽ]
vrouw (de)	**mulher** (f)	[mu'ʎer]
kind (het)	**criança** (f)	['krjãsa]
meisje (het)	**menina** (f)	[me'nina]
jongen (de)	**menino** (m)	[me'ninu]
tiener, adolescent (de)	**adolescente** (m)	[adole'sẽtʃi]
oude man (de)	**velho** (m)	['vɛʎu]
oude vrouw (de)	**velha** (f)	['vɛʎa]

30. Menselijke anatomie

organisme (het)	**organismo** (m)	[orga'nizmu]
hart (het)	**coração** (m)	[kora'sãw]
bloed (het)	**sangue** (m)	['sãgi]
slagader (de)	**artéria** (f)	[ar'tɛrja]
ader (de)	**veia** (f)	['veja]
hersenen (mv.)	**cérebro** (m)	['sɛrebru]
zenuw (de)	**nervo** (m)	['nervu]
zenuwen (mv.)	**nervos** (m pl)	['nervus]
wervel (de)	**vértebra** (f)	['vɛrtebra]
ruggengraat (de)	**coluna** (f) **vertebral**	[ko'luna verte'braw]
maag (de)	**estômago** (m)	[is'tomagu]
darmen (mv.)	**intestinos** (m pl)	[ĩtes'tʃinus]
darm (de)	**intestino** (m)	[ĩtes'tʃinu]
lever (de)	**fígado** (m)	['figadu]
nier (de)	**rim** (m)	[hĩ]
been (deel van het skelet)	**osso** (m)	['osu]
skelet (het)	**esqueleto** (m)	[iske'letu]
rib (de)	**costela** (f)	[kos'tɛla]
schedel (de)	**crânio** (m)	['kranju]
spier (de)	**músculo** (m)	['muskulu]
biceps (de)	**bíceps** (m)	['biseps]
triceps (de)	**tríceps** (m)	['triseps]
pees (de)	**tendão** (m)	[tẽ'dãw]
gewricht (het)	**articulação** (f)	[artʃikula'sãw]

longen (mv.)	**pulmões** (m pl)	[puw'mãws]
geslachtsorganen (mv.)	**órgãos** (m pl) **genitais**	['ɔrgãws ʒeni'tajs]
huid (de)	**pele** (f)	['pɛli]

31. Hoofd

hoofd (het)	**cabeça** (f)	[ka'besa]
gezicht (het)	**rosto, cara** (f)	['hostu], ['kara]
neus (de)	**nariz** (m)	[na'riz]
mond (de)	**boca** (f)	['boka]
oog (het)	**olho** (m)	['oʎu]
ogen (mv.)	**olhos** (m pl)	['oʎus]
pupil (de)	**pupila** (f)	[pu'pila]
wenkbrauw (de)	**sobrancelha** (f)	[sobrã'seʎa]
wimper (de)	**cílio** (f)	['silju]
ooglid (het)	**pálpebra** (f)	['pawpebra]
tong (de)	**língua** (f)	['lĩgwa]
tand (de)	**dente** (m)	['dẽtʃi]
lippen (mv.)	**lábios** (m pl)	['labjus]
jukbeenderen (mv.)	**maçãs** (f pl) **do rosto**	[ma'sãs du 'hostu]
tandvlees (het)	**gengiva** (f)	[ʒẽ'ʒiva]
gehemelte (het)	**palato** (m)	[pa'latu]
neusgaten (mv.)	**narinas** (f pl)	[na'rinas]
kin (de)	**queixo** (m)	['kejʃu]
kaak (de)	**mandíbula** (f)	[mã'dʒibula]
wang (de)	**bochecha** (f)	[bo'ʃeʃa]
voorhoofd (het)	**testa** (f)	['tɛsta]
slaap (de)	**têmpora** (f)	['tẽpora]
oor (het)	**orelha** (f)	[o'reʎa]
achterhoofd (het)	**costas** (f pl) **da cabeça**	['kɔstas da ka'besa]
hals (de)	**pescoço** (m)	[pes'kosu]
keel (de)	**garganta** (f)	[gar'gãta]
haren (mv.)	**cabelo** (m)	[ka'belu]
kapsel (het)	**penteado** (m)	[pẽ'tʃjadu]
haarsnit (de)	**corte** (m) **de cabelo**	['kɔrtʃi de ka'belu]
pruik (de)	**peruca** (f)	[pe'ruka]
snor (de)	**bigode** (m)	[bi'gɔdʒi]
baard (de)	**barba** (f)	['barba]
dragen (een baard, enz.)	**ter** (vt)	[ter]
vlecht (de)	**trança** (f)	['trãsa]
bakkebaarden (mv.)	**suíças** (f pl)	['swisas]
ros (roodachtig, rossig)	**ruivo**	['hwivu]
grijs (~ haar)	**grisalho**	[gri'zaʎu]
kaal (bn)	**careca**	[ka'rɛka]
kale plek (de)	**calva** (f)	['kawvu]
paardenstaart (de)	**rabo-de-cavalo** (m)	['habu-de-ka'valu]
pony (de)	**franja** (f)	['frãʒa]

32. Menselijk lichaam

hand (de)	**mão** (f)	[mãw]
arm (de)	**braço** (m)	['brasu]
vinger (de)	**dedo** (m)	['dedu]
teen (de)	**dedo** (m) **do pé**	['dedu du pɛ]
duim (de)	**polegar** (m)	[pole'gar]
pink (de)	**dedo** (m) **mindinho**	['dedu mĩ'ʤiɲu]
nagel (de)	**unha** (f)	['uɲa]
vuist (de)	**punho** (m)	['puɲu]
handpalm (de)	**palma** (f)	['pawma]
pols (de)	**pulso** (m)	['puwsu]
voorarm (de)	**antebraço** (m)	[ãtʃi'brasu]
elleboog (de)	**cotovelo** (m)	[koto'velu]
schouder (de)	**ombro** (m)	['õbru]
been (rechter ~)	**perna** (f)	['pɛrna]
voet (de)	**pé** (m)	[pɛ]
knie (de)	**joelho** (m)	[ʒo'eʎu]
kuit (de)	**panturrilha** (f)	[pãtu'hiʎa]
heup (de)	**quadril** (m)	[kwa'driw]
hiel (de)	**calcanhar** (m)	[kawka'ɲar]
lichaam (het)	**corpo** (m)	['korpu]
buik (de)	**barriga** (f), **ventre** (m)	[ba'higa], ['vẽtri]
borst (de)	**peito** (m)	['pejtu]
borst (de)	**seio** (m)	['seju]
zijde (de)	**lado** (m)	['ladu]
rug (de)	**costas** (f pl)	['kɔstas]
lage rug (de)	**região** (f) **lombar**	[he'ʒjãw lõ'bar]
taille (de)	**cintura** (f)	[sĩ'tura]
navel (de)	**umbigo** (m)	[ũ'bigu]
billen (mv.)	**nádegas** (f pl)	['nadegas]
achterwerk (het)	**traseiro** (m)	[tra'zejru]
huidvlek (de)	**sinal** (m), **pinta** (f)	[si'naw], ['pĩta]
moedervlek (de)	**sinal** (m) **de nascença**	[si'naw de na'sẽsa]
tatoeage (de)	**tatuagem** (f)	[ta'twaʒẽ]
litteken (het)	**cicatriz** (f)	[sika'triz]

Kleding en accessoires

33. Bovenkleding. Jassen

kleren (mv.)	**roupa** (f)	['hopa]
bovenkleding (de)	**roupa** (f) **exterior**	['hopa iste'rjor]
winterkleding (de)	**roupa** (f) **de inverno**	['hopa de ĩ'vɛrnu]
jas (de)	**sobretudo** (m)	[sobri'tudu]
bontjas (de)	**casaco** (m) **de pele**	[kaz'aku de 'pɛli]
bontjasje (het)	**jaqueta** (f) **de pele**	[ʒa'keta de 'pɛli]
donzen jas (de)	**casaco** (m) **acolchoado**	[ka'zaku akow'ʃwadu]
jasje (bijv. een leren ~)	**casaco** (m), **jaqueta** (f)	[kaz'aku], [ʒa'keta]
regenjas (de)	**impermeável** (m)	[ĩper'mjavew]
waterdicht (bn)	**a prova d'água**	[a 'prɔva 'dagwa]

34. Heren & dames kleding

overhemd (het)	**camisa** (f)	[ka'miza]
broek (de)	**calça** (f)	['kawsa]
jeans (de)	**jeans** (m)	['dʒins]
colbert (de)	**paletó, terno** (m)	[pale'tɔ], ['tɛrnu]
kostuum (het)	**terno** (m)	['tɛrnu]
jurk (de)	**vestido** (m)	[ves'tʃidu]
rok (de)	**saia** (f)	['saja]
blouse (de)	**blusa** (f)	['bluza]
wollen vest (de)	**casaco** (m) **de malha**	[ka'zaku de 'maʎa]
blazer (kort jasje)	**casaco, blazer** (m)	[ka'zaku], ['blejzer]
T-shirt (het)	**camiseta** (f)	[kami'zɛta]
shorts (mv.)	**short** (m)	['ʃɔrtʃi]
trainingspak (het)	**training** (m)	['trejnĩŋ]
badjas (de)	**roupão** (m) **de banho**	[ho'pãw de 'baɲu]
pyjama (de)	**pijama** (m)	[pi'ʒama]
sweater (de)	**suéter** (m)	['swɛter]
pullover (de)	**pulôver** (m)	[pu'lover]
gilet (het)	**colete** (m)	[ko'letʃi]
rokkostuum (het)	**fraque** (m)	['fraki]
smoking (de)	**smoking** (m)	[iz'mokĩs]
uniform (het)	**uniforme** (m)	[uni'fɔrmi]
werkkleding (de)	**roupa** (f) **de trabalho**	['hopa de tra'baʎu]
overall (de)	**macacão** (m)	[maka'kãws]
doktersjas (de)	**jaleco** (m), **bata** (f)	[ʒa'lɛku], ['bata]

35. Kleding. Ondergoed

ondergoed (het)	**roupa** (f) **íntima**	['hopa 'ĩtʃima]
herenslip (de)	**cueca boxer** (f)	['kwɛka 'bɔkser]
slipjes (mv.)	**calcinha** (f)	[kaw'siɲa]
onderhemd (het)	**camiseta** (f)	[kami'zɛta]
sokken (mv.)	**meias** (f pl)	['mejas]
nachthemd (het)	**camisola** (f)	[kami'zɔla]
beha (de)	**sutiã** (m)	[su'tʃjã]
kniekousen (mv.)	**meias longas** (f pl)	['mejas 'lõgas]
panty (de)	**meias-calças** (f pl)	['mejas 'kalsas]
nylonkousen (mv.)	**meias** (f pl)	['mejas]
badpak (het)	**maiô** (m)	[ma'jo]

36. Hoofddeksels

hoed (de)	**chapéu** (m), **touca** (f)	[ʃa'pɛw], ['toka]
deukhoed (de)	**chapéu** (m) **de feltro**	[ʃa'pɛw de 'fewtru]
honkbalpet (de)	**boné** (m) **de beisebol**	[bo'nɛ de bejsi'bɔw]
kleppet (de)	**boina** (f)	['bojna]
baret (de)	**boina** (f) **francesa**	['bojna frã'seza]
kap (de)	**capuz** (m)	[ka'puz]
panamahoed (de)	**chapéu panamá** (m)	[ʃa'pɛw pana'ma]
gebreide muts (de)	**touca** (f)	['toka]
hoofddoek (de)	**lenço** (m)	['lẽsu]
dameshoed (de)	**chapéu** (m) **feminino**	[ʃa'pɛw femi'ninu]
veiligheidshelm (de)	**capacete** (m)	[kapa'setʃi]
veldmuts (de)	**bibico** (m)	[bi'biko]
helm, valhelm (de)	**capacete** (m)	[kapa'setʃi]
bolhoed (de)	**chapéu-coco** (m)	[ʃa'pɛw 'koku]
hoge hoed (de)	**cartola** (f)	[kar'tɔla]

37. Schoeisel

schoeisel (het)	**calçado** (m)	[kaw'sadu]
schoenen (mv.)	**botinas** (f pl), **sapatos** (m pl)	[bo'tʃinas], [sapa'tõjs]
vrouwenschoenen (mv.)	**sapatos** (m pl)	[sa'patus]
laarzen (mv.)	**botas** (f pl)	['bɔtas]
pantoffels (mv.)	**pantufas** (f pl)	[pã'tufas]
sportschoenen (mv.)	**tênis** (m pl)	['tenis]
sneakers (mv.)	**tênis** (m pl)	['tenis]
sandalen (mv.)	**sandálias** (f pl)	[sã'dalias]
schoenlapper (de)	**sapateiro** (m)	[sapa'tejru]
hiel (de)	**salto** (m)	['sawtu]

paar (een ~ schoenen)	**par** (m)	[par]
veter (de)	**cadarço** (m)	[ka'darsu]
rijgen (schoenen ~)	**amarrar os cadarços**	[ama'har us ka'darsus]
schoenlepel (de)	**calçadeira** (f)	[kawsa'dejra]
schoensmeer (de/het)	**graxa** (f) **para calçado**	['graʃa 'para kaw'sadu]

38. Textiel. Weefsel

katoen (de/het)	**algodão** (m)	[awgo'dãw]
katoenen (bn)	**de algodão**	[de awgo'dãw]
vlas (het)	**linho** (m)	['liɲu]
vlas-, van vlas (bn)	**de linho**	[de 'liɲu]
zijde (de)	**seda** (f)	['seda]
zijden (bn)	**de seda**	[de 'seda]
wol (de)	**lã** (f)	[lã]
wollen (bn)	**de lã**	[de lã]
fluweel (het)	**veludo** (m)	[ve'ludu]
suède (de)	**camurça** (f)	[ka'mursa]
ribfluweel (het)	**veludo** (m) **cotelê**	[ve'ludu kɔte'le]
nylon (de/het)	**nylon** (m)	['najlɔn]
nylon-, van nylon (bn)	**de nylon**	[de 'najlɔn]
polyester (het)	**poliéster** (m)	[po'ljɛster]
polyester- (abn)	**de poliéster**	[de po'ljɛster]
leer (het)	**couro** (m)	['koru]
leren (van leer gemaak)	**de couro**	[de 'koru]
bont (het)	**pele** (f)	['pɛli]
bont- (abn)	**de pele**	[de 'pɛli]

39. Persoonlijke accessoires

handschoenen (mv.)	**luva** (f)	['luva]
wanten (mv.)	**mitenes** (f pl)	[mi'tɛnes]
sjaal (fleece ~)	**cachecol** (m)	[kaʃe'kɔw]
bril (de)	**óculos** (m pl)	['ɔkulus]
brilmontuur (het)	**armação** (f)	[arma'sãw]
paraplu (de)	**guarda-chuva** (m)	['gwarda 'ʃuva]
wandelstok (de)	**bengala** (f)	[bẽ'gala]
haarborstel (de)	**escova** (f) **para o cabelo**	[is'kova 'para u ka'belu]
waaier (de)	**leque** (m)	['lɛki]
das (de)	**gravata** (f)	[gra'vata]
strikje (het)	**gravata-borboleta** (f)	[gra'vata borbo'leta]
bretels (mv.)	**suspensórios** (m pl)	[suspẽ'sɔrjus]
zakdoek (de)	**lenço** (m)	['lẽsu]
kam (de)	**pente** (m)	['pẽtʃi]
haarspeldje (het)	**fivela** (f) **para cabelo**	[fi'vɛla 'para ka'belu]

schuifspeldje (het)	**grampo** (m)	['grãpu]
gesp (de)	**fivela** (f)	[fi'vɛla]
broekriem (de)	**cinto** (m)	['sĩtu]
draagriem (de)	**alça** (f) **de ombro**	['awsa de 'õbru]
handtas (de)	**bolsa** (f)	['bowsa]
damestas (de)	**bolsa, carteira** (f)	['bowsa], [kar'tejra]
rugzak (de)	**mochila** (f)	[mo'ʃila]

40. Kleding. Diversen

mode (de)	**moda** (f)	['mɔda]
de mode (bn)	**na moda**	[na 'mɔda]
kledingstilist (de)	**estilista** (m)	[istʃi'lista]
kraag (de)	**colarinho** (m)	[kola'riɲu]
zak (de)	**bolso** (m)	['bowsu]
zak- (abn)	**de bolso**	[de 'bowsu]
mouw (de)	**manga** (f)	['mãga]
lusje (het)	**ganchinho** (m)	[gã'ʃiɲu]
gulp (de)	**braguetа** (f)	[bra'gwetʃi]
rits (de)	**zíper** (m)	['ziper]
sluiting (de)	**colchete** (m)	[kow'ʃetʃi]
knoop (de)	**botão** (m)	[bo'tãw]
knoopsgat (het)	**botoeira** (f)	[bo'twejra]
losraken (bijv. knopen)	**soltar-se** (vr)	[sow'tarsi]
naaien (kleren, enz.)	**costurar** (vi)	[kostu'rar]
borduren (ww)	**bordar** (vt)	[bor'dar]
borduursel (het)	**bordado** (m)	[bor'dadu]
naald (de)	**agulha** (f)	[a'guʎa]
draad (de)	**fio, linha** (f)	['fiu], ['liɲa]
naad (de)	**costura** (f)	[kos'tura]
vies worden (ww)	**sujar-se** (vr)	[su'ʒarsi]
vlek (de)	**mancha** (f)	['mãʃa]
gekreukt raken (ov. kleren)	**amarrotar-se** (vr)	[amaho'tarse]
scheuren (ov.ww.)	**rasgar** (vt)	[haz'gar]
mot (de)	**traça** (f)	['trasa]

41. Persoonlijke verzorging. Schoonheidsmiddelen

tandpasta (de)	**pasta** (f) **de dente**	['pasta de 'dẽtʃi]
tandenborstel (de)	**escova** (f) **de dente**	[is'kova de 'dẽtʃi]
tanden poetsen (ww)	**escovar os dentes**	[isko'var us 'dẽtʃis]
scheermes (het)	**gilete** (f)	[ʒi'lɛtʃi]
scheerschuim (het)	**creme** (m) **de barbear**	['krɛmi de bar'bjar]
zich scheren (ww)	**barbear-se** (vr)	[bar'bjarsi]
zeep (de)	**sabonete** (m)	[sabo'netʃi]

shampoo (de)	**xampu** (m)	[ʃã'pu]
schaar (de)	**tesoura** (f)	[te'zora]
nagelvijl (de)	**lixa** (f) **de unhas**	['liʃa de 'uɲas]
nagelknipper (de)	**corta-unhas** (m)	['kɔrta 'uɲas]
pincet (het)	**pinça** (f)	['pĩsa]
cosmetica (mv.)	**cosméticos** (m pl)	[koz'mɛtʃikus]
masker (het)	**máscara** (f)	['maskara]
manicure (de)	**manicure** (f)	[mani'kuri]
manicure doen	**fazer as unhas**	[fa'zer as 'uɲas]
pedicure (de)	**pedicure** (f)	[pedi'kure]
cosmetica tasje (het)	**bolsa** (f) **de maquiagem**	['bowsa de ma'kjaʒẽ]
poeder (de/het)	**pó** (m)	[pɔ]
poederdoos (de)	**pó** (m) **compacto**	[pɔ kõ'paktu]
rouge (de)	**blush** (m)	[blaʃ]
parfum (de/het)	**perfume** (m)	[per'fumi]
eau de toilet (de)	**água-de-colônia** (f)	['agwa de ko'lonja]
lotion (de)	**loção** (f)	[lo'sãw]
eau de cologne (de)	**colônia** (f)	[ko'lonja]
oogschaduw (de)	**sombra** (f) **de olhos**	['sõbra de 'oʎus]
oogpotlood (het)	**delineador** (m)	[delinja'dor]
mascara (de)	**máscara** (f), **rímel** (m)	['maskara], ['himew]
lippenstift (de)	**batom** (m)	['batõ]
nagellak (de)	**esmalte** (m)	[iz'mawtʃi]
haarlak (de)	**laquê** (m), **spray fixador** (m)	[la'ke], [is'prej fiksa'dor]
deodorant (de)	**desodorante** (m)	[dʒizodo'rãtʃi]
crème (de)	**creme** (m)	['krɛmi]
gezichtscrème (de)	**creme** (m) **de rosto**	['krɛmi de 'hostu]
handcrème (de)	**creme** (m) **de mãos**	['krɛmi de 'mãws]
antirimpelcrème (de)	**creme** (m) **antirrugas**	['krɛmi ãtʃi'hugas]
dagcrème (de)	**creme** (m) **de dia**	['krɛmi de 'dʒia]
nachtcrème (de)	**creme** (m) **de noite**	['krɛmi de 'nojtʃi]
dag- (abn)	**de dia**	[de 'dʒia]
nacht- (abn)	**da noite**	[da 'nojtʃi]
tampon (de)	**absorvente** (m) **interno**	[absor'vẽtʃi ĩ'tɛrnu]
toiletpapier (het)	**papel** (m) **higiênico**	[pa'pɛw i'ʒjeniku]
föhn (de)	**secador** (m) **de cabelo**	[seka'dor de ka'belu]

42. Juwelen

sieraden (mv.)	**joias** (f pl)	['ʒɔjas]
edel (bijv. ~ stenen)	**precioso**	[pre'sjozu]
keurmerk (het)	**marca** (f) **de contraste**	['marka de kõ'trastʃi]
ring (de)	**anel** (m)	[a'nɛw]
trouwring (de)	**aliança** (f)	[a'ljãsa]
armband (de)	**pulseira** (f)	[puw'sejra]
oorringen (mv.)	**brincos** (m pl)	['brĩkus]

halssnoer (het)	**colar** (m)	[ko'lar]
kroon (de)	**coroa** (f)	[ko'roa]
kralen snoer (het)	**colar** (m) **de contas**	[ko'lar de 'kõtas]
diamant (de)	**diamante** (m)	[dʒja'mãtʃi]
smaragd (de)	**esmeralda** (f)	[izme'rawda]
robijn (de)	**rubi** (m)	[hu'bi]
saffier (de)	**safira** (f)	[sa'fira]
parel (de)	**pérola** (f)	['pɛrola]
barnsteen (de)	**âmbar** (m)	[ãbar]

43. Horloges. Klokken

polshorloge (het)	**relógio** (m) **de pulso**	[he'lɔʒu de 'puwsu]
wijzerplaat (de)	**mostrador** (m)	[mostra'dor]
wijzer (de)	**ponteiro** (m)	[põ'tejru]
metalen horlogeband (de)	**bracelete** (f) **em aço**	[brase'letʃi ẽ 'asu]
horlogebandje (het)	**bracelete** (f) **em couro**	[brase'letʃi ẽ 'koru]
batterij (de)	**pilha** (f)	['piʎa]
leeg zijn (ww)	**acabar** (vi)	[aka'bar]
batterij vervangen	**trocar a pilha**	[tro'kar a 'piʎa]
voorlopen (ww)	**estar adiantado**	[is'tar adʒjã'tadu]
achterlopen (ww)	**estar atrasado**	[is'tar atra'zadu]
wandklok (de)	**relógio** (m) **de parede**	[he'lɔʒu de pa'redʒi]
zandloper (de)	**ampulheta** (f)	[ãpu'ʎeta]
zonnewijzer (de)	**relógio** (m) **de sol**	[he'lɔʒu de sɔw]
wekker (de)	**despertador** (m)	[dʒisperta'dor]
horlogemaker (de)	**relojoeiro** (m)	[helo'ʒwejru]
repareren (ww)	**reparar** (vt)	[hepa'rar]

Voedsel. Voeding

44. Voedsel

vlees (het)	**carne** (f)	['karni]
kip (de)	**galinha** (f)	[ga'liɲa]
kuiken (het)	**frango** (m)	['frãgu]
eend (de)	**pato** (m)	['patu]
gans (de)	**ganso** (m)	['gãsu]
wild (het)	**caça** (f)	['kasa]
kalkoen (de)	**peru** (m)	[pe'ru]
varkensvlees (het)	**carne** (f) **de porco**	['karni de 'porku]
kalfsvlees (het)	**carne** (f) **de vitela**	['karni de vi'tɛla]
schapenvlees (het)	**carne** (f) **de carneiro**	['karni de kar'nejru]
rundvlees (het)	**carne** (f) **de vaca**	['karni de 'vaka]
konijnenvlees (het)	**carne** (f) **de coelho**	['karni de ko'eʎu]
worst (de)	**linguiça** (f), **salsichão** (m)	[lĩ'gwisa], [sawsi'ʃãw]
saucijs (de)	**salsicha** (f)	[saw'siʃa]
spek (het)	**bacon** (m)	['bejkõ]
ham (de)	**presunto** (m)	[pre'zũtu]
gerookte achterham (de)	**pernil** (m) **de porco**	[per'niw de 'porku]
paté (de)	**patê** (m)	[pa'te]
lever (de)	**fígado** (m)	['figadu]
gehakt (het)	**guisado** (m)	[gi'zadu]
tong (de)	**língua** (f)	['lĩgwa]
ei (het)	**ovo** (m)	['ovu]
eieren (mv.)	**ovos** (m pl)	['ɔvus]
eiwit (het)	**clara** (f) **de ovo**	['klara de 'ovu]
eigeel (het)	**gema** (f) **de ovo**	['ʒɛma de 'ovu]
vis (de)	**peixe** (m)	['pejʃi]
zeevruchten (mv.)	**mariscos** (m pl)	[ma'riskus]
schaaldieren (mv.)	**crustáceos** (m pl)	[krus'tasjus]
kaviaar (de)	**caviar** (m)	[ka'vjar]
krab (de)	**caranguejo** (m)	[karã'geʒu]
garnaal (de)	**camarão** (m)	[kama'rãw]
oester (de)	**ostra** (f)	['ostra]
langoest (de)	**lagosta** (f)	[la'gosta]
octopus (de)	**polvo** (m)	['powvu]
inktvis (de)	**lula** (f)	['lula]
steur (de)	**esturjão** (m)	[istur'ʒãw]
zalm (de)	**salmão** (m)	[saw'mãw]
heilbot (de)	**halibute** (m)	[ali'butʃi]
kabeljauw (de)	**bacalhau** (m)	[baka'ʎaw]

makreel (de)	**cavala, sarda** (f)	[ka'vala], ['sarda]
tonijn (de)	**atum** (m)	[a'tũ]
paling (de)	**enguia** (f)	[ẽ'gia]
forel (de)	**truta** (f)	['truta]
sardine (de)	**sardinha** (f)	[sar'dʒiɲa]
snoek (de)	**lúcio** (m)	['lusju]
haring (de)	**arenque** (m)	[a'rẽki]
brood (het)	**pão** (m)	[pãw]
kaas (de)	**queijo** (m)	['kejʒu]
suiker (de)	**açúcar** (m)	[a'sukar]
zout (het)	**sal** (m)	[saw]
rijst (de)	**arroz** (m)	[a'hoz]
pasta (de)	**massas** (f pl)	['masas]
noedels (mv.)	**talharim, miojo** (m)	[taʎa'rĩ], [mi'oʒu]
boter (de)	**manteiga** (f)	[mã'tejga]
plantaardige olie (de)	**óleo** (m) **vegetal**	['ɔlju veʒe'taw]
zonnebloemolie (de)	**óleo** (m) **de girassol**	['ɔlju de ʒira'sɔw]
margarine (de)	**margarina** (f)	[marga'rina]
olijven (mv.)	**azeitonas** (f pl)	[azej'tɔnas]
olijfolie (de)	**azeite** (m)	[a'zejtʃi]
melk (de)	**leite** (m)	['lejtʃi]
gecondenseerde melk (de)	**leite** (m) **condensado**	['lejtʃi kõdẽ'sadu]
yoghurt (de)	**iogurte** (m)	[jo'gurtʃi]
zure room (de)	**creme azedo** (m)	['krɛmi a'zedu]
room (de)	**creme** (m) **de leite**	['krɛmi de 'lejtʃi]
mayonaise (de)	**maionese** (f)	[majo'nɛzi]
crème (de)	**creme** (m)	['krɛmi]
graan (het)	**grãos** (m pl) **de cereais**	['grãws de se'rjajs]
meel (het), bloem (de)	**farinha** (f)	[fa'riɲa]
conserven (mv.)	**enlatados** (m pl)	[ẽla'tadus]
maïsvlokken (mv.)	**flocos** (m pl) **de milho**	['flɔkus de 'miʎu]
honing (de)	**mel** (m)	[mɛw]
jam (de)	**geleia** (f)	[ʒe'lɛja]
kauwgom (de)	**chiclete** (m)	[ʃi'klɛtʃi]

45. Drankjes

water (het)	**água** (f)	['agwa]
drinkwater (het)	**água** (f) **potável**	['agwa pu'tavɛw]
mineraalwater (het)	**água** (f) **mineral**	['agwa mine'raw]
zonder gas	**sem gás**	[sẽ gajs]
koolzuurhoudend (bn)	**gaseificada**	[gazejfi'kadu]
bruisend (bn)	**com gás**	[kõ gajs]
ijs (het)	**gelo** (m)	['ʒelu]

met ijs	**com gelo**	[kõ 'ʒelu]
alcohol vrij (bn)	**não alcoólico**	[nãw aw'kɔliku]
alcohol vrije drank (de)	**refrigerante** (m)	[hefriʒe'rãtʃi]
frisdrank (de)	**refresco** (m)	[he'fresku]
limonade (de)	**limonada** (f)	[limo'nada]
alcoholische dranken (mv.)	**bebidas** (f pl) **alcoólicas**	[be'bidas aw'kɔlikas]
wijn (de)	**vinho** (m)	['viɲu]
witte wijn (de)	**vinho** (m) **branco**	['viɲu 'brãku]
rode wijn (de)	**vinho** (m) **tinto**	['viɲu 'tʃĩtu]
likeur (de)	**licor** (m)	[li'kor]
champagne (de)	**champanhe** (m)	[ʃã'paɲi]
vermout (de)	**vermute** (m)	[ver'mutʃi]
whisky (de)	**uísque** (m)	['wiski]
wodka (de)	**vodca** (f)	['vɔdʒka]
gin (de)	**gim** (m)	[ʒĩ]
cognac (de)	**conhaque** (m)	[ko'ɲaki]
rum (de)	**rum** (m)	[hũ]
koffie (de)	**café** (m)	[ka'fɛ]
zwarte koffie (de)	**café** (m) **preto**	[ka'fɛ 'pretu]
koffie (de) met melk	**café** (m) **com leite**	[ka'fɛ kõ 'lejtʃi]
cappuccino (de)	**cappuccino** (m)	[kapu'tʃinu]
oploskoffie (de)	**café** (m) **solúvel**	[ka'fɛ so'luvew]
melk (de)	**leite** (m)	['lejtʃi]
cocktail (de)	**coquetel** (m)	[koke'tɛw]
milkshake (de)	**batida** (f), **milkshake** (m)	[ba'tʃida], ['milkʃejk]
sap (het)	**suco** (m)	['suku]
tomatensap (het)	**suco** (m) **de tomate**	['suku de to'matʃi]
sinaasappelsap (het)	**suco** (m) **de laranja**	['suku de la'rãʒa]
vers geperst sap (het)	**suco** (m) **fresco**	['suku 'fresku]
bier (het)	**cerveja** (f)	[ser'veʒa]
licht bier (het)	**cerveja** (f) **clara**	[ser'veʒa 'klara]
donker bier (het)	**cerveja** (f) **preta**	[ser'veʒa 'preta]
thee (de)	**chá** (m)	[ʃa]
zwarte thee (de)	**chá** (m) **preto**	[ʃa 'pretu]
groene thee (de)	**chá** (m) **verde**	[ʃa 'verdʒi]

46. Groenten

groenten (mv.)	**vegetais** (m pl)	[veʒe'tajs]
verse kruiden (mv.)	**verdura** (f)	[ver'dura]
tomaat (de)	**tomate** (m)	[to'matʃi]
augurk (de)	**pepino** (m)	[pe'pinu]
wortel (de)	**cenoura** (f)	[se'nora]
aardappel (de)	**batata** (f)	[ba'tata]
ui (de)	**cebola** (f)	[se'bola]

knoflook (de)	**alho** (m)	['aʎu]
kool (de)	**couve** (f)	['kovi]
bloemkool (de)	**couve-flor** (f)	['kovi 'flɔr]
spruitkool (de)	**couve-de-bruxelas** (f)	['kovi de bru'ʃelas]
broccoli (de)	**brócolis** (m pl)	['brɔkolis]
rode biet (de)	**beterraba** (f)	[bete'haba]
aubergine (de)	**berinjela** (f)	[berĩ'ʒɛla]
courgette (de)	**abobrinha** (f)	[abo'briɲa]
pompoen (de)	**abóbora** (f)	[a'bɔbora]
raap (de)	**nabo** (m)	['nabu]
peterselie (de)	**salsa** (f)	['sawsa]
dille (de)	**endro, aneto** (m)	['ẽdru], [a'netu]
sla (de)	**alface** (f)	[aw'fasi]
selderij (de)	**aipo** (m)	['ajpu]
asperge (de)	**aspargo** (m)	[as'pargu]
spinazie (de)	**espinafre** (m)	[ispi'nafri]
erwt (de)	**ervilha** (f)	[er'viʎa]
bonen (mv.)	**feijão** (m)	[fej'ʒãw]
maïs (de)	**milho** (m)	['miʎu]
nierboon (de)	**feijão** (m) **roxo**	[fej'ʒãw 'hoʃu]
peper (de)	**pimentão** (m)	[pimẽ'tãw]
radijs (de)	**rabanete** (m)	[haba'netʃi]
artisjok (de)	**alcachofra** (f)	[awka'ʃofra]

47. Vruchten. Noten

vrucht (de)	**fruta** (f)	['fruta]
appel (de)	**maçã** (f)	[ma'sã]
peer (de)	**pera** (f)	['pera]
citroen (de)	**limão** (m)	[li'mãw]
sinaasappel (de)	**laranja** (f)	[la'rãʒa]
aardbei (de)	**morango** (m)	[mo'rãgu]
mandarijn (de)	**tangerina** (f)	[tãʒe'rina]
pruim (de)	**ameixa** (f)	[a'mejʃa]
perzik (de)	**pêssego** (m)	['pesegu]
abrikoos (de)	**damasco** (m)	[da'masku]
framboos (de)	**framboesa** (f)	[frãbo'eza]
ananas (de)	**abacaxi** (m)	[abaka'ʃi]
banaan (de)	**banana** (f)	[ba'nana]
watermeloen (de)	**melancia** (f)	[melã'sia]
druif (de)	**uva** (f)	['uva]
zure kers (de)	**ginja** (f)	['ʒĩʒa]
zoete kers (de)	**cereja** (f)	[se'reʒa]
meloen (de)	**melão** (m)	[me'lãw]
grapefruit (de)	**toranja** (f)	[to'rãʒa]
avocado (de)	**abacate** (m)	[aba'katʃi]
papaja (de)	**mamão** (m)	[ma'mãw]

mango (de)	**manga** (f)	['mãga]
granaatappel (de)	**romã** (f)	['homa]
rode bes (de)	**groselha** (f) **vermelha**	[[gro'zɛʎa ver'meʎa]
zwarte bes (de)	**groselha** (f) **negra**	[gro'zɛʎa 'negra]
kruisbes (de)	**groselha** (f) **espinhosa**	[gro'zɛʎa ispi'ɲoza]
blauwe bosbes (de)	**mirtilo** (m)	[mih'tʃilu]
braambes (de)	**amora** (f) **silvestre**	[a'mɔra siw'vɛstri]
rozijn (de)	**passa** (f)	['pasa]
vijg (de)	**figo** (m)	['figu]
dadel (de)	**tâmara** (f)	['tamara]
pinda (de)	**amendoim** (m)	[amẽdoĩ]
amandel (de)	**amêndoa** (f)	[a'mẽdwa]
walnoot (de)	**noz** (f)	[nɔz]
hazelnoot (de)	**avelã** (f)	[ave'lã]
kokosnoot (de)	**coco** (m)	['koku]
pistaches (mv.)	**pistaches** (m pl)	[pis'taʃis]

48. Brood. Snoep

suikerbakkerij (de)	**pastelaria** (f)	[pastela'ria]
brood (het)	**pão** (m)	[pãw]
koekje (het)	**biscoito** (m), **bolacha** (f)	[bis'kojtu], [bo'laʃa]
chocolade (de)	**chocolate** (m)	[ʃoko'latʃi]
chocolade- (abn)	**de chocolate**	[de ʃoko'latʃi]
snoepje (het)	**bala** (f)	['bala]
cakeje (het)	**doce** (m), **bolo** (m) **pequeno**	['dosi], ['bolu pe'kenu]
taart (bijv. verjaardags~)	**bolo** (m) **de aniversário**	['bolu de aniver'sarju]
pastei (de)	**torta** (f)	['tɔrta]
vulling (de)	**recheio** (m)	[he'ʃeju]
confituur (de)	**geleia** (m)	[ʒe'lɛja]
marmelade (de)	**marmelada** (f)	[marme'lada]
wafel (de)	**wafers** (m pl)	['wafers]
ijsje (het)	**sorvete** (m)	[sor'vetʃi]
pudding (de)	**pudim** (m)	[pu'dʒĩ]

49. Bereide gerechten

gerecht (het)	**prato** (m)	['pratu]
keuken (bijv. Franse ~)	**cozinha** (f)	[ko'ziɲa]
recept (het)	**receita** (f)	[he'sejta]
portie (de)	**porção** (f)	[por'sãw]
salade (de)	**salada** (f)	[sa'lada]
soep (de)	**sopa** (f)	['sopa]
bouillon (de)	**caldo** (m)	['kawdu]
boterham (de)	**sanduíche** (m)	[sand'wiʃi]

spiegelei (het)	**ovos** (m pl) **fritos**	['ɔvus 'fritus]
hamburger (de)	**hambúrguer** (m)	[ã'burger]
biefstuk (de)	**bife** (m)	['bifi]
garnering (de)	**acompanhamento** (m)	[akõpaɲa'mẽtu]
spaghetti (de)	**espaguete** (m)	[ispa'geti]
aardappelpuree (de)	**purê** (m) **de batata**	[pu're de ba'tata]
pizza (de)	**pizza** (f)	['pitsa]
pap (de)	**mingau** (m)	[mĩ'gaw]
omelet (de)	**omelete** (f)	[ome'letʃi]
gekookt (in water)	**fervido**	[fer'vidu]
gerookt (bn)	**defumado**	[defu'madu]
gebakken (bn)	**frito**	['fritu]
gedroogd (bn)	**seco**	['seku]
diepvries (bn)	**congelado**	[kõʒe'ladu]
gemarineerd (bn)	**em conserva**	[ẽ kõ'serva]
zoet (bn)	**doce**	['dosi]
gezouten (bn)	**salgado**	[saw'gadu]
koud (bn)	**frio**	['friu]
heet (bn)	**quente**	['kẽtʃi]
bitter (bn)	**amargo**	[a'margu]
lekker (bn)	**gostoso**	[gos'tozu]
koken (in kokend water)	**cozinhar em água fervente**	[kozi'ɲar ẽ 'agwa fer'vẽtʃi]
bereiden (avondmaaltijd ~)	**preparar** (vt)	[prepa'rar]
bakken (ww)	**fritar** (vt)	[fri'tar]
opwarmen (ww)	**aquecer** (vt)	[ake'ser]
zouten (ww)	**salgar** (vt)	[saw'gar]
peperen (ww)	**apimentar** (vt)	[apimẽ'tar]
raspen (ww)	**ralar** (vt)	[ha'lar]
schil (de)	**casca** (f)	['kaska]
schillen (ww)	**descascar** (vt)	[dʒiskas'kar]

50. Kruiden

zout (het)	**sal** (m)	[saw]
gezouten (bn)	**salgado**	[saw'gadu]
zouten (ww)	**salgar** (vt)	[saw'gar]
zwarte peper (de)	**pimenta-do-reino** (f)	[pi'mẽta-du-hejnu]
rode peper (de)	**pimenta** (f) **vermelha**	[pi'mẽta ver'meʎa]
mosterd (de)	**mostarda** (f)	[mos'tarda]
mierikswortel (de)	**raiz-forte** (f)	[ha'iz fɔrtʃi]
condiment (het)	**condimento** (m)	[kõdʒi'mẽtu]
specerij, kruiderij (de)	**especiaria** (f)	[ispesja'ria]
saus (de)	**molho** (m)	['moʎu]
azijn (de)	**vinagre** (m)	[vi'nagri]
anijs (de)	**anis** (m)	[a'nis]
basilicum (de)	**manjericão** (m)	[mãʒeri'kãw]

kruidnagel (de)	**cravo** (m)	['kravu]
gember (de)	**gengibre** (m)	[ʒẽ'ʒibri]
koriander (de)	**coentro** (m)	[ko'ẽtru]
kaneel (de/het)	**canela** (f)	[ka'nɛla]
sesamzaad (het)	**gergelim** (m)	[ʒerʒe'lĩ]
laurierblad (het)	**folha** (f) **de louro**	['foʎaʃ de 'loru]
paprika (de)	**páprica** (f)	['paprika]
komijn (de)	**cominho** (m)	[ko'miɲu]
saffraan (de)	**açafrão** (m)	[asa'frãw]

51. Maaltijden

eten (het)	**comida** (f)	[ko'mida]
eten (ww)	**comer** (vt)	[ko'mer]
ontbijt (het)	**café** (m) **da manhã**	[ka'fɛ da ma'ɲã]
ontbijten (ww)	**tomar café da manhã**	[to'mar ka'fɛ da ma'ɲã]
lunch (de)	**almoço** (m)	[aw'mosu]
lunchen (ww)	**almoçar** (vi)	[awmo'sar]
avondeten (het)	**jantar** (m)	[ʒã'tar]
souperen (ww)	**jantar** (vi)	[ʒã'tar]
eetlust (de)	**apetite** (m)	[ape'tʃitʃi]
Eet smakelijk!	**Bom apetite!**	[bõ ape'tʃitʃi]
openen (een fles ~)	**abrir** (vt)	[a'brir]
morsen (koffie, enz.)	**derramar** (vt)	[deha'mar]
zijn gemorst	**derramar-se** (vr)	[deha'marsi]
koken (water kookt bij 100°C)	**ferver** (vi)	[fer'ver]
koken (Hoe om water te ~)	**ferver** (vt)	[fer'ver]
gekookt (~ water)	**fervido**	[fer'vidu]
afkoelen (koeler maken)	**esfriar** (vt)	[is'frjar]
afkoelen (koeler worden)	**esfriar-se** (vr)	[is'frjarse]
smaak (de)	**sabor, gosto** (m)	[sa'bor], ['gostu]
nasmaak (de)	**fim** (m) **de boca**	[fĩ de 'boka]
volgen een dieet	**emagrecer** (vi)	[imagre'ser]
dieet (het)	**dieta** (f)	['dʒjɛta]
vitamine (de)	**vitamina** (f)	[vita'mina]
calorie (de)	**caloria** (f)	[kalo'ria]
vegetariër (de)	**vegetariano** (m)	[veʒeta'rjanu]
vegetarisch (bn)	**vegetariano**	[veʒeta'rjanu]
vetten (mv.)	**gorduras** (f pl)	[gor'duras]
eiwitten (mv.)	**proteínas** (f pl)	[prote'inas]
koolhydraten (mv.)	**carboidratos** (m pl)	[karboi'dratus]
snede (de)	**fatia** (f)	[fa'tʃia]
stuk (bijv. een ~ taart)	**pedaço** (m)	[pe'dasu]
kruimel (de)	**migalha** (f), **farelo** (m)	[mi'gaʎa], [fa'rɛlu]

52. Tafelschikking

lepel (de)	**colher** (f)	[ko'ʎer]
mes (het)	**faca** (f)	['faka]
vork (de)	**garfo** (m)	['garfu]
kopje (het)	**xícara** (f)	['ʃikara]
bord (het)	**prato** (m)	['pratu]
schoteltje (het)	**pires** (m)	['piris]
servet (het)	**guardanapo** (m)	[gwarda'napu]
tandenstoker (de)	**palito** (m)	[pa'litu]

53. Restaurant

restaurant (het)	**restaurante** (m)	[hestaw'rãtʃi]
koffiehuis (het)	**cafeteria** (f)	[kafete'ria]
bar (de)	**bar** (m), **cervejaria** (f)	[bar], [serveʒa'ria]
tearoom (de)	**salão** (m) **de chá**	[sa'lãw de ʃa]
kelner, ober (de)	**garçom** (m)	[gar'sõ]
serveerster (de)	**garçonete** (f)	[garso'netʃi]
barman (de)	**barman** (m)	[bar'mã]
menu (het)	**cardápio** (m)	[kar'dapju]
wijnkaart (de)	**lista** (f) **de vinhos**	['lista de 'viɲus]
een tafel reserveren	**reservar uma mesa**	[hezer'var 'uma 'meza]
gerecht (het)	**prato** (m)	['pratu]
bestellen (eten ~)	**pedir** (vt)	[pe'dʒir]
een bestelling maken	**fazer o pedido**	[fa'zer u pe'dʒidu]
aperitief (de/het)	**aperitivo** (m)	[aperi'tʃivu]
voorgerecht (het)	**entrada** (f)	[ẽ'trada]
dessert (het)	**sobremesa** (f)	[sobri'meza]
rekening (de)	**conta** (f)	['kõta]
de rekening betalen	**pagar a conta**	[pa'gar a 'kõta]
wisselgeld teruggeven	**dar o troco**	[dar u 'troku]
fooi (de)	**gorjeta** (f)	[gor'ʒeta]

Familie, verwanten en vrienden

54. Persoonlijke informatie. Formulieren

naam (de)	**nome** (m)	['nɔmi]
achternaam (de)	**sobrenome** (m)	[sobri'nɔmi]
geboortedatum (de)	**data** (f) **de nascimento**	['data de nasi'mẽtu]
geboorteplaats (de)	**local** (m) **de nascimento**	[lo'kaw de nasi'mẽtu]
nationaliteit (de)	**nacionalidade** (f)	[nasjonali'dadʒi]
woonplaats (de)	**lugar** (m) **de residência**	[lu'gar de hezi'dẽsja]
land (het)	**país** (m)	[pa'jis]
beroep (het)	**profissão** (f)	[profi'sãw]
geslacht (ov. het vrouwelijk ~)	**sexo** (m)	['sɛksu]
lengte (de)	**estatura** (f)	[ista'tura]
gewicht (het)	**peso** (m)	['pezu]

55. Familieleden. Verwanten

moeder (de)	**mãe** (f)	[mãj]
vader (de)	**pai** (m)	[paj]
zoon (de)	**filho** (m)	['fiʎu]
dochter (de)	**filha** (f)	['fiʎa]
jongste dochter (de)	**caçula** (f)	[ka'sula]
jongste zoon (de)	**caçula** (m)	[ka'sula]
oudste dochter (de)	**filha** (f) **mais velha**	['fiʎa majs 'vɛʎa]
oudste zoon (de)	**filho** (m) **mais velho**	['fiʎu majs 'vɛʎu]
broer (de)	**irmão** (m)	[ir'mãw]
oudere broer (de)	**irmão** (m) **mais velho**	[ir'mãw majs 'vɛʎu]
jongere broer (de)	**irmão** (m) **mais novo**	[ir'mãw majs 'novu]
zuster (de)	**irmã** (f)	[ir'mã]
oudere zuster (de)	**irmã** (f) **mais velha**	[ir'mã majs 'vɛʎa]
jongere zuster (de)	**irmã** (f) **mais nova**	[ir'mã majs 'nɔva]
neef (zoon van oom, tante)	**primo** (m)	['primu]
nicht (dochter van oom, tante)	**prima** (f)	['prima]
mama (de)	**mamãe** (f)	[ma'mãj]
papa (de)	**papai** (m)	[pa'paj]
ouders (mv.)	**pais** (pl)	['pajs]
kind (het)	**criança** (f)	['krjãsa]
kinderen (mv.)	**crianças** (f pl)	['krjãsas]
oma (de)	**avó** (f)	[a'vo]
opa (de)	**avô** (m)	[a'vɔ]

kleinzoon (de)	**neto** (m)	['nɛtu]
kleindochter (de)	**neta** (f)	['nɛta]
kleinkinderen (mv.)	**netos** (pl)	['nɛtus]
oom (de)	**tio** (m)	['tʃiu]
tante (de)	**tia** (f)	['tʃia]
neef (zoon van broer, zus)	**sobrinho** (m)	[so'briɲu]
nicht (dochter van broer, zus)	**sobrinha** (f)	[so'briɲa]
schoonmoeder (de)	**sogra** (f)	['sɔgra]
schoonvader (de)	**sogro** (m)	['sogru]
schoonzoon (de)	**genro** (m)	['ʒẽhu]
stiefmoeder (de)	**madrasta** (f)	[ma'drasta]
stiefvader (de)	**padrasto** (m)	[pa'drastu]
zuigeling (de)	**criança** (f) **de colo**	['krjãsa de 'kɔlu]
wiegenkind (het)	**bebê** (m)	[be'be]
kleuter (de)	**menino** (m)	[me'ninu]
vrouw (de)	**mulher** (f)	[mu'ʎer]
man (de)	**marido** (m)	[ma'ridu]
echtgenoot (de)	**esposo** (m)	[is'pozu]
echtgenote (de)	**esposa** (f)	[is'poza]
gehuwd (mann.)	**casado**	[ka'zadu]
gehuwd (vrouw.)	**casada**	[ka'zada]
ongehuwd (mann.)	**solteiro**	[sow'tejru]
vrijgezel (de)	**solteirão** (m)	[sowtej'rãw]
gescheiden (bn)	**divorciado**	[dʒivor'sjadu]
weduwe (de)	**viúva** (f)	['vjuva]
weduwnaar (de)	**viúvo** (m)	['vjuvu]
familielid (het)	**parente** (m)	[pa'rẽtʃi]
dichte familielid (het)	**parente** (m) **próximo**	[pa'rẽtʃi 'prɔsimu]
verre familielid (het)	**parente** (m) **distante**	[pa'rẽtʃi dʒis'tãtʃi]
familieleden (mv.)	**parentes** (m pl)	[pa'rẽtʃis]
voogd (de)	**tutor** (m)	[tu'tor]
adopteren (een jongen te ~)	**adotar** (vt)	[ado'tar]
adopteren (een meisje te ~)	**adotar** (vt)	[ado'tar]

56. Vrienden. Collega's

vriend (de)	**amigo** (m)	[a'migu]
vriendin (de)	**amiga** (f)	[a'miga]
vriendschap (de)	**amizade** (f)	[ami'zadʒi]
bevriend zijn (ww)	**ser amigos**	[ser a'migus]
makker (de)	**amigo** (m)	[a'migu]
vriendin (de)	**amiga** (f)	[a'miga]
partner (de)	**parceiro** (m)	[par'sejru]
chef (de)	**chefe** (m)	['ʃɛfi]
baas (de)	**superior** (m)	[supe'rjor]

eigenaar (de)	**proprietário** (m)	[proprje'tarju]
ondergeschikte (de)	**subordinado** (m)	[subordʒi'nadu]
collega (de)	**colega** (m, f)	[ko'lɛga]
kennis (de)	**conhecido** (m)	[koɲe'sidu]
medereiziger (de)	**companheiro** (m) **de viagem**	[kõpa'ɲejru de 'vjaʒẽ]
klasgenoot (de)	**colega** (m) **de classe**	[ko'lɛga de 'klasi]
buurman (de)	**vizinho** (m)	[vi'ziɲu]
buurvrouw (de)	**vizinha** (f)	[vi'ziɲa]
buren (mv.)	**vizinhos** (pl)	[vi'ziɲus]

57. Man. Vrouw

vrouw (de)	**mulher** (f)	[mu'ʎer]
meisje (het)	**menina** (f)	[me'nina]
bruid (de)	**noiva** (f)	['nojva]
mooi(e) (vrouw, meisje)	**bonita, bela**	[bo'nita], ['bɛla]
groot, grote (vrouw, meisje)	**alta**	['awta]
slank(e) (vrouw, meisje)	**esbelta**	[iz'bɛwta]
korte, kleine (vrouw, meisje)	**baixa**	['baɪʃa]
blondine (de)	**loira** (f)	['lojra]
brunette (de)	**morena** (f)	[mo'rena]
dames- (abn)	**de senhora**	[de se'ɲora]
maagd (de)	**virgem** (f)	['virʒẽ]
zwanger (bn)	**grávida**	['gravida]
man (de)	**homem** (m)	['ɔmẽ]
blonde man (de)	**loiro** (m)	['lojru]
bruinharige man (de)	**moreno** (m)	[mo'renu]
groot (bn)	**alto**	['awtu]
klein (bn)	**baixo**	['baɪʃu]
onbeleefd (bn)	**rude**	['hudʒi]
gedrongen (bn)	**atarracado**	[ataha'kadu]
robuust (bn)	**robusto**	[ho'bustu]
sterk (bn)	**forte**	['fɔrtʃi]
sterkte (de)	**força** (f)	['forsa]
mollig (bn)	**gordo**	['gordu]
getaand (bn)	**moreno**	[mo'renu]
slank (bn)	**esbelto**	[iz'bɛwtu]
elegant (bn)	**elegante**	[ele'gãtʃi]

58. Leeftijd

leeftijd (de)	**idade** (f)	[i'dadʒi]
jeugd (de)	**juventude** (f)	[ʒuvẽ'tudʒi]
jong (bn)	**jovem**	['ʒɔvẽ]

jonger (bn)	**mais novo**	[majs 'novu]
ouder (bn)	**mais velho**	[majs 'vɛʎu]
jongen (de)	**jovem** (m)	['ʒɔvẽ]
tiener, adolescent (de)	**adolescente** (m)	[adole'sẽtʃi]
kerel (de)	**rapaz** (m)	[ha'pajz]
oude man (de)	**velho** (m)	['vɛʎu]
oude vrouw (de)	**velha** (f)	['vɛʎa]
volwassen (bn)	**adulto**	[a'duwtu]
van middelbare leeftijd (bn)	**de meia-idade**	[de meja i'dadʒi]
bejaard (bn)	**idoso, de idade**	[i'dozu], [de i'dade]
oud (bn)	**velho**	['vɛʎu]
pensioen (het)	**aposentadoria** (f)	[apozẽtado'ria]
met pensioen gaan	**aposentar-se** (vr)	[apozẽ'tarsi]
gepensioneerde (de)	**aposentado** (m)	[apozẽ'tadu]

59. Kinderen

kind (het)	**criança** (f)	['krjãsa]
kinderen (mv.)	**crianças** (f pl)	['krjãsas]
tweeling (de)	**gêmeos** (m pl), **gêmeas** (f pl)	['ʒemjus], ['ʒemjas]
wieg (de)	**berço** (m)	['bersu]
rammelaar (de)	**chocalho** (m)	[ʃo'kaʎu]
luier (de)	**fralda** (f)	['frawda]
speen (de)	**chupeta** (f), **bico** (m)	[ʃu'peta], ['biku]
kinderwagen (de)	**carrinho** (m) **de bebê**	[ka'hiɲu de be'be]
kleuterschool (de)	**jardim** (m) **de infância**	[ʒar'dʒĩ de ĩ'fãsja]
babysitter (de)	**babysitter, babá** (f)	[bebi'sitter], [ba'ba]
kindertijd (de)	**infância** (f)	[ĩ'fãsja]
pop (de)	**boneca** (f)	[bo'nɛka]
speelgoed (het)	**brinquedo** (m)	[brĩ'kedu]
bouwspeelgoed (het)	**jogo** (m) **de montar**	['ʒogu de mõ'tar]
welopgevoed (bn)	**bem-educado**	[bẽj edu'kadu]
onopgevoed (bn)	**malcriado**	[maw'krjadu]
verwend (bn)	**mimado**	[mi'madu]
stout zijn (ww)	**ser travesso**	[ser tra'vɛsu]
stout (bn)	**travesso, traquinas**	[tra'vɛsu], [tra'kinas]
stoutheid (de)	**travessura** (f)	[trave'sura]
stouterd (de)	**criança** (f) **travessa**	['krjãsa tra'vɛsa]
gehoorzaam (bn)	**obediente**	[obe'dʒẽtʃi]
ongehoorzaam (bn)	**desobediente**	[dʒizobe'dʒjẽtʃi]
braaf (bn)	**dócil**	['dɔsiw]
slim (verstandig)	**inteligente**	[ĩteli'ʒẽtʃi]
wonderkind (het)	**prodígio** (m)	[pro'dʒiʒu]

60. Gehuwde paren. Gezinsleven

kussen (een kus geven)	**beijar** (vt)	[bej'ʒar]
elkaar kussen (ww)	**beijar-se** (vr)	[bej'ʒarsi]
gezin (het)	**família** (f)	[fa'milja]
gezins- (abn)	**familiar**	[fami'ljar]
paar (het)	**casal** (m)	[ka'zaw]
huwelijk (het)	**matrimônio** (m)	[matri'monju]
thuis (het)	**lar** (m)	[lar]
dynastie (de)	**dinastia** (f)	[dʒinas'tʃia]
date (de)	**encontro** (m)	[ẽ'kõtru]
zoen (de)	**beijo** (m)	['bejʒu]
liefde (de)	**amor** (m)	[a'mor]
liefhebben (ww)	**amar** (vt)	[a'mar]
geliefde (bn)	**amado, querido**	[a'madu], [ke'ridu]
tederheid (de)	**ternura** (f)	[ter'nura]
teder (bn)	**afetuoso**	[afe'twozu]
trouw (de)	**fidelidade** (f)	[fideli'dadʒi]
trouw (bn)	**fiel**	[fjɛw]
zorg (bijv. bejaarden~)	**cuidado** (m)	[kwi'dadu]
zorgzaam (bn)	**carinhoso**	[kari'ɲozu]
jonggehuwden (mv.)	**recém-casados** (pl)	[he'sẽ-ka'zadus]
wittebroodsweken (mv.)	**lua** (f) **de mel**	['lua de mɛw]
trouwen (vrouw)	**casar-se** (vr)	[ka'zarsi]
trouwen (man)	**casar-se** (vr)	[ka'zarsi]
bruiloft (de)	**casamento** (m)	[kaza'mẽtu]
gouden bruiloft (de)	**bodas** (f pl) **de ouro**	['bodas de 'oru]
verjaardag (de)	**aniversário** (m)	[aniver'sarju]
minnaar (de)	**amante** (m)	[a'mãtʃi]
minnares (de)	**amante** (f)	[a'mãtʃi]
overspel (het)	**adultério** (m), **traição** (f)	[aduw'tɛrju], [traj'sãw]
overspel plegen (ww)	**cometer adultério**	[kome'ter aduw'tɛrju]
jaloers (bn)	**ciumento**	[sju'mẽtu]
jaloers zijn (echtgenoot, enz.)	**ser ciumento, -a**	[ser sju'mẽtu, -a]
echtscheiding (de)	**divórcio** (m)	[dʒi'vɔrsju]
scheiden (ww)	**divorciar-se** (vr)	[dʒivor'sjarsi]
ruzie hebben (ww)	**brigar** (vi)	[bri'gar]
vrede sluiten (ww)	**fazer as pazes**	[fa'zer as 'pajzis]
samen (bw)	**juntos**	['ʒũtus]
seks (de)	**sexo** (m)	['sɛksu]
geluk (het)	**felicidade** (f)	[felisi'dadʒi]
gelukkig (bn)	**feliz**	[fe'liz]
ongeluk (het)	**infelicidade** (f)	[ĩfelisi'dadʒi]
ongelukkig (bn)	**infeliz**	[ĩfe'liz]

Karakter. Gevoelens. Emoties

61. Gevoelens. Emoties

gevoel (het)	**sentimento** (m)	[sẽtʃi'mẽtu]
gevoelens (mv.)	**sentimentos** (m pl)	[sẽtʃi'mẽtus]
voelen (ww)	**sentir** (vt)	[sẽ'tʃir]
honger (de)	**fome** (f)	['fɔmi]
honger hebben (ww)	**ter fome**	[ter 'fɔmi]
dorst (de)	**sede** (f)	['seʤi]
dorst hebben	**ter sede**	[ter 'seʤi]
slaperigheid (de)	**sonolência** (f)	[sono'lẽsja]
willen slapen	**estar sonolento**	[is'tar sono'lẽtu]
moeheid (de)	**cansaço** (m)	[kã'sasu]
moe (bn)	**cansado**	[kã'sadu]
vermoeid raken (ww)	**ficar cansado**	[fi'kar kã'sadu]
stemming (de)	**humor** (m)	[u'mor]
verveling (de)	**tédio** (m)	['tɛʤju]
zich vervelen (ww)	**entediar-se** (vr)	[ẽte'ʤjarsi]
afzondering (de)	**reclusão** (f)	[heklu'zãw]
zich afzonderen (ww)	**isolar-se** (vr)	[izo'larsi]
bezorgd maken	**preocupar** (vt)	[preoku'par]
bezorgd zijn (ww)	**estar preocupado**	[is'tar preoku'padu]
zorg (bijv. geld~en)	**preocupação** (f)	[preokupa'sãw]
ongerustheid (de)	**ansiedade** (f)	[ãsje'daʤi]
ongerust (bn)	**preocupado**	[preoku'padu]
zenuwachtig zijn (ww)	**estar nervoso**	[is'tar ner'vozu]
in paniek raken	**entrar em pânico**	[ẽ'trar ẽ 'paniku]
hoop (de)	**esperança** (f)	[ispe'rãsa]
hopen (ww)	**esperar** (vi, vt)	[ispe'rar]
zekerheid (de)	**certeza** (f)	[ser'teza]
zeker (bn)	**certo, seguro de ...**	['sɛrtu], [se'guru de]
onzekerheid (de)	**indecisão** (f)	[ĩdesi'zãw]
onzeker (bn)	**indeciso**	[ĩde'sizu]
dronken (bn)	**bêbado**	['bebadu]
nuchter (bn)	**sóbrio**	['sɔbrju]
zwak (bn)	**fraco**	['fraku]
gelukkig (bn)	**feliz**	[fe'liz]
doen schrikken (ww)	**assustar** (vt)	[asus'tar]
toorn (de)	**fúria** (f)	['furja]
woede (de)	**ira, raiva** (f)	['ira], ['hajva]
depressie (de)	**depressão** (f)	[depre'sãw]
ongemak (het)	**desconforto** (m)	[ʤiskõ'fortu]

gemak, comfort (het)	**conforto** (m)	[kõ'fortu]
spijt hebben (ww)	**arrepender-se** (vr)	[ahepẽ'dersi]
spijt (de)	**arrependimento** (m)	[ahepẽdʒi'mẽtu]
pech (de)	**azar** (m), **má sorte** (f)	[a'zar], [ma 'sɔrtʃi]]
bedroefdheid (de)	**tristeza** (f)	[tris'teza]
schaamte (de)	**vergonha** (f)	[ver'goɲa]
pret (de), plezier (het)	**alegria** (f)	[ale'gria]
enthousiasme (het)	**entusiasmo** (m)	[ẽtu'zjazmu]
enthousiasteling (de)	**entusiasta** (m)	[ẽtu'zjasta]
enthousiasme vertonen	**mostrar entusiasmo**	[mos'trar ẽtu'zjazmu]

62. Karakter. Persoonlijkheid

karakter (het)	**caráter** (m)	[ka'rater]
karakterfout (de)	**falha** (f) **de caráter**	['faʎa de ka'rater]
verstand (het)	**mente** (f)	['mẽtʃi]
rede (de)	**razão** (f)	[ha'zãw]
geweten (het)	**consciência** (f)	[kõ'sjẽsja]
gewoonte (de)	**hábito, costume** (m)	['abitu], [kos'tumi]
bekwaamheid (de)	**habilidade** (f)	[abili'dadʒi]
kunnen (bijv., ~ zwemmen)	**saber** (vi)	[sa'ber]
geduldig (bn)	**paciente**	[pa'sjẽtʃi]
ongeduldig (bn)	**impaciente**	[ĩpa'sjẽtʃi]
nieuwsgierig (bn)	**curioso**	[ku'rjozu]
nieuwsgierigheid (de)	**curiosidade** (f)	[kurjozi'dadʒi]
bescheidenheid (de)	**modéstia** (f)	[mo'dɛstu]
bescheiden (bn)	**modesto**	[mo'dɛstu]
onbescheiden (bn)	**imodesto**	[imo'dɛstu]
luiheid (de)	**preguiça** (f)	[pre'gisa]
lui (bn)	**preguiçoso**	[pregi'sozu]
luiwammes (de)	**preguiçoso** (m)	[pregi'sozu]
sluwheid (de)	**astúcia** (f)	[as'tusja]
sluw (bn)	**astuto**	[as'tutu]
wantrouwen (het)	**desconfiança** (f)	[dʒiskõ'fjãsa]
wantrouwig (bn)	**desconfiado**	[dʒiskõ'fjadu]
gulheid (de)	**generosidade** (f)	[ʒenerozi'dadʒi]
gul (bn)	**generoso**	[ʒene'rozu]
talentrijk (bn)	**talentoso**	[talẽ'tozu]
talent (het)	**talento** (m)	[ta'lẽtu]
moedig (bn)	**corajoso**	[kora'ʒozu]
moed (de)	**coragem** (f)	[ko'raʒẽ]
eerlijk (bn)	**honesto**	[o'nɛstu]
eerlijkheid (de)	**honestidade** (f)	[onestʃi'dadʒi]
voorzichtig (bn)	**prudente, cuidadoso**	[pru'dẽtʃi], [kwida'dozu]
manhaftig (bn)	**valoroso**	[valo'rozu]

ernstig (bn)	**sério**	['sɛrju]
streng (bn)	**severo**	[se'vɛru]
resoluut (bn)	**decidido**	[desi'dʒidu]
onzeker, irresoluut (bn)	**indeciso**	[ĩde'sizu]
schuchter (bn)	**tímido**	['tʃimidu]
schuchterheid (de)	**timidez** (f)	[tʃimi'dez]
vertrouwen (het)	**confiança** (f)	[kõ'fjãsa]
vertrouwen (ww)	**confiar** (vt)	[kõ'fjar]
goedgelovig (bn)	**crédulo**	['krɛdulu]
oprecht (bw)	**sinceramente**	[sĩsera'mẽtʃi]
oprecht (bn)	**sincero**	[sĩ'sɛru]
oprechtheid (de)	**sinceridade** (f)	[sĩseri'dadʒi]
open (bn)	**aberto**	[a'bɛrtu]
rustig (bn)	**calmo**	['kawmu]
openhartig (bn)	**franco**	['frãku]
naïef (bn)	**ingênuo**	[ĩ'ʒenwu]
verstrooid (bn)	**distraído**	[dʒistra'idu]
leuk, grappig (bn)	**engraçado**	[ẽgra'sadu]
gierigheid (de)	**ganância** (f)	[ga'nãsja]
gierig (bn)	**ganancioso**	[ganã'sjozu]
inhalig (bn)	**avarento, sovina**	[avar'ẽtu], [so'vina]
kwaad (bn)	**mal**	[maw]
koppig (bn)	**teimoso**	[tej'mozu]
onaangenaam (bn)	**desagradável**	[dʒizagra'davew]
egoïst (de)	**egoísta** (m)	[ego'ista]
egoïstisch (bn)	**egoísta**	[ego'ista]
lafaard (de)	**covarde** (m)	[ko'vardʒi]
laf (bn)	**covarde**	[ko'vardʒi]

63. Slaap. Dromen

slapen (ww)	**dormir** (vi)	[dor'mir]
slaap (in ~ vallen)	**sono** (m)	['sɔnu]
droom (de)	**sonho** (m)	['sɔɲu]
dromen (in de slaap)	**sonhar** (vi)	[so'ɲar]
slaperig (bn)	**sonolento**	[sono'lẽtu]
bed (het)	**cama** (f)	['kama]
matras (de)	**colchão** (m)	[kow'ʃãw]
deken (de)	**cobertor** (m)	[kuber'tor]
kussen (het)	**travesseiro** (m)	[trave'sejru]
laken (het)	**lençol** (m)	[lẽ'sɔw]
slapeloosheid (de)	**insônia** (f)	[ĩ'sonja]
slapeloos (bn)	**sem sono**	[sẽ 'sɔnu]
slaapmiddel (het)	**sonífero** (m)	[so'niferu]
slaapmiddel innemen	**tomar um sonífero**	[to'mar ũ so'niferu]
willen slapen	**estar sonolento**	[is'tar sono'lẽtu]

geeuwen (ww)	**bocejar** (vi)	[buse'ʒar]
gaan slapen	**ir para a cama**	[ir 'para a 'kama]
het bed opmaken	**fazer a cama**	[fa'zer a 'kama]
inslapen (ww)	**adormecer** (vi)	[adorme'ser]
nachtmerrie (de)	**pesadelo** (m)	[peza'delu]
gesnurk (het)	**ronco** (m)	['hõku]
snurken (ww)	**roncar** (vi)	[hõ'kar]
wekker (de)	**despertador** (m)	[ʤisperta'dor]
wekken (ww)	**acordar, despertar** (vt)	[akor'dar], [ʤisper'tar]
wakker worden (ww)	**acordar** (vi)	[akor'dar]
opstaan (ww)	**levantar-se** (vr)	[levã'tarsi]
zich wassen (ww)	**lavar-se** (vr)	[la'varsi]

64. Humor. Gelach. Blijdschap

humor (de)	**humor** (m)	[u'mor]
gevoel (het) voor humor	**senso** (m) **de humor**	['sẽsu de u'mor]
plezier hebben (ww)	**divertir-se** (vr)	[ʤiver'tʃirsi]
vrolijk (bn)	**alegre**	[a'lɛgri]
pret (de), plezier (het)	**alegria, diversão** (f)	[ale'gria], [ʤiver'sãw]
glimlach (de)	**sorriso** (m)	[so'hizu]
glimlachen (ww)	**sorrir** (vi)	[so'hir]
beginnen te lachen (ww)	**começar a rir**	[kome'sar a hir]
lachen (ww)	**rir** (vi)	[hir]
lach (de)	**riso** (m)	['hizu]
mop (de)	**anedota** (f)	[ane'dɔta]
grappig (een ~ verhaal)	**engraçado**	[ẽgra'sadu]
grappig (~e clown)	**ridículo, cômico**	[hi'ʤikulu], ['komiku]
grappen maken (ww)	**brincar** (vi)	[brĩ'kar]
grap (de)	**piada** (f)	['pjada]
blijheid (de)	**alegria** (f)	[ale'gria]
blij zijn (ww)	**regozijar-se** (vr)	[hegozi'ʒarsi]
blij (bn)	**alegre**	[a'lɛgri]

65. Discussie, conversatie. Deel 1

communicatie (de)	**comunicação** (f)	[komunika'sãw]
communiceren (ww)	**comunicar-se** (vr)	[komuni'karse]
conversatie (de)	**conversa** (f)	[kõ'vɛrsa]
dialoog (de)	**diálogo** (m)	['ʤjalogu]
discussie (de)	**discussão** (f)	[ʤisku'sãw]
debat (het)	**debate** (m)	[de'batʃi]
debatteren, twisten (ww)	**debater** (vt)	[deba'ter]
gesprekspartner (de)	**interlocutor** (m)	[ĩterloku'tor]
thema (het)	**tema** (m)	['tɛma]

standpunt (het)	**ponto** (m) **de vista**	['põtu de 'vista]
mening (de)	**opinião** (f)	[opi'njãw]
toespraak (de)	**discurso** (m)	[dʒis'kursu]
bespreking (de)	**discussão** (f)	[dʒisku'sãw]
bespreken (spreken over)	**discutir** (vt)	[dʒisku'tʃir]
gesprek (het)	**conversa** (f)	[kõ'vɛrsa]
spreken (converseren)	**conversar** (vi)	[kõver'sar]
ontmoeting (de)	**reunião** (f)	[heu'njãw]
ontmoeten (ww)	**encontrar-se** (vr)	[ẽkõ'trarsi]
spreekwoord (het)	**provérbio** (m)	[pro'vɛrbju]
gezegde (het)	**ditado, provérbio** (m)	[dʒi'tadu], [pro'vɛrbju]
raadsel (het)	**adivinha** (f)	[adʒi'viɲa]
een raadsel opgeven	**dizer uma adivinha**	[dʒi'zer 'uma adʒi'viɲu]
wachtwoord (het)	**senha** (f)	['sɛɲa]
geheim (het)	**segredo** (m)	[se'gredu]
eed (de)	**juramento** (m)	[ʒura'mẽtu]
zweren (een eed doen)	**jurar** (vi)	[ʒu'rar]
belofte (de)	**promessa** (f)	[pro'mɛsa]
beloven (ww)	**prometer** (vt)	[prome'ter]
advies (het)	**conselho** (m)	[kõ'seʎu]
adviseren (ww)	**aconselhar** (vt)	[akõse'ʎar]
advies volgen (iemands ~)	**seguir o conselho**	[se'gir u kõ'seʎu]
luisteren (gehoorzamen)	**escutar** (vt)	[isku'tar]
nieuws (het)	**novidade, notícia** (f)	[novi'dadʒi], [no'tʃisja]
sensatie (de)	**sensação** (f)	[sẽsa'sãw]
informatie (de)	**informação** (f)	[ĩforma'sãw]
conclusie (de)	**conclusão** (f)	[kõklu'zãw]
stem (de)	**voz** (f)	[vɔz]
compliment (het)	**elogio** (m)	[elo'ʒiu]
vriendelijk (bn)	**amável, querido**	[a'mavew], [ke'ridu]
woord (het)	**palavra** (f)	[pa'lavra]
zin (de), zinsdeel (het)	**frase** (f)	['frazi]
antwoord (het)	**resposta** (f)	[hes'pɔsta]
waarheid (de)	**verdade** (f)	[ver'dadʒi]
leugen (de)	**mentira** (f)	[mẽ'tʃira]
gedachte (de)	**pensamento** (m)	[pẽsa'mẽtu]
idee (de/het)	**ideia** (f)	[i'dɛja]
fantasie (de)	**fantasia** (f)	[fãta'zia]

66. Discussie, conversatie. Deel 2

gerespecteerd (bn)	**estimado, respeitado**	[istʃi'madu], [hespej'tadu]
respecteren (ww)	**respeitar** (vt)	[hespej'tar]
respect (het)	**respeito** (m)	[hes'pejtu]
Geachte ... (brief)	**Estimado ..., Caro ...**	[istʃi'madu], ['karu]
voorstellen (Mag ik jullie ~)	**apresentar** (vt)	[aprezẽ'tar]

kennismaken (met ...)	**conhecer** (vt)	[koɲe'ser]
intentie (de)	**intenção** (f)	[ĩtẽ'sãw]
intentie hebben (ww)	**tencionar** (vt)	[tẽsjo'nar]
wens (de)	**desejo** (m)	[de'zeʒu]
wensen (ww)	**desejar** (vt)	[deze'ʒar]
verbazing (de)	**surpresa** (f)	[sur'preza]
verbazen (verwonderen)	**surpreender** (vt)	[surprjẽ'der]
verbaasd zijn (ww)	**surpreender-se** (vr)	[surprjẽ'dersi]
geven (ww)	**dar** (vt)	[dar]
nemen (ww)	**pegar** (vt)	[pe'gar]
teruggeven (ww)	**devolver** (vt)	[devow'ver]
retourneren (ww)	**retornar** (vt)	[hetor'nar]
zich verontschuldigen	**desculpar-se** (vr)	[dʒiskuw'parsi]
verontschuldiging (de)	**desculpa** (f)	[dʒis'kuwpa]
vergeven (ww)	**perdoar** (vt)	[per'dwar]
spreken (ww)	**falar** (vi)	[fa'lar]
luisteren (ww)	**escutar** (vt)	[isku'tar]
aanhoren (ww)	**ouvir até o fim**	[o'vir a'tɛ u fĩ]
begrijpen (ww)	**entender** (vt)	[ẽtẽ'der]
tonen (ww)	**mostrar** (vt)	[mos'trar]
kijken naar ...	**olhar para ...**	[ɔ'ʎar 'para]
roepen (vragen te komen)	**chamar** (vt)	[ʃa'mar]
afleiden (storen)	**perturbar, distrair** (vt)	[pertur'bar], [dʒistra'ir]
storen (lastigvallen)	**perturbar** (vt)	[pertur'bar]
doorgeven (ww)	**entregar** (vt)	[ẽtre'gar]
verzoek (het)	**pedido** (m)	[pe'dʒidu]
verzoeken (ww)	**pedir** (vt)	[pe'dʒir]
eis (de)	**exigência** (f)	[ezi'ʒẽsja]
eisen (met klem vragen)	**exigir** (vt)	[ezi'ʒir]
beledigen (beledigende namen geven)	**insultar** (vt)	[ĩsuw'tar]
uitlachen (ww)	**zombar** (vt)	[zõ'bar]
spot (de)	**zombaria** (f)	[zõba'ria]
bijnaam (de)	**alcunha** (f), **apelido** (m)	[aw'kuɲa], [ape'lidu]
zinspeling (de)	**insinuação** (f)	[ĩsinwa'sãw]
zinspelen (ww)	**insinuar** (vt)	[ĩsi'nwar]
impliceren (duiden op)	**querer dizer**	[ke'rer dʒi'zer]
beschrijving (de)	**descrição** (f)	[dʒiskri'sãw]
beschrijven (ww)	**descrever** (vt)	[dʒiskre'ver]
lof (de)	**elogio** (m)	[elo'ʒiu]
loven (ww)	**elogiar** (vt)	[elo'ʒjar]
teleurstelling (de)	**desapontamento** (m)	[dʒizapõta'mẽtu]
teleurstellen (ww)	**desapontar** (vt)	[dʒizapõ'tar]
teleurgesteld zijn (ww)	**desapontar-se** (vr)	[dʒizapõ'tarsi]
veronderstelling (de)	**suposição** (f)	[supozi'sãw]
veronderstellen (ww)	**supor** (vt)	[su'por]

waarschuwing (de)	**advertência** (f)	[adʒiver'tẽsja]
waarschuwen (ww)	**advertir** (vt)	[adʒiver'tʃir]

67. Discussie, conversatie. Deel 3

aanpraten (ww)	**convencer** (vt)	[kõvẽ'ser]
kalmeren (kalm maken)	**acalmar** (vt)	[akaw'mar]
stilte (de)	**silêncio** (m)	[si'lẽsju]
zwijgen (ww)	**ficar em silêncio**	[fi'kar ẽ si'lẽsju]
fluisteren (ww)	**sussurrar** (vi, vt)	[susu'har]
gefluister (het)	**sussurro** (m)	[su'suhu]
open, eerlijk (bw)	**francamente**	[frãka'mẽtʃi]
volgens mij ...	**na minha opinião ...**	[na 'miɲa opi'njãw]
detail (het)	**detalhe** (m)	[de'taʎi]
gedetailleerd (bn)	**detalhado**	[deta'ʎadu]
gedetailleerd (bw)	**detalhadamente**	[detaʎada'mẽtʃi]
hint (de)	**dica** (f)	['dʒika]
een hint geven	**dar uma dica**	[dar 'uma 'dʒika]
blik (de)	**olhar** (m)	[ɔ'ʎar]
een kijkje nemen	**dar uma olhada**	[dar 'uma o'ʎada]
strak (een ~ke blik)	**fixo**	['fiksu]
knipperen (ww)	**piscar** (vi)	[pis'kar]
knipogen (ww)	**piscar** (vt)	[pis'kar]
knikken (ww)	**acenar com a cabeça**	[ase'nar kõ a ka'besa]
zucht (de)	**suspiro** (m)	[sus'piru]
zuchten (ww)	**suspirar** (vi)	[suspi'rar]
huiveren (ww)	**estremecer** (vi)	[istreme'ser]
gebaar (het)	**gesto** (m)	['ʒɛstu]
aanraken (ww)	**tocar** (vt)	[to'kar]
grijpen (ww)	**agarrar** (vt)	[aga'har]
een schouderklopje geven	**bater de leve**	[ba'ter de 'lɛvi]
Kijk uit!	**Cuidado!**	[kwi'dadu]
Echt?	**Sério?**	['sɛrju]
Bent je er zeker van?	**Tem certeza?**	[tẽj ser'teza]
Succes!	**Boa sorte!**	['boa 'sɔrtʃi]
Juist, ja!	**Entendi!**	[ẽtẽ'dʒi]
Wat jammer!	**Que pena!**	[ki 'pena]

68. Overeenstemming. Weigering

instemming (het)	**consentimento** (m)	[kõsẽtʃi'mẽtu]
instemmen (akkoord gaan)	**consentir** (vi)	[kõsẽ'tʃir]
goedkeuring (de)	**aprovação** (f)	[aprova'sãw]
goedkeuren (ww)	**aprovar** (vt)	[apro'var]
weigering (de)	**recusa** (f)	[he'kuza]

weigeren (ww)	**negar-se a ...**	[ne'garsi]
Geweldig!	**Ótimo!**	['ɔtʃimu]
Goed!	**Tudo bem!**	['tudu bẽj]
Akkoord!	**Está bem! De acordo!**	[is'ta bẽj], [de a'kordu]
verboden (bn)	**proibido**	[proi'bidu]
het is verboden	**é proibido**	[ɛ proi'bidu]
het is onmogelijk	**é impossível**	[ɛ ĩpo'sivew]
onjuist (bn)	**incorreto**	[ĩko'hɛtu]
afwijzen (ww)	**rejeitar** (vt)	[heʒej'tar]
steunen (een goed doel, enz.)	**apoiar** (vt)	[apo'jar]
aanvaarden (excuses ~)	**aceitar** (vt)	[asej'tar]
bevestigen (ww)	**confirmar** (vt)	[kõfir'mar]
bevestiging (de)	**confirmação** (f)	[kõfirma'sãw]
toestemming (de)	**permissão** (f)	[permi'sãw]
toestaan (ww)	**permitir** (vt)	[permi'tʃir]
beslissing (de)	**decisão** (f)	[desi'zãw]
z'n mond houden (ww)	**não dizer nada**	['nãw dʒi'zer 'nada]
voorwaarde (de)	**condição** (f)	[kõdʒi'sãw]
smoes (de)	**pretexto** (m)	[pre'testu]
lof (de)	**elogio** (m)	[elo'ʒiu]
loven (ww)	**elogiar** (vt)	[elo'ʒjar]

69. Succes. Veel geluk. Mislukking

succes (het)	**êxito, sucesso** (m)	['ezitu], [su'sɛsu]
succesvol (bw)	**com êxito**	[kõ 'ezitu]
succesvol (bn)	**bem sucedido**	[bẽj suse'dʒidu]
geluk (het)	**sorte** (f)	['sɔrtʃi]
Succes!	**Boa sorte!**	['boa 'sɔrtʃi]
geluks- (bn)	**de sorte**	[de 'sɔrtʃi]
gelukkig (fortuinlijk)	**sortudo, felizardo**	[sor'tudu], [feli'zardu]
mislukking (de)	**fracasso** (m)	[fra'kasu]
tegenslag (de)	**pouca sorte** (f)	['poka 'sɔrtʃi]
pech (de)	**azar** (m), **má sorte** (f)	[a'zar], [ma 'sɔrtʃi]]
zonder succes (bn)	**mal sucedido**	[maw suse'dʒidu]
catastrofe (de)	**catástrofe** (f)	[ka'tastrofi]
fierheid (de)	**orgulho** (m)	[or'guʎu]
fier (bn)	**orgulhoso**	[orgu'ʎozu]
fier zijn (ww)	**estar orgulhoso**	[is'tar orgu'ʎozu]
winnaar (de)	**vencedor** (m)	[vẽse'dor]
winnen (ww)	**vencer** (vi, vt)	[vẽ'ser]
verliezen (ww)	**perder** (vt)	[per'der]
poging (de)	**tentativa** (f)	[tẽta'tʃiva]
pogen, proberen (ww)	**tentar** (vt)	[tẽ'tar]
kans (de)	**chance** (m)	['ʃãsi]

70. Ruzies. Negatieve emoties

schreeuw (de)	**grito** (m)	['gritu]
schreeuwen (ww)	**gritar** (vi)	[gri'tar]
beginnen te schreeuwen	**começar a gritar**	[kome'sar a gri'tar]
ruzie (de)	**discussão** (f)	[dʒisku'sãw]
ruzie hebben (ww)	**brigar** (vi)	[bri'gar]
schandaal (het)	**escândalo** (m)	[is'kãdalu]
schandaal maken (ww)	**criar escândalo**	[krjar is'kãdalu]
conflict (het)	**conflito** (m)	[kõ'flitu]
misverstand (het)	**mal-entendido** (m)	[mal ẽtẽ'dʒidu]
belediging (de)	**insulto** (m)	[ĩ'suwtu]
beledigen (met scheldwoorden)	**insultar** (vt)	[ĩsuw'tar]
beledigd (bn)	**insultado**	[ĩsuw'tadu]
krenking (de)	**ofensa** (f)	[ɔ'fẽsa]
krenken (beledigen)	**ofender** (vt)	[ofẽ'der]
gekwetst worden (ww)	**ofender-se** (vr)	[ofẽ'dersi]
verontwaardiging (de)	**indignação** (f)	[ĩdʒigna'sãw]
verontwaardigd zijn (ww)	**indignar-se** (vr)	[ĩdʒig'narsi]
klacht (de)	**queixa** (f)	['kejʃa]
klagen (ww)	**queixar-se** (vr)	[kej'ʃarsi]
verontschuldiging (de)	**desculpa** (f)	[dʒis'kuwpa]
zich verontschuldigen	**desculpar-se** (vr)	[dʒiskuw'parsi]
excuus vragen	**pedir perdão**	[pe'dʒir per'dãw]
kritiek (de)	**crítica** (f)	['kritʃika]
bekritiseren (ww)	**criticar** (vt)	[kritʃi'kar]
beschuldiging (de)	**acusação** (f)	[akuza'sãw]
beschuldigen (ww)	**acusar** (vt)	[aku'zar]
wraak (de)	**vingança** (f)	[vĩ'gãsa]
wreken (ww)	**vingar** (vt)	[vĩ'gar]
wraak nemen (ww)	**vingar-se** (vr)	[vĩ'garsi]
minachting (de)	**desprezo** (m)	[dʒis'prezu]
minachten (ww)	**desprezar** (vt)	[dʒispre'zar]
haat (de)	**ódio** (m)	['ɔdʒju]
haten (ww)	**odiar** (vt)	[o'dʒjar]
zenuwachtig (bn)	**nervoso**	[ner'vozu]
zenuwachtig zijn (ww)	**estar nervoso**	[is'tar ner'vozu]
boos (bn)	**zangado**	[zã'gadu]
boos maken (ww)	**zangar** (vt)	[zã'gar]
vernedering (de)	**humilhação** (f)	[umiʎa'sãw]
vernederen (ww)	**humilhar** (vt)	[umi'ʎar]
zich vernederen (ww)	**humilhar-se** (vr)	[umi'ʎarsi]
schok (de)	**choque** (m)	['ʃɔki]
schokken (ww)	**chocar** (vt)	[ʃo'kar]

onaangenaamheid (de)	**aborrecimento** (m)	[abohesi'mẽtu]
onaangenaam (bn)	**desagradável**	[dʒizagra'davew]
vrees (de)	**medo** (m)	['medu]
vreselijk (bijv. ~ onweer)	**terrível**	[te'hivew]
eng (bn)	**assustador**	[asusta'dor]
gruwel (de)	**horror** (m)	[o'hor]
vreselijk (~ nieuws)	**horrível, terrível**	[o'hivew], [te'hivew]
beginnen te beven	**começar a tremer**	[kome'sar a tre'mer]
huilen (wenen)	**chorar** (vi)	[ʃo'rar]
beginnen te huilen (wenen)	**começar a chorar**	[kome'sar a ʃo'rar]
traan (de)	**lágrima** (f)	['lagrima]
schuld (~ geven aan)	**falta** (f)	['fawta]
schuldgevoel (het)	**culpa** (f)	['kuwpa]
schande (de)	**desonra** (f)	[dʒi'zõha]
protest (het)	**protesto** (m)	[pro'tɛstu]
stress (de)	**estresse** (m)	[is'trɛsi]
storen (lastigvallen)	**perturbar** (vt)	[pertur'bar]
kwaad zijn (ww)	**zangar-se com ...**	[zã'garsi kõ]
kwaad (bn)	**zangado**	[zã'gadu]
beëindigen (een relatie ~)	**terminar** (vt)	[termi'nar]
vloeken (ww)	**praguejar**	[prage'ʒar]
schrikken (schrik krijgen)	**assustar-se**	[asus'tarsi]
slaan (iemand ~)	**golpear** (vt)	[gow'pjar]
vechten (ww)	**brigar** (vi)	[bri'gar]
regelen (conflict)	**resolver** (vt)	[hezow'ver]
ontevreden (bn)	**descontente**	[dʒiskõ'tẽtʃi]
woedend (bn)	**furioso**	[fu'rjozu]
Dat is niet goed!	**Não está bem!**	['nãw is'ta bẽj]
Dat is slecht!	**É ruim!**	[ɛ hu'ĩ]

Geneeskunde

71. Ziekten

ziekte (de)	**doença** (f)	[do'ẽsa]
ziek zijn (ww)	**estar doente**	[is'tar do'ẽtʃi]
gezondheid (de)	**saúde** (f)	[sa'udʒi]
snotneus (de)	**nariz** (m) **escorrendo**	[na'riz isko'hẽdu]
angina (de)	**amigdalite** (f)	[amigda'litʃi]
verkoudheid (de)	**resfriado** (m)	[hes'frjadu]
verkouden raken (ww)	**ficar resfriado**	[fi'kar hes'frjadu]
bronchitis (de)	**bronquite** (f)	[brõ'kitʃi]
longontsteking (de)	**pneumonia** (f)	[pnewmo'nia]
griep (de)	**gripe** (f)	['gripi]
bijziend (bn)	**míope**	['miopi]
verziend (bn)	**presbita**	[pres'bita]
scheelheid (de)	**estrabismo** (m)	[istra'bizmu]
scheel (bn)	**estrábico, vesgo**	[is'trabiku], ['vezgu]
grauwe staar (de)	**catarata** (f)	[kata'rata]
glaucoom (het)	**glaucoma** (m)	[glaw'koma]
beroerte (de)	**AVC** (m), **apoplexia** (f)	[ave'se], [apople'ksia]
hartinfarct (het)	**ataque** (m) **cardíaco**	[a'taki kar'dʒiaku]
myocardiaal infarct (het)	**enfarte** (m) **do miocárdio**	[ẽ'fartʃi du mjo'kardʒiu]
verlamming (de)	**paralisia** (f)	[parali'zia]
verlammen (ww)	**paralisar** (vt)	[parali'zar]
allergie (de)	**alergia** (f)	[aler'ʒia]
astma (de/het)	**asma** (f)	['azma]
diabetes (de)	**diabetes** (f)	[dʒja'bɛtʃis]
tandpijn (de)	**dor** (f) **de dente**	[dor de 'dẽtʃi]
tandbederf (het)	**cárie** (f)	['kari]
diarree (de)	**diarreia** (f)	[dʒja'hɛja]
constipatie (de)	**prisão** (f) **de ventre**	[pri'zãw de 'vẽtri]
maagstoornis (de)	**desarranjo** (m) **intestinal**	[dʒiza'hãʒu ĩtestʃi'naw]
voedselvergiftiging (de)	**intoxicação** (f) **alimentar**	[ĩtoksika'sãw alimẽ'tar]
voedselvergiftiging oplopen	**intoxicar-se**	[ĩtoksi'karsi]
artritis (de)	**artrite** (f)	[ar'tritʃi]
rachitis (de)	**raquitismo** (m)	[haki'tʃizmu]
reuma (het)	**reumatismo** (m)	[hewma'tʃizmu]
arteriosclerose (de)	**arteriosclerose** (f)	[arterjoskle'rɔzi]
gastritis (de)	**gastrite** (f)	[gas'tritʃi]
blindedarmontsteking (de)	**apendicite** (f)	[apẽdʒi'sitʃi]

galblaasontsteking (de)	**colecistite** (f)	[kulesi'stʃitʃi]
zweer (de)	**úlcera** (f)	['uwsera]
mazelen (mv.)	**sarampo** (m)	[sa'rãpu]
rodehond (de)	**rubéola** (f)	[hu'bɛola]
geelzucht (de)	**icterícia** (f)	[ikte'risja]
leverontsteking (de)	**hepatite** (f)	[epa'tʃitʃi]
schizofrenie (de)	**esquizofrenia** (f)	[iskizofre'nia]
dolheid (de)	**raiva** (f)	['hajva]
neurose (de)	**neurose** (f)	[new'rɔzi]
hersenschudding (de)	**contusão** (f) **cerebral**	[kõtu'zãw sere'braw]
kanker (de)	**câncer** (m)	['kãser]
sclerose (de)	**esclerose** (f)	[iskle'rozi]
multiple sclerose (de)	**esclerose** (f) **múltipla**	[iskle'rozi 'muwtʃipla]
alcoholisme (het)	**alcoolismo** (m)	[awko'lizmu]
alcoholicus (de)	**alcoólico** (m)	[aw'kɔliku]
syfilis (de)	**sífilis** (f)	['sifilis]
AIDS (de)	**AIDS** (f)	['ajdʒs]
tumor (de)	**tumor** (m)	[tu'mor]
kwaadaardig (bn)	**maligno**	[ma'lignu]
goedaardig (bn)	**benigno**	[be'nignu]
koorts (de)	**febre** (f)	['fɛbri]
malaria (de)	**malária** (f)	[ma'larja]
gangreen (het)	**gangrena** (f)	[gã'grena]
zeeziekte (de)	**enjoo** (m)	[ẽ'ʒou]
epilepsie (de)	**epilepsia** (f)	[epile'psia]
epidemie (de)	**epidemia** (f)	[epide'mia]
tyfus (de)	**tifo** (m)	['tʃifu]
tuberculose (de)	**tuberculose** (f)	[tuberku'lɔzi]
cholera (de)	**cólera** (f)	['kɔlera]
pest (de)	**peste** (f) **bubônica**	['pɛstʃi bu'bonika]

72. Symptomen. Behandelingen. Deel 1

symptoom (het)	**sintoma** (m)	[sĩ'tɔma]
temperatuur (de)	**temperatura** (f)	[tẽpera'tura]
verhoogde temperatuur (de)	**febre** (f)	['fɛbri]
polsslag (de)	**pulso** (m)	['puwsu]
duizeling (de)	**vertigem** (f)	[ver'tʃiʒẽ]
heet (erg warm)	**quente**	['kẽtʃi]
koude rillingen (mv.)	**calafrio** (m)	[kala'friu]
bleek (bn)	**pálido**	['palidu]
hoest (de)	**tosse** (f)	['tɔsi]
hoesten (ww)	**tossir** (vi)	[to'sir]
niezen (ww)	**espirrar** (vi)	[ispi'har]
flauwte (de)	**desmaio** (m)	[dʒiz'maju]

flauwvallen (ww)	**desmaiar** (vi)	[dʒizma'jar]
blauwe plek (de)	**mancha** (f) **preta**	['mãʃa 'preta]
buil (de)	**galo** (m)	['galu]
zich stoten (ww)	**machucar-se** (vr)	[maʃu'karsi]
kneuzing (de)	**contusão** (f)	[kõtu'zãw]
kneuzen (gekneusd zijn)	**machucar-se** (vr)	[maʃu'karsi]
hinken (ww)	**mancar** (vi)	[mã'kar]
verstuiking (de)	**deslocamento** (f)	[dʒizloka'mẽtu]
verstuiken (enkel, enz.)	**deslocar** (vt)	[dʒizlo'kar]
breuk (de)	**fratura** (f)	[fra'tura]
een breuk oplopen	**fraturar** (vt)	[fratu'rar]
snijwond (de)	**corte** (m)	['kɔrtʃi]
zich snijden (ww)	**cortar-se** (vr)	[kor'tarsi]
bloeding (de)	**hemorragia** (f)	[emoha'ʒia]
brandwond (de)	**queimadura** (f)	[kejma'dura]
zich branden (ww)	**queimar-se** (vr)	[kej'marsi]
prikken (ww)	**picar** (vt)	[pi'kar]
zich prikken (ww)	**picar-se** (vr)	[pi'karsi]
blesseren (ww)	**lesionar** (vt)	[lezjo'nar]
blessure (letsel)	**lesão** (m)	[le'zãw]
wond (de)	**ferida** (f), **ferimento** (m)	[fe'rida], [feri'mẽtu]
trauma (het)	**trauma** (m)	['trawma]
ijlen (ww)	**delirar** (vi)	[deli'rar]
stotteren (ww)	**gaguejar** (vi)	[gage'ʒar]
zonnesteek (de)	**insolação** (f)	[insola'sãw]

73. Symptomen. Behandelingen. Deel 2

pijn (de)	**dor** (f)	[dor]
splinter (de)	**farpa** (f)	['farpa]
zweet (het)	**suor** (m)	[swɔr]
zweten (ww)	**suar** (vi)	[swar]
braking (de)	**vômito** (m)	['vomitu]
stuiptrekkingen (mv.)	**convulsões** (f pl)	[kõvuw'sõjs]
zwanger (bn)	**grávida**	['gravida]
geboren worden (ww)	**nascer** (vi)	[na'ser]
geboorte (de)	**parto** (m)	['partu]
baren (ww)	**dar à luz**	[dar a luz]
abortus (de)	**aborto** (m)	[a'bortu]
ademhaling (de)	**respiração** (f)	[hespira'sãw]
inademing (de)	**inspiração** (f)	[ĩspira'sãw]
uitademing (de)	**expiração** (f)	[ispira'sãw]
uitademen (ww)	**expirar** (vi)	[ispi'rar]
inademen (ww)	**inspirar** (vi)	[ĩspi'rar]
invalide (de)	**inválido** (m)	[ĩ'validu]
gehandicapte (de)	**aleijado** (m)	[alej'ʒadu]

drugsverslaafde (de)	**drogado** (m)	[dro'gadu]
doof (bn)	**surdo**	['surdu]
stom (bn)	**mudo**	['mudu]
doofstom (bn)	**surdo-mudo**	['surdu-'mudu]
krankzinnig (bn)	**louco, insano**	['loku], [ĩ'sanu]
krankzinnige (man)	**louco** (m)	['loku]
krankzinnige (vrouw)	**louca** (f)	['loka]
krankzinnig worden	**ficar louco**	[fi'kar 'loku]
gen (het)	**gene** (m)	['ʒɛni]
immuniteit (de)	**imunidade** (f)	[imuni'dadʒi]
erfelijk (bn)	**hereditário**	[eredʒi'tarju]
aangeboren (bn)	**congênito**	[kõ'ʒenitu]
virus (het)	**vírus** (m)	['virus]
microbe (de)	**micróbio** (m)	[mi'krɔbju]
bacterie (de)	**bactéria** (f)	[bak'tɛrja]
infectie (de)	**infecção** (f)	[ĩfek'sãw]

74. Symptomen. Behandelingen. Deel 3

ziekenhuis (het)	**hospital** (m)	[ospi'taw]
patiënt (de)	**paciente** (m)	[pa'sjẽtʃi]
diagnose (de)	**diagnóstico** (m)	[dʒjag'nɔstʃiku]
genezing (de)	**cura** (f)	['kura]
medische behandeling (de)	**tratamento** (m) **médico**	[trata'mẽtu 'mɛdʒiku]
onder behandeling zijn	**curar-se** (vr)	[ku'rarsi]
behandelen (ww)	**tratar** (vt)	[tra'tar]
zorgen (zieken ~)	**cuidar** (vt)	[kwi'dar]
ziekenzorg (de)	**cuidado** (m)	[kwi'dadu]
operatie (de)	**operação** (f)	[opera'sãw]
verbinden (een arm ~)	**enfaixar** (vt)	[ẽfaj'ʃar]
verband (het)	**enfaixamento** (m)	[bã'daʒãj]
vaccin (het)	**vacinação** (f)	[vasina'sãw]
inenten (vaccineren)	**vacinar** (vt)	[vasi'nar]
injectie (de)	**injeção** (f)	[inʒe'sãw]
een injectie geven	**dar uma injeção**	[dar 'uma inʒe'sãw]
aanval (de)	**ataque** (m)	[a'taki]
amputatie (de)	**amputação** (f)	[ãputa'sãw]
amputeren (ww)	**amputar** (vt)	[ãpu'tar]
coma (het)	**coma** (f)	['kɔma]
in coma liggen	**estar em coma**	[is'tar ẽ 'kɔma]
intensieve zorg, ICU (de)	**reanimação** (f)	[hianima'sãw]
zich herstellen (ww)	**recuperar-se** (vr)	[hekupe'rarsi]
toestand (de)	**estado** (m)	[i'stadu]
bewustzijn (het)	**consciência** (f)	[kõ'sjẽsja]
geheugen (het)	**memória** (f)	[me'mɔrja]
trekken (een kies ~)	**tirar** (vt)	[tʃi'rar]

vulling (de)	**obturação** (f)	[obitura'sãw]
vullen (ww)	**obturar** (vt)	[obitu'rar]
hypnose (de)	**hipnose** (f)	[ip'nɔzi]
hypnotiseren (ww)	**hipnotizar** (vt)	[ipnotʃi'zar]

75. Artsen

dokter, arts (de)	**médico** (m)	['mɛdʒiku]
ziekenzuster (de)	**enfermeira** (f)	[ẽfer'mejra]
lijfarts (de)	**médico** (m) **pessoal**	['mɛdʒiku pe'swaw]
tandarts (de)	**dentista** (m)	[dẽ'tʃista]
oogarts (de)	**oculista** (m)	[oku'lista]
therapeut (de)	**terapeuta** (m)	[tera'pewta]
chirurg (de)	**cirurgião** (m)	[sirur'ʒjãw]
psychiater (de)	**psiquiatra** (m)	[psi'kjatra]
pediater (de)	**pediatra** (m)	[pe'dʒjatra]
psycholoog (de)	**psicólogo** (m)	[psi'kɔlogu]
gynaecoloog (de)	**ginecologista** (m)	[ʒinekolo'ʒista]
cardioloog (de)	**cardiologista** (m)	[kardʒjolo'ʒista]

76. Geneeskunde. Medicijnen. Accessoires

geneesmiddel (het)	**medicamento** (m)	[medʒika'mẽtu]
middel (het)	**remédio** (m)	[he'mɛdʒju]
voorschrijven (ww)	**receitar** (vt)	[hesej'tar]
recept (het)	**receita** (f)	[he'sejta]
tablet (de/het)	**comprimido** (m)	[kõpri'midu]
zalf (de)	**unguento** (m)	[ũ'gwẽtu]
ampul (de)	**ampola** (f)	[ã'pɔla]
drank (de)	**solução, preparado** (m)	[solu'sãw], [prepa'radu]
siroop (de)	**xarope** (m)	[ʃa'rɔpi]
pil (de)	**cápsula** (f)	['kapsula]
poeder (de/het)	**pó** (m)	[pɔ]
verband (het)	**atadura** (f)	[ata'dura]
watten (mv.)	**algodão** (m)	[awgo'dãw]
jodium (het)	**iodo** (m)	['jodu]
pleister (de)	**curativo** (m) **adesivo**	[kura'tivu ade'zivu]
pipet (de)	**conta-gotas** (m)	['kõta 'gotas]
thermometer (de)	**termômetro** (m)	[ter'mometru]
spuit (de)	**seringa** (f)	[se'rĩga]
rolstoel (de)	**cadeira** (f) **de rodas**	[ka'dejra de 'hɔdas]
krukken (mv.)	**muletas** (f pl)	[mu'letas]
pijnstiller (de)	**analgésico** (m)	[anaw'ʒɛziku]
laxeermiddel (het)	**laxante** (m)	[la'ʃãtʃi]

spiritus (de)	**álcool** (m)	['awkɔw]
medicinale kruiden (mv.)	**ervas** (f pl) **medicinais**	['ɛrvas meʤisi'najs]
kruiden- (abn)	**de ervas**	[de 'ɛrvas]

77. Roken. Tabaksproducten

tabak (de)	**tabaco** (m)	[ta'baku]
sigaret (de)	**cigarro** (m)	[si'gahu]
sigaar (de)	**charuto** (m)	[ʃa'rutu]
pijp (de)	**cachimbo** (m)	[ka'ʃĩbu]
pakje (~ sigaretten)	**maço** (m)	['masu]
lucifers (mv.)	**fósforos** (m pl)	['fɔsforus]
luciferdoosje (het)	**caixa** (f) **de fósforos**	['kaɪʃa de 'fɔsforus]
aansteker (de)	**isqueiro** (m)	[is'kejru]
asbak (de)	**cinzeiro** (m)	[sĩ'zejru]
sigarettendoosje (het)	**cigarreira** (f)	[siga'hejra]
sigarettenpijpje (het)	**piteira** (f)	[pi'tejra]
filter (de/het)	**filtro** (m)	['fiwtru]
roken (ww)	**fumar** (vi, vt)	[fu'mar]
een sigaret opsteken	**acender um cigarro**	[asẽ'der ũ si'gahu]
roken (het)	**tabagismo** (m)	[taba'ʒiʒmu]
roker (de)	**fumante** (m)	[fu'mãtʃi]
peuk (de)	**bituca** (f)	[bi'tuka]
rook (de)	**fumaça** (f)	[fu'masa]
as (de)	**cinza** (f)	['sĩza]

HET MENSELIJKE LEEFGEBIED

Stad

78. Stad. Het leven in de stad

stad (de)	**cidade** (f)	[si'dadʒi]
hoofdstad (de)	**capital** (f)	[kapi'taw]
dorp (het)	**aldeia** (f)	[aw'deja]
plattegrond (de)	**mapa** (m) **da cidade**	['mapa da si'dadʒi]
centrum (ov. een stad)	**centro** (m) **da cidade**	['sẽtru da si'dadʒi]
voorstad (de)	**subúrbio** (m)	[su'burbju]
voorstads- (abn)	**suburbano**	[subur'banu]
randgemeente (de)	**periferia** (f)	[perife'ria]
omgeving (de)	**arredores** (m pl)	[ahe'dɔris]
blok (huizenblok)	**quarteirão** (m)	[kwartej'rãw]
woonwijk (de)	**quarteirão** (m) **residencial**	[kwartej'rãw hezidẽ'sjaw]
verkeer (het)	**tráfego** (m)	['trafegu]
verkeerslicht (het)	**semáforo** (m)	[se'maforu]
openbaar vervoer (het)	**transporte** (m) **público**	[trãs'pɔrtʃi 'publiku]
kruispunt (het)	**cruzamento** (m)	[kruza'mẽtu]
zebrapad (oversteekplaats)	**faixa** (f)	['fajʃa]
onderdoorgang (de)	**túnel** (m)	['tunew]
oversteken (de straat ~)	**cruzar, atravessar** (vt)	[kru'zar], [atrave'sar]
voetganger (de)	**pedestre** (m)	[pe'dɛstri]
trottoir (het)	**calçada** (f)	[kaw'sada]
brug (de)	**ponte** (f)	['põtʃi]
dijk (de)	**margem** (f) **do rio**	['marʒẽ du 'hiu]
fontein (de)	**fonte** (f)	['fõtʃi]
allee (de)	**alameda** (f)	[ala'meda]
park (het)	**parque** (m)	['parki]
boulevard (de)	**bulevar** (m)	[bule'var]
plein (het)	**praça** (f)	['prasa]
laan (de)	**avenida** (f)	[ave'nida]
straat (de)	**rua** (f)	['hua]
zijstraat (de)	**travessa** (f)	[tra'vɛsa]
doodlopende straat (de)	**beco** (m) **sem saída**	['beku sẽ sa'ida]
huis (het)	**casa** (f)	['kaza]
gebouw (het)	**edifício, prédio** (m)	[edʒi'fisju], ['prɛdʒju]
wolkenkrabber (de)	**arranha-céu** (m)	[a'haɲa-sɛw]
gevel (de)	**fachada** (f)	[fa'ʃada]
dak (het)	**telhado** (m)	[te'ʎadu]

venster (het)	**janela** (f)	[ʒa'nɛla]
boog (de)	**arco** (m)	['arku]
pilaar (de)	**coluna** (f)	[ko'luna]
hoek (ov. een gebouw)	**esquina** (f)	[is'kina]
vitrine (de)	**vitrine** (f)	[vi'trini]
gevelreclame (de)	**letreiro** (m)	[le'trejru]
affiche (de/het)	**cartaz** (m)	[kar'taz]
reclameposter (de)	**cartaz** (m) **publicitário**	[kar'taz publisi'tarju]
aanplakbord (het)	**painel** (m) **publicitário**	[paj'nɛw publisi'tarju]
vuilnis (de/het)	**lixo** (m)	['liʃu]
vuilnisbak (de)	**lixeira** (f)	[li'ʃejra]
afval weggooien (ww)	**jogar lixo na rua**	[ʒo'gar 'liʃu na 'hua]
stortplaats (de)	**aterro** (m) **sanitário**	[a'tehu sani'tarju]
telefooncel (de)	**orelhão** (m)	[ore'ʎãw]
straatlicht (het)	**poste** (m) **de luz**	['pɔstʃi de luz]
bank (de)	**banco** (m)	['bãku]
politieagent (de)	**polícia** (m)	[po'lisja]
politie (de)	**polícia** (f)	[po'lisja]
zwerver (de)	**mendigo, pedinte** (m)	[mẽ'dʒigu], [pe'dʒĩtʃi]
dakloze (de)	**desabrigado** (m)	[dʒizabri'gadu]

79. Stedelijke instellingen

winkel (de)	**loja** (f)	['lɔʒa]
apotheek (de)	**drogaria** (f)	[droga'ria]
optiek (de)	**ótica** (f)	['ɔtʃika]
winkelcentrum (het)	**centro** (m) **comercial**	['sẽtru komer'sjaw]
supermarkt (de)	**supermercado** (m)	[supermer'kadu]
bakkerij (de)	**padaria** (f)	[pada'ria]
bakker (de)	**padeiro** (m)	[pa'dejru]
banketbakkerij (de)	**pastelaria** (f)	[pastela'ria]
kruidenier (de)	**mercearia** (f)	[mersja'ria]
slagerij (de)	**açougue** (m)	[a'sogi]
groentewinkel (de)	**fruteira** (f)	[fru'tejra]
markt (de)	**mercado** (m)	[mer'kadu]
koffiehuis (het)	**cafeteria** (f)	[kafete'ria]
restaurant (het)	**restaurante** (m)	[hestaw'rãtʃi]
bar (de)	**bar** (m)	[bar]
pizzeria (de)	**pizzaria** (f)	[pitsa'ria]
kapperssalon (de/het)	**salão** (m) **de cabeleireiro**	[sa'lãw de kabelej'rejru]
postkantoor (het)	**agência** (f) **dos correios**	[a'ʒẽsja dus ko'hejus]
stomerij (de)	**lavanderia** (f)	[lavãde'ria]
fotostudio (de)	**estúdio** (m) **fotográfico**	[is'tudʒu foto'grafiku]
schoenwinkel (de)	**sapataria** (f)	[sapata'ria]
boekhandel (de)	**livraria** (f)	[livra'ria]

sportwinkel (de)	**loja** (f) **de artigos esportivos**	['lɔʒa de ar'tʃigus ispor'tʃivus]
kledingreparatie (de)	**costureira** (m)	[kostu'rejra]
kledingverhuur (de)	**aluguel** (m) **de roupa**	[alu'gɛw de 'hopa]
videotheek (de)	**videolocadora** (f)	['vidʒju·loka'dɔra]
circus (de/het)	**circo** (m)	['sirku]
dierentuin (de)	**jardim** (m) **zoológico**	[ʒar'dʒĩ zo'lɔʒiku]
bioscoop (de)	**cinema** (m)	[si'nɛma]
museum (het)	**museu** (m)	[mu'zew]
bibliotheek (de)	**biblioteca** (f)	[bibljo'tɛka]
theater (het)	**teatro** (m)	['tʃjatru]
opera (de)	**ópera** (f)	['ɔpera]
nachtclub (de)	**boate** (f)	['bwatʃi]
casino (het)	**cassino** (m)	[ka'sinu]
moskee (de)	**mesquita** (f)	[mes'kita]
synagoge (de)	**sinagoga** (f)	[sina'gɔga]
kathedraal (de)	**catedral** (f)	[kate'draw]
tempel (de)	**templo** (m)	['tẽplu]
kerk (de)	**igreja** (f)	[i'greʒa]
instituut (het)	**faculdade** (f)	[fakuw'dadʒi]
universiteit (de)	**universidade** (f)	[universi'dadʒi]
school (de)	**escola** (f)	[is'kɔla]
gemeentehuis (het)	**prefeitura** (f)	[prefej'tura]
stadhuis (het)	**câmara** (f) **municipal**	['kamara munisi'paw]
hotel (het)	**hotel** (m)	[o'tɛw]
bank (de)	**banco** (m)	['bãku]
ambassade (de)	**embaixada** (f)	[ẽbaj'ʃada]
reisbureau (het)	**agência** (f) **de viagens**	[a'ʒẽsja de 'vjaʒẽs]
informatieloket (het)	**agência** (f) **de informações**	[a'ʒẽsja de ĩforma'sõjs]
wisselkantoor (het)	**casa** (f) **de câmbio**	['kaza de 'kãbju]
metro (de)	**metrô** (m)	[me'tro]
ziekenhuis (het)	**hospital** (m)	[ospi'taw]
benzinestation (het)	**posto** (m) **de gasolina**	['postu de gazo'lina]
parking (de)	**parque** (m) **de estacionamento**	['parki de istasjona'mẽtu]

80. Borden

gevelreclame (de)	**letreiro** (m)	[le'trejru]
opschrift (het)	**aviso** (m)	[a'vizu]
poster (de)	**pôster** (m)	['poster]
wegwijzer (de)	**placa** (f) **de direção**	['plaka]
pijl (de)	**seta** (f)	['sɛta]
waarschuwing (verwittiging)	**aviso** (m), **advertência** (f)	[a'vizu], [adʒiver'tẽsja]
waarschuwingsbord (het)	**sinal** (m) **de aviso**	[si'naw de a'vizu]
waarschuwen (ww)	**avisar, advertir** (vt)	[avi'zar], [adʒiver'tʃir]

vrije dag (de)	**dia** (m) **de folga**	['dʒia de 'fɔwga]
dienstregeling (de)	**horário** (m)	[o'rarju]
openingsuren (mv.)	**horário** (m)	[o'rarju]
WELKOM!	**BEM-VINDOS!**	[bẽj 'vĩdu]
INGANG	**ENTRADA**	[ẽ'trada]
UITGANG	**SAÍDA**	[sa'ida]
DUWEN	**EMPURRE**	[ẽ'puhe]
TREKKEN	**PUXE**	['puʃe]
OPEN	**ABERTO**	[a'bɛrtu]
GESLOTEN	**FECHADO**	[fe'ʃadu]
DAMES	**MULHER**	[mu'ʎer]
HEREN	**HOMEM**	['ɔmẽ]
KORTING	**DESCONTOS**	[dʒis'kõtus]
UITVERKOOP	**SALDOS, PROMOÇÃO**	['sawdus], [promo'sãw]
NIEUW!	**NOVIDADE!**	[novi'dadʒi]
GRATIS	**GRÁTIS**	['gratʃis]
PAS OP!	**ATENÇÃO!**	[atẽ'sãw]
VOLGEBOEKT	**NÃO HÁ VAGAS**	['nãw a 'vagas]
GERESERVEERD	**RESERVADO**	[hezer'vadu]
ADMINISTRATIE	**ADMINISTRAÇÃO**	[adʒiministra'sãw]
ALLEEN VOOR PERSONEEL	**SOMENTE PESSOAL AUTORIZADO**	[sɔ'mẽtʃi pe'swaw awtori'zadu]
GEVAARLIJKE HOND	**CUIDADO CÃO FEROZ**	[kwi'dadu kãw fe'rɔz]
VERBODEN TE ROKEN!	**PROIBIDO FUMAR!**	[proi'bidu fu'mar]
NIET AANRAKEN!	**NÃO TOCAR**	['nãw to'kar]
GEVAARLIJK	**PERIGOSO**	[peri'gozu]
GEVAAR	**PERIGO**	[pe'rigu]
HOOGSPANNING	**ALTA TENSÃO**	['awta tẽ'sãw]
VERBODEN TE ZWEMMEN	**PROIBIDO NADAR**	[proi'bidu na'dar]
BUITEN GEBRUIK	**COM DEFEITO**	[kõ de'fejtu]
ONTVLAMBAAR	**INFLAMÁVEL**	[ĩfla'mavew]
VERBODEN	**PROIBIDO**	[proi'bidu]
DOORGANG VERBODEN	**ENTRADA PROIBIDA**	[ẽ'trada proi'bida]
OPGELET PAS GEVERFD	**CUIDADO TINTA FRESCA**	[kwi'dadu 'tʃĩta 'freska]

81. Stedelijk vervoer

bus, autobus (de)	**ônibus** (m)	['onibus]
tram (de)	**bonde** (m) **elétrico**	['bõdʒi e'lɛtriku]
trolleybus (de)	**trólebus** (m)	['trɔlebus]
route (de)	**rota** (f), **itinerário** (m)	['hɔta], [itʃine'rarju]
nummer (busnummer, enz.)	**número** (m)	['numeru]
rijden met ...	**ir de ...**	[ir de]
stappen (in de bus ~)	**entrar no ...**	[ẽ'trar nu]

afstappen (ww)	**descer do ...**	[de'ser du]
halte (de)	**parada** (f)	[pa'rada]
volgende halte (de)	**próxima parada** (f)	['prɔsima pa'rada]
eindpunt (het)	**terminal** (m)	[termi'naw]
dienstregeling (de)	**horário** (m)	[o'rarju]
wachten (ww)	**esperar** (vt)	[ispe'rar]
kaartje (het)	**passagem** (f)	[pa'saʒẽ]
reiskosten (de)	**tarifa** (f)	[ta'rifa]
kassier (de)	**bilheteiro** (m)	[biʎe'tejru]
kaartcontrole (de)	**controle** (m) **de passagens**	[kõ'troli de pa'saʒãjʃ]
controleur (de)	**revisor** (m)	[hevi'zor]
te laat zijn (ww)	**atrasar-se** (vr)	[atra'zarsi]
missen (de bus ~)	**perder** (vt)	[per'der]
zich haasten (ww)	**estar com pressa**	[is'tar kõ 'prɛsa]
taxi (de)	**táxi** (m)	['taksi]
taxichauffeur (de)	**taxista** (m)	[tak'sista]
met de taxi (bw)	**de táxi**	[de 'taksi]
taxistandplaats (de)	**ponto** (m) **de táxis**	['põtu de 'taksis]
een taxi bestellen	**chamar um táxi**	[ʃa'mar ũ 'taksi]
een taxi nemen	**pegar um táxi**	[pe'gar ũ 'taksi]
verkeer (het)	**tráfego** (m)	['trafegu]
file (de)	**engarrafamento** (m)	[ẽgahafa'mẽtu]
spitsuur (het)	**horas** (f pl) **de pico**	['ɔras de 'piku]
parkeren (on.ww.)	**estacionar** (vi)	[istasjo'nar]
parkeren (ov.ww.)	**estacionar** (vt)	[istasjo'nar]
parking (de)	**parque** (m) **de estacionamento**	['parki de istasjona'mẽtu]
metro (de)	**metrô** (m)	[me'tro]
halte (bijv. kleine treinhalte)	**estação** (f)	[ista'sãw]
de metro nemen	**ir de metrô**	[ir de me'tro]
trein (de)	**trem** (m)	[trẽj]
station (treinstation)	**estação** (f) **de trem**	[ista'sãw de trẽj]

82. Bezienswaardigheden

monument (het)	**monumento** (m)	[monu'mẽtu]
vesting (de)	**fortaleza** (f)	[forta'leza]
paleis (het)	**palácio** (m)	[pa'lasju]
kasteel (het)	**castelo** (m)	[kas'tɛlu]
toren (de)	**torre** (f)	['tohi]
mausoleum (het)	**mausoléu** (m)	[mawzo'lɛw]
architectuur (de)	**arquitetura** (f)	[arkite'tura]
middeleeuws (bn)	**medieval**	[medʒje'vaw]
oud (bn)	**antigo**	[ã'tʃigu]
nationaal (bn)	**nacional**	[nasjo'naw]
bekend (bn)	**famoso**	[fa'mozu]
toerist (de)	**turista** (m)	[tu'rista]

gids (de)	**guia** (m)	['gia]
rondleiding (de)	**excursão** (f)	[iskur'sãw]
tonen (ww)	**mostrar** (vt)	[mos'trar]
vertellen (ww)	**contar** (vt)	[kõ'tar]
vinden (ww)	**encontrar** (vt)	[ẽkõ'trar]
verdwalen (de weg kwijt zijn)	**perder-se** (vr)	[per'dersi]
plattegrond (~ van de metro)	**mapa** (m)	['mapa]
plattegrond (~ van de stad)	**mapa** (m)	['mapa]
souvenir (het)	**lembrança** (f), **presente** (m)	[lẽ'brãsa], [pre'zẽtʃi]
souvenirwinkel (de)	**loja** (f) **de presentes**	['lɔʒa de pre'zẽtʃis]
foto's maken	**tirar fotos**	[tʃi'rar 'fɔtus]
zich laten fotograferen	**fotografar-se** (vr)	[fotogra'farse]

83. Winkelen

kopen (ww)	**comprar** (vt)	[kõ'prar]
aankoop (de)	**compra** (f)	['kõpra]
winkelen (ww)	**fazer compras**	[fa'zer 'kõpras]
winkelen (het)	**compras** (f pl)	['kõpras]
open zijn (ov. een winkel, enz.)	**estar aberta**	[is'tar a'bɛrta]
gesloten zijn (ww)	**estar fechada**	[is'tar fe'ʃada]
schoeisel (het)	**calçado** (m)	[kaw'sadu]
kleren (mv.)	**roupa** (f)	['hopa]
cosmetica (mv.)	**cosméticos** (m pl)	[koz'mɛtʃikus]
voedingswaren (mv.)	**alimentos** (m pl)	[ali'mẽtus]
geschenk (het)	**presente** (m)	[pre'zẽtʃi]
verkoper (de)	**vendedor** (m)	[vẽde'dor]
verkoopster (de)	**vendedora** (f)	[vẽde'dora]
kassa (de)	**caixa** (f)	['kaɪʃa]
spiegel (de)	**espelho** (m)	[is'peʎu]
toonbank (de)	**balcão** (m)	[baw'kãw]
paskamer (de)	**provador** (m)	[prɔva'dor]
aanpassen (ww)	**provar** (vt)	[pro'var]
passen (ov. kleren)	**servir** (vi)	[ser'vir]
bevallen (prettig vinden)	**gostar** (vt)	[gos'tar]
prijs (de)	**preço** (m)	['presu]
prijskaartje (het)	**etiqueta** (f) **de preço**	[etʃi'keta de 'presu]
kosten (ww)	**custar** (vt)	[kus'tar]
Hoeveel?	**Quanto?**	['kwãtu]
korting (de)	**desconto** (m)	[dʒis'kõtu]
niet duur (bn)	**não caro**	['nãw 'karu]
goedkoop (bn)	**barato**	[ba'ratu]
duur (bn)	**caro**	['karu]
Dat is duur.	**É caro**	[ɛ 'karu]

verhuur (de)	**aluguel** (m)	[alu'gɛw]
huren (smoking, enz.)	**alugar** (vt)	[alu'gar]
krediet (het)	**crédito** (m)	['krɛʤitu]
op krediet (bw)	**a crédito**	[a 'krɛʤitu]

84. Geld

geld (het)	**dinheiro** (m)	[ʤi'ɲejru]
ruil (de)	**câmbio** (m)	['kãbju]
koers (de)	**taxa** (f) **de câmbio**	['taʃa de 'kãbju]
geldautomaat (de)	**caixa** (m) **eletrônico**	['kaɪʃa ele'troniku]
muntstuk (de)	**moeda** (f)	['mwɛda]
dollar (de)	**dólar** (m)	['dɔlar]
euro (de)	**euro** (m)	['ewru]
lire (de)	**lira** (f)	['lira]
Duitse mark (de)	**marco** (m)	['marku]
frank (de)	**franco** (m)	['frãku]
pond sterling (het)	**libra** (f) **esterlina**	['libra ister'linu]
yen (de)	**iene** (m)	['jɛni]
schuld (geldbedrag)	**dívida** (f)	['ʤivida]
schuldenaar (de)	**devedor** (m)	[deve'dor]
uitlenen (ww)	**emprestar** (vt)	[ẽpres'tar]
lenen (geld ~)	**pedir emprestado**	[pe'ʤir ẽpres'tadu]
bank (de)	**banco** (m)	['bãku]
bankrekening (de)	**conta** (f)	['kõta]
storten (ww)	**depositar** (vt)	[depozi'tar]
op rekening storten	**depositar na conta**	[depozi'tar na 'kõta]
opnemen (ww)	**sacar** (vt)	[sa'kar]
kredietkaart (de)	**cartão** (m) **de crédito**	[kar'tãw de 'krɛʤitu]
baar geld (het)	**dinheiro** (m) **vivo**	[ʤi'ɲejru 'vivu]
cheque (de)	**cheque** (m)	['ʃɛki]
een cheque uitschrijven	**passar um cheque**	[pa'sar ũ 'ʃɛki]
chequeboekje (het)	**talão** (m) **de cheques**	[ta'lãw de 'ʃɛkis]
portefeuille (de)	**carteira** (f)	[kar'tejra]
geldbeugel (de)	**niqueleira** (f)	[nike'lejra]
safe (de)	**cofre** (m)	['kɔfri]
erfgenaam (de)	**herdeiro** (m)	[er'dejru]
erfenis (de)	**herança** (f)	[e'rãsa]
fortuin (het)	**fortuna** (f)	[for'tuna]
huur (de)	**arrendamento** (m)	[ahẽda'mẽtu]
huurprijs (de)	**aluguel** (m)	[alu'gɛw]
huren (huis, kamer)	**alugar** (vt)	[alu'gar]
prijs (de)	**preço** (m)	['presu]
kostprijs (de)	**custo** (m)	['kustu]
som (de)	**soma** (f)	['sɔma]

uitgeven (geld besteden)	**gastar** (vt)	[gas'tar]
kosten (mv.)	**gastos** (m pl)	['gastus]
bezuinigen (ww)	**economizar** (vi)	[ekonomi'zar]
zuinig (bn)	**econômico**	[eko'nomiku]
betalen (ww)	**pagar** (vt)	[pa'gar]
betaling (de)	**pagamento** (m)	[paga'mẽtu]
wisselgeld (het)	**troco** (m)	['troku]
belasting (de)	**imposto** (m)	[ĩ'postu]
boete (de)	**multa** (f)	['muwta]
beboeten (bekeuren)	**multar** (vt)	[muw'tar]

85. Post. Postkantoor

postkantoor (het)	**agência** (f) **dos correios**	[a'ʒẽsja dus ko'hejus]
post (de)	**correio** (m)	[ko'heju]
postbode (de)	**carteiro** (m)	[kar'tejru]
openingsuren (mv.)	**horário** (m)	[o'rarju]
brief (de)	**carta** (f)	['karta]
aangetekende brief (de)	**carta** (f) **registada**	['karta heʒis'tada]
briefkaart (de)	**cartão** (m) **postal**	[kar'tãw pos'taw]
telegram (het)	**telegrama** (m)	[tele'grama]
postpakket (het)	**encomenda** (f)	[ẽko'mẽda]
overschrijving (de)	**transferência** (f) **de dinheiro**	[trãsfe'rẽsja de dʒi'ɲejru]
ontvangen (ww)	**receber** (vt)	[hese'ber]
sturen (zenden)	**enviar** (vt)	[ẽ'vjar]
verzending (de)	**envio** (m)	[ẽ'viu]
adres (het)	**endereço** (m)	[ẽde'resu]
postcode (de)	**código** (m) **postal**	['kɔdʒigu pos'taw]
verzender (de)	**remetente** (m)	[heme'tẽtʃi]
ontvanger (de)	**destinatário** (m)	[destʃina'tarju]
naam (de)	**nome** (m)	['nɔmi]
achternaam (de)	**sobrenome** (m)	[sobri'nɔmi]
tarief (het)	**tarifa** (f)	[ta'rifa]
standaard (bn)	**ordinário**	[ordʒi'narju]
zuinig (bn)	**econômico**	[eko'nomiku]
gewicht (het)	**peso** (m)	['pezu]
afwegen (op de weegschaal)	**pesar** (vt)	[pe'zar]
envelop (de)	**envelope** (m)	[ẽve'lɔpi]
postzegel (de)	**selo** (m) **postal**	['selu pos'taw]
een postzegel plakken op	**colar o selo**	[ko'lar u 'selu]

Woning. Huis. Thuis

86. Huis. Woning

huis (het)	**casa** (f)	['kaza]
thuis (bw)	**em casa**	[ẽ 'kaza]
cour (de)	**pátio** (m), **quintal** (f)	['patʃju], [kĩ'taw]
omheining (de)	**cerca, grade** (f)	['sɛrka], ['gradʒi]
baksteen (de)	**tijolo** (m)	[tʃi'ʒolu]
van bakstenen	**de tijolos**	[de tʃi'ʒolus]
steen (de)	**pedra** (f)	['pɛdra]
stenen (bn)	**de pedra**	[de 'pɛdra]
beton (het)	**concreto** (m)	[kõ'krɛtu]
van beton	**concreto**	[kõ'krɛtu]
nieuw (bn)	**novo**	['novu]
oud (bn)	**velho**	['vɛʎu]
vervallen (bn)	**decrépito**	[de'krɛpitu]
modern (bn)	**moderno**	[mo'dɛrnu]
met veel verdiepingen	**de vários andares**	[de 'varjus ã'daris]
hoog (bn)	**alto**	['awtu]
verdieping (de)	**andar** (m)	[ã'dar]
met een verdieping	**de um andar**	[de ũ ã'dar]
laagste verdieping (de)	**térreo** (m)	['tɛhju]
bovenverdieping (de)	**andar** (m) **de cima**	[ã'dar de 'sima]
dak (het)	**telhado** (m)	[te'ʎadu]
schoorsteen (de)	**chaminé** (f)	[ʃami'nɛ]
dakpan (de)	**telha** (f)	['teʎa]
pannen- (abn)	**de telha**	[de 'teʎa]
zolder (de)	**sótão** (m)	['sɔtãw]
venster (het)	**janela** (f)	[ʒa'nɛla]
glas (het)	**vidro** (m)	['vidru]
vensterbank (de)	**parapeito** (m)	[para'pejtu]
luiken (mv.)	**persianas** (f pl)	[per'sjanas]
muur (de)	**parede** (f)	[pa'redʒi]
balkon (het)	**varanda** (f)	[va'rãda]
regenpijp (de)	**calha** (f)	['kaʎa]
boven (bw)	**em cima**	[ẽ 'sima]
naar boven gaan (ww)	**subir** (vi)	[su'bir]
afdalen (on.ww.)	**descer** (vi)	[de'ser]
verhuizen (ww)	**mudar-se** (vr)	[mu'darsi]

87. Huis. Ingang. Lift

ingang (de)	**entrada** (f)	[ẽ'trada]
trap (de)	**escada** (f)	[is'kada]
treden (mv.)	**degraus** (m pl)	[de'graws]
trapleuning (de)	**corrimão** (m)	[kohi'mãw]
hal (de)	**hall** (m) **de entrada**	[hɔw de ẽ'trada]
postbus (de)	**caixa** (f) **de correio**	['kaɪʃa de ko'heju]
vuilnisbak (de)	**lixeira** (f)	[li'ʃejra]
vuilniskoker (de)	**calha** (f) **de lixo**	['kaʎa de 'liʃu]
lift (de)	**elevador** (m)	[eleva'dor]
goederenlift (de)	**elevador** (m) **de carga**	[eleva'dor de 'karga]
liftcabine (de)	**cabine** (f)	[ka'bini]
de lift nemen	**pegar o elevador**	[pe'gar u eleva'dor]
appartement (het)	**apartamento** (m)	[aparta'mẽtu]
bewoners (mv.)	**residentes** (pl)	[hezi'dẽtʃis]
buurman (de)	**vizinho** (m)	[vi'ziɲu]
buurvrouw (de)	**vizinha** (f)	[vi'ziɲa]
buren (mv.)	**vizinhos** (pl)	[vi'ziɲus]

88. Huis. Elektriciteit

elektriciteit (de)	**eletricidade** (f)	[eletrisi'dadʒi]
lamp (de)	**lâmpada** (f)	['lãpada]
schakelaar (de)	**interruptor** (m)	[ĩtehup'tor]
zekering (de)	**fusível, disjuntor** (m)	[fu'zivew], [dʒisʒũ'tor]
draad (de)	**fio, cabo** (m)	['fiu], ['kabu]
bedrading (de)	**instalação** (f) **elétrica**	[ĩstala'sãw e'lɛtrika]
elektriciteitsmeter (de)	**medidor** (m) **de eletricidade**	[medʒi'dor de eletrisi'dadʒi]
gegevens (mv.)	**indicação** (f), **registro** (m)	[indʒika'sãw], [he'ʒistru]

89. Huis. Deuren. Sloten

deur (de)	**porta** (f)	['pɔrta]
toegangspoort (de)	**portão** (m)	[por'tãw]
deurkruk (de)	**maçaneta** (f)	[masa'neta]
ontsluiten (ontgrendelen)	**destrancar** (vt)	[dʒistrã'kar]
openen (ww)	**abrir** (vt)	[a'brir]
sluiten (ww)	**fechar** (vt)	[fe'ʃar]
sleutel (de)	**chave** (f)	['ʃavi]
sleutelbos (de)	**molho** (m)	['moʎu]
knarsen (bijv. scharnier)	**ranger** (vi)	[hã'ʒer]
knarsgeluid (het)	**rangido** (m)	[hã'ʒidu]
scharnier (het)	**dobradiça** (f)	[dobra'dʒisa]
deurmat (de)	**capacho** (m)	[ka'paʃu]
slot (het)	**fechadura** (f)	[feʃa'dura]

sleutelgat (het)	**buraco** (m) **da fechadura**	[bu'raku da feʃa'dura]
grendel (de)	**barra** (f)	['baha]
schuif (de)	**fecho** (m)	['feʃu]
hangslot (het)	**cadeado** (m)	[ka'dʒjadu]
aanbellen (ww)	**tocar** (vt)	[to'kar]
bel (geluid)	**toque** (m)	['tɔki]
deurbel (de)	**campainha** (f)	[kampa'iɲa]
belknop (de)	**botão** (m)	[bo'tãw]
geklop (het)	**batida** (f)	[ba'tʃida]
kloppen (ww)	**bater** (vi)	[ba'ter]
code (de)	**código** (m)	['kɔdʒigu]
cijferslot (het)	**fechadura** (f) **de código**	[feʃa'dura de 'kɔdʒigu]
parlofoon (de)	**interfone** (m)	[ĩter'fɔni]
nummer (het)	**número** (m)	['numeru]
naambordje (het)	**placa** (f) **de porta**	['plaka de 'pɔrta]
deurspion (de)	**olho** (m) **mágico**	['oʎu 'maʒiku]

90. Huis op het platteland

dorp (het)	**aldeia** (f)	[aw'deja]
moestuin (de)	**horta** (f)	['ɔrta]
hek (het)	**cerca** (f)	['serka]
houten hekwerk (het)	**cerca** (f) **de piquete**	['sɛrka de pi'ketʃi]
tuinpoortje (het)	**portão** (f) **do jardim**	[por'tãw du ʒar'dʒĩ]
graanschuur (de)	**celeiro** (m)	[se'lejru]
wortelkelder (de)	**adega** (f)	[a'dɛga]
schuur (de)	**galpão, barracão** (m)	[gaw'pãw], [baha'kãw]
waterput (de)	**poço** (m)	['posu]
kachel (de)	**fogão** (m)	[fo'gãw]
de kachel stoken	**atiçar o fogo**	[atʃi'sar u 'fogu]
brandhout (het)	**lenha** (f)	['lɛɲa]
houtblok (het)	**lenha** (f)	['lɛɲa]
veranda (de)	**varanda** (f)	[va'rãda]
terras (het)	**alpendre** (m)	[aw'pẽdri]
bordes (het)	**degraus** (m pl) **de entrada**	[de'graws de ẽ'trada]
schommel (de)	**balanço** (m)	[ba'lãsu]

91. Villa. Herenhuis

landhuisje (het)	**casa** (f) **de campo**	['kaza de 'kãpu]
villa (de)	**vila** (f)	['vila]
vleugel (de)	**ala** (f)	['ala]
tuin (de)	**jardim** (m)	[ʒar'dʒĩ]
park (het)	**parque** (m)	['parki]
oranjerie (de)	**estufa** (f)	[is'tufa]
onderhouden (tuin, enz.)	**cuidar de ...**	[kwi'dar de]

zwembad (het)	**piscina** (f)	[pi'sina]
gym (het)	**academia** (f) **de ginástica**	[akade'mia de ʒi'nastʃika]
tennisveld (het)	**quadra** (f) **de tênis**	['kwadra de 'tenis]
bioscoopkamer (de)	**cinema** (m)	[si'nɛma]
garage (de)	**garagem** (f)	[ga'raʒẽ]
privé-eigendom (het)	**propriedade** (f) **privada**	[proprje'dadʒi pri'vada]
eigen terrein (het)	**terreno** (m) **privado**	[te'hɛnu pri'vadu]
waarschuwing (de)	**advertência** (f)	[adʒiver'tẽsja]
waarschuwingsbord (het)	**sinal** (m) **de aviso**	[si'naw de a'vizu]
bewaking (de)	**guarda** (f)	['gwarda]
bewaker (de)	**guarda** (m)	['gwarda]
inbraakalarm (het)	**alarme** (m)	[a'larmi]

92. Kasteel. Paleis

kasteel (het)	**castelo** (m)	[kas'tɛlu]
paleis (het)	**palácio** (m)	[pa'lasju]
vesting (de)	**fortaleza** (f)	[forta'leza]
ringmuur (de)	**muralha** (f)	[mu'raʎa]
toren (de)	**torre** (f)	['tohi]
donjon (de)	**calabouço** (m)	[kala'bosu]
valhek (het)	**grade** (f) **levadiça**	['gradʒi leva'dʒisa]
onderaardse gang (de)	**passagem** (f) **subterrânea**	[pa'saʒẽ subite'hanja]
slotgracht (de)	**fosso** (m)	['fosu]
ketting (de)	**corrente, cadeia** (f)	[ko'hẽtʃi], [ka'deja]
schietgat (het)	**seteira** (f)	[se'tejra]
prachtig (bn)	**magnífico**	[mag'nifiku]
majestueus (bn)	**majestoso**	[maʒes'tozu]
onneembaar (bn)	**inexpugnável**	[inespug'navew]
middeleeuws (bn)	**medieval**	[medʒje'vaw]

93. Appartement

appartement (het)	**apartamento** (m)	[aparta'mẽtu]
kamer (de)	**quarto, cômodo** (m)	['kwartu], ['komodu]
slaapkamer (de)	**quarto** (m) **de dormir**	['kwartu de dor'mir]
eetkamer (de)	**sala** (f) **de jantar**	['sala de ʒã'tar]
salon (de)	**sala** (f) **de estar**	['sala de is'tar]
studeerkamer (de)	**escritório** (m)	[iskri'tɔrju]
gang (de)	**sala** (f) **de entrada**	['sala de ẽ'trada]
badkamer (de)	**banheiro** (m)	[ba'ɲejru]
toilet (het)	**lavabo** (m)	[la'vabu]
plafond (het)	**teto** (m)	['tɛtu]
vloer (de)	**chão, piso** (m)	['ʃãw], ['pizu]
hoek (de)	**canto** (m)	['kãtu]

94. Appartement. Schoonmaken

schoonmaken (ww)	**arrumar, limpar** (vt)	[ahu'mar], [lĩ'par]
opbergen (in de kast, enz.)	**guardar** (vt)	[gwar'dar]
stof (het)	**pó** (m)	[pɔ]
stoffig (bn)	**empoeirado**	[ẽpoej'radu]
stoffen (ww)	**tirar o pó**	[tʃi'rar u pɔ]
stofzuiger (de)	**aspirador** (m)	[aspira'dor]
stofzuigen (ww)	**aspirar** (vt)	[aspi'rar]
vegen (de vloer ~)	**varrer** (vt)	[va'her]
veegsel (het)	**sujeira** (f)	[su'ʒejra]
orde (de)	**arrumação, ordem** (f)	[ahuma'sãw], ['ordẽ]
wanorde (de)	**desordem** (f)	[dʒi'zordẽ]
zwabber (de)	**esfregão** (m)	[isfre'gaw]
poetsdoek (de)	**pano** (m), **trapo** (m)	['panu], ['trapu]
veger (de)	**vassoura** (f)	[va'sora]
stofblik (het)	**pá** (f) **de lixo**	[pa de 'liʃu]

95. Meubels. Interieur

meubels (mv.)	**mobiliário** (m)	[mobi'ljarju]
tafel (de)	**mesa** (f)	['meza]
stoel (de)	**cadeira** (f)	[ka'dejra]
bed (het)	**cama** (f)	['kama]
bankstel (het)	**sofá, divã** (m)	[so'fa], [dʒi'vã]
fauteuil (de)	**poltrona** (f)	[pow'trɔna]
boekenkast (de)	**estante** (f)	[is'tãtʃi]
boekenrek (het)	**prateleira** (f)	[prate'lejra]
kledingkast (de)	**guarda-roupas** (m)	['gwarda 'hopa]
kapstok (de)	**cabide** (m) **de parede**	[ka'bidʒi de pa'redʒi]
staande kapstok (de)	**cabideiro** (m) **de pé**	[kabi'dejru de pɛ]
commode (de)	**cômoda** (f)	['komoda]
salontafeltje (het)	**mesinha** (f) **de centro**	[me'ziɲa de 'sẽtru]
spiegel (de)	**espelho** (m)	[is'peʎu]
tapijt (het)	**tapete** (m)	[ta'petʃi]
tapijtje (het)	**tapete** (m)	[ta'petʃi]
haard (de)	**lareira** (f)	[la'rejra]
kaars (de)	**vela** (f)	['vɛla]
kandelaar (de)	**castiçal** (m)	[kastʃi'saw]
gordijnen (mv.)	**cortinas** (f pl)	[kor'tʃinas]
behang (het)	**papel** (m) **de parede**	[pa'pɛw de pa'redʒi]
jaloezie (de)	**persianas** (f pl)	[per'sjanas]
bureaulamp (de)	**luminária** (f) **de mesa**	[lumi'narja de 'meza]
wandlamp (de)	**luminária** (f) **de parede**	[lumi'narja de pa'redʒi]

staande lamp (de)	**abajur** (m) **de pé**	[aba'ʒur de 'pɛ]
luchter (de)	**lustre** (m)	['lustri]
poot (ov. een tafel, enz.)	**pé** (m)	[pɛ]
armleuning (de)	**braço, descanso** (m)	['brasu], [dʒis'kãsu]
rugleuning (de)	**costas** (f pl)	['kɔstas]
la (de)	**gaveta** (f)	[ga'veta]

96. Beddengoed

beddengoed (het)	**roupa** (f) **de cama**	['hopa de 'kama]
kussen (het)	**travesseiro** (m)	[trave'sejru]
kussenovertrek (de)	**fronha** (f)	['froɲa]
deken (de)	**cobertor** (m)	[kuber'tor]
laken (het)	**lençol** (m)	[lẽ'sɔw]
sprei (de)	**colcha** (f)	['kowʃa]

97. Keuken

keuken (de)	**cozinha** (f)	[ko'ziɲa]
gas (het)	**gás** (m)	[gajs]
gasfornuis (het)	**fogão** (m) **a gás**	[fo'gãw a gajs]
elektrisch fornuis (het)	**fogão** (m) **elétrico**	[fo'gãw e'lɛtriku]
oven (de)	**forno** (m)	['fornu]
magnetronoven (de)	**forno** (m) **de micro-ondas**	['fornu de mikro'õdas]
koelkast (de)	**geladeira** (f)	[ʒela'dejra]
diepvriezer (de)	**congelador** (m)	[kõʒela'dor]
vaatwasmachine (de)	**máquina** (f) **de lavar louça**	['makina de la'var 'losa]
vleesmolen (de)	**moedor** (m) **de carne**	[moe'dor de 'karni]
vruchtenpers (de)	**espremedor** (m)	[ispreme'dor]
toaster (de)	**torradeira** (f)	[toha'dejra]
mixer (de)	**batedeira** (f)	[bate'dejra]
koffiemachine (de)	**máquina** (f) **de café**	['makina de ka'fɛ]
koffiepot (de)	**cafeteira** (f)	[kafe'tejra]
koffiemolen (de)	**moedor** (m) **de café**	[moe'dor de ka'fɛ]
fluitketel (de)	**chaleira** (f)	[ʃa'lejra]
theepot (de)	**bule** (m)	['buli]
deksel (de/het)	**tampa** (f)	['tãpa]
theezeefje (het)	**coador** (m) **de chá**	[koa'dor de ʃa]
lepel (de)	**colher** (f)	[ko'ʎer]
theelepeltje (het)	**colher** (f) **de chá**	[ko'ʎer de ʃa]
eetlepel (de)	**colher** (f) **de sopa**	[ko'ʎer de 'sopa]
vork (de)	**garfo** (m)	['garfu]
mes (het)	**faca** (f)	['faka]
vaatwerk (het)	**louça** (f)	['losa]
bord (het)	**prato** (m)	['pratu]

schoteltje (het)	**pires** (m)	['piris]
likeurglas (het)	**cálice** (m)	['kalisi]
glas (het)	**copo** (m)	['kɔpu]
kopje (het)	**xícara** (f)	['ʃikara]
suikerpot (de)	**açucareiro** (m)	[asuka'rejru]
zoutvat (het)	**saleiro** (m)	[sa'lejru]
pepervat (het)	**pimenteiro** (m)	[pimẽ'tejru]
boterschaaltje (het)	**manteigueira** (f)	[mãtej'gejra]
pan (de)	**panela** (f)	[pa'nɛla]
bakpan (de)	**frigideira** (f)	[friʒi'dejra]
pollepel (de)	**concha** (f)	['kõʃa]
vergiet (de/het)	**coador** (m)	[koa'dor]
dienblad (het)	**bandeja** (f)	[bã'deʒa]
fles (de)	**garrafa** (f)	[ga'hafa]
glazen pot (de)	**pote** (m) **de vidro**	['pɔtʃi de 'vidru]
blik (conserven~)	**lata** (f)	['lata]
flesopener (de)	**abridor** (m) **de garrafa**	[abri'dor de ga'hafa]
blikopener (de)	**abridor** (m) **de latas**	[abri'dor de 'latas]
kurkentrekker (de)	**saca-rolhas** (m)	['saka-'hoʎas]
filter (de/het)	**filtro** (m)	['fiwtru]
filteren (ww)	**filtrar** (vt)	[fiw'trar]
huisvuil (het)	**lixo** (m)	['liʃu]
vuilnisemmer (de)	**lixeira** (f)	[li'ʃejra]

98. Badkamer

badkamer (de)	**banheiro** (m)	[ba'ɲejru]
water (het)	**água** (f)	['agwa]
kraan (de)	**torneira** (f)	[tor'nejra]
warm water (het)	**água** (f) **quente**	['agwa 'kẽtʃi]
koud water (het)	**água** (f) **fria**	['agwa 'fria]
tandpasta (de)	**pasta** (f) **de dente**	['pasta de 'dẽtʃi]
tanden poetsen (ww)	**escovar os dentes**	[isko'var us 'dẽtʃis]
tandenborstel (de)	**escova** (f) **de dente**	[is'kova de 'dẽtʃi]
zich scheren (ww)	**barbear-se** (vr)	[bar'bjarsi]
scheercrème (de)	**espuma** (f) **de barbear**	[is'puma de bar'bjar]
scheermes (het)	**gilete** (f)	[ʒi'lɛtʃi]
wassen (ww)	**lavar** (vt)	[la'var]
een bad nemen	**tomar banho**	[to'mar baɲu]
douche (de)	**chuveiro** (m), **ducha** (f)	[ʃu'vejru], ['duʃa]
een douche nemen	**tomar uma ducha**	[to'mar 'uma 'duʃa]
bad (het)	**banheira** (f)	[ba'ɲejra]
toiletpot (de)	**vaso** (m) **sanitário**	['vazu sani'tarju]
wastafel (de)	**pia** (f)	['pia]
zeep (de)	**sabonete** (m)	[sabo'netʃi]

zeepbakje (het)	**saboneteira** (f)	[sabone'tejra]
spons (de)	**esponja** (f)	[is'põʒa]
shampoo (de)	**xampu** (m)	[ʃã'pu]
handdoek (de)	**toalha** (f)	[to'aʎa]
badjas (de)	**roupão** (m) **de banho**	[ho'pãw de 'baɲu]
was (bijv. handwas)	**lavagem** (f)	[la'vaʒẽ]
wasmachine (de)	**lavadora** (f) **de roupas**	[lava'dora de 'hopas]
de was doen	**lavar a roupa**	[la'var a 'hopa]
waspoeder (de)	**detergente** (m)	[deter'ʒẽtʃi]

99. Huishoudelijke apparaten

televisie (de)	**televisor** (m)	[televi'zor]
cassettespeler (de)	**gravador** (m)	[grava'dor]
videorecorder (de)	**videogravador** (m)	['vidʒju·grava'dor]
radio (de)	**rádio** (m)	['hadʒju]
speler (de)	**leitor** (m)	[lej'tor]
videoprojector (de)	**projetor** (m)	[proʒe'tor]
home theater systeem (het)	**cinema** (m) **em casa**	[si'nɛma ẽ 'kaza]
DVD-speler (de)	**DVD Player** (m)	[deve'de 'plejer]
versterker (de)	**amplificador** (m)	[ãplifika'dor]
spelconsole (de)	**console** (f) **de jogos**	[kõ'sɔli de 'ʒogus]
videocamera (de)	**câmera** (f) **de vídeo**	['kamera de 'vidʒju]
fotocamera (de)	**máquina** (f) **fotográfica**	['makina foto'grafika]
digitale camera (de)	**câmera** (f) **digital**	['kamera dʒiʒi'taw]
stofzuiger (de)	**aspirador** (m)	[aspira'dor]
strijkijzer (het)	**ferro** (m) **de passar**	['fɛhu de pa'sar]
strijkplank (de)	**tábua** (f) **de passar**	['tabwa de pa'sar]
telefoon (de)	**telefone** (m)	[tele'fɔni]
mobieltje (het)	**celular** (m)	[selu'lar]
schrijfmachine (de)	**máquina** (f) **de escrever**	['makina de iskre'ver]
naaimachine (de)	**máquina** (f) **de costura**	['makina de kos'tura]
microfoon (de)	**microfone** (m)	[mikro'fɔni]
koptelefoon (de)	**fone** (m) **de ouvido**	['fɔni de o'vidu]
afstandsbediening (de)	**controle remoto** (m)	[kõ'troli he'mɔtu]
CD (de)	**CD** (m)	['sede]
cassette (de)	**fita** (f) **cassete**	['fita ka'sɛtʃi]
vinylplaat (de)	**disco** (m) **de vinil**	['dʒisku de vi'niw]

100. Reparaties. Renovatie

renovatie (de)	**renovação** (f)	[henova'sãw]
renoveren (ww)	**renovar** (vt), **fazer obras**	[heno'var], [fa'zer 'ɔbras]
repareren (ww)	**reparar** (vt)	[hepa'rar]
op orde brengen	**consertar** (vt)	[kõser'tar]

overdoen (ww)	**refazer** (vt)	[hefa'zer]
verf (de)	**tinta** (f)	[tʃĩta]
verven (muur ~)	**pintar** (vt)	[pĩ'tar]
schilder (de)	**pintor** (m)	[pĩ'tor]
kwast (de)	**pincel** (m)	[pĩ'sɛw]
kalk (de)	**cal** (f)	[kaw]
kalken (ww)	**caiar** (vt)	[kaj'ar]
behang (het)	**papel** (m) **de parede**	[pa'pɛw de pa'redʒi]
behangen (ww)	**colocar papel de parede**	[kolo'kar pa'pɛw de pa'redʒi]
lak (de/het)	**verniz** (m)	[ver'niz]
lakken (ww)	**envernizar** (vt)	[ẽverni'zar]

101. Loodgieterswerk

water (het)	**água** (f)	['agwa]
warm water (het)	**água** (f) **quente**	['agwa 'kẽtʃi]
koud water (het)	**água** (f) **fria**	['agwa 'fria]
kraan (de)	**torneira** (f)	[tor'nejra]
druppel (de)	**gota** (f)	['gota]
druppelen (ww)	**gotejar** (vi)	[gote'ʒar]
lekken (een lek hebben)	**vazar** (vt)	[va'zar]
lekkage (de)	**vazamento** (m)	[vaza'mẽtu]
plasje (het)	**poça** (f)	['posa]
buis, leiding (de)	**tubo** (m)	['tubu]
stopkraan (de)	**válvula** (f)	['vawvula]
verstopt raken (ww)	**entupir-se** (vr)	[ẽtu'pirsi]
gereedschap (het)	**ferramentas** (f pl)	[feha'mẽtas]
Engelse sleutel (de)	**chave** (f) **inglesa**	['ʃavi ĩ'gleza]
losschroeven (ww)	**desenroscar** (vt)	[dezẽhos'kar]
aanschroeven (ww)	**enroscar** (vt)	[ẽhos'kar]
ontstoppen (riool, enz.)	**desentupir** (vt)	[dʒizẽtu'pir]
loodgieter (de)	**encanador** (m)	[ẽkana'dor]
kelder (de)	**porão** (m)	[po'rãw]
riolering (de)	**rede** (f) **de esgotos**	['hedʒi de iz'gotus]

102. Brand. Vuurzee

brand (de)	**incêndio** (m)	[ĩ'sẽdʒju]
vlam (de)	**chama** (f)	['ʃama]
vonk (de)	**faísca** (f)	[fa'iska]
rook (de)	**fumaça** (f)	[fu'masa]
fakkel (de)	**tocha** (f)	['tɔʃa]
kampvuur (het)	**fogueira** (f)	[fo'gejra]
benzine (de)	**gasolina** (f)	[gazo'lina]
kerosine (de)	**querosene** (m)	[kero'zɛni]

brandbaar (bn)	**inflamável**	[ĩfla'mavew]
ontplofbaar (bn)	**explosivo**	[isplo'zivu]
VERBODEN TE ROKEN!	**PROIBIDO FUMAR!**	[proi'bidu fu'mar]
veiligheid (de)	**segurança** (f)	[segu'rãsa]
gevaar (het)	**perigo** (m)	[pe'rigu]
gevaarlijk (bn)	**perigoso**	[peri'gozu]
in brand vliegen (ww)	**incendiar-se** (vr)	[ĩsẽ'dʒjarse]
explosie (de)	**explosão** (f)	[isplo'zãw]
in brand steken (ww)	**incendiar** (vt)	[ĩsẽ'dʒjar]
brandstichter (de)	**incendiário** (m)	[ĩsẽ'dʒjarju]
brandstichting (de)	**incêndio** (m) **criminoso**	[ĩ'sẽdʒju krimi'nozu]
vlammen (ww)	**flamejar** (vi)	[flame'ʒar]
branden (ww)	**queimar** (vi)	[kej'mar]
afbranden (ww)	**queimar tudo** (vi)	[kej'mar 'tudu]
de brandweer bellen	**chamar os bombeiros**	[ʃa'mar us bõ'bejrus]
brandweerman (de)	**bombeiro** (m)	[bõ'bejru]
brandweerwagen (de)	**caminhão** (m) **de bombeiros**	[kami'ɲãw de bõ'bejrus]
brandweer (de)	**corpo** (m) **de bombeiros**	['korpu de bõ'bejrus]
uitschuifbare ladder (de)	**escada** (f) **extensível**	[is'kada istẽ'sivɛl]
brandslang (de)	**mangueira** (f)	[mã'gejra]
brandblusser (de)	**extintor** (m)	[istĩ'tor]
helm (de)	**capacete** (m)	[kapa'setʃi]
sirene (de)	**sirene** (f)	[si'rɛni]
roepen (ww)	**gritar** (vi)	[gri'tar]
hulp roepen	**chamar por socorro**	[ʃa'mar por so'kohu]
redder (de)	**socorrista** (m)	[soko'hista]
redden (ww)	**salvar, resgatar** (vt)	[saw'var], [hezga'tar]
aankomen (per auto, enz.)	**chegar** (vi)	[ʃe'gar]
blussen (ww)	**apagar** (vt)	[apa'gar]
water (het)	**água** (f)	['agwa]
zand (het)	**areia** (f)	[a'reja]
ruïnes (mv.)	**ruínas** (f pl)	['hwinas]
instorten (gebouw, enz.)	**ruir** (vi)	['hwir]
ineenstorten (ww)	**desmoronar** (vi)	[dʒizmoro'nar]
inzakken (ww)	**desabar** (vi)	[dʒiza'bar]
brokstuk (het)	**fragmento** (m)	[frag'mẽtu]
as (de)	**cinza** (f)	['sĩza]
verstikken (ww)	**sufocar** (vi)	[sufo'kar]
omkomen (ww)	**perecer** (vi)	[pere'ser]

MENSELIJKE ACTIVITEITEN

Baan. Business. Deel 1

103. Kantoor. Op kantoor werken

kantoor (het)	**escritório** (m)	[iskri'tɔrju]
kamer (de)	**escritório** (m)	[iskri'tɔrju]
receptie (de)	**recepção** (f)	[hesep'sãw]
secretaris (de)	**secretário** (m)	[sekre'tarju]
secretaresse (de)	**secretária** (f)	[sekre'tarja]
directeur (de)	**diretor** (m)	[dʒire'tor]
manager (de)	**gerente** (m)	[ʒe'rẽtʃi]
boekhouder (de)	**contador** (m)	[kõta'dɔr]
werknemer (de)	**empregado** (m)	[ẽpre'gadu]
meubilair (het)	**mobiliário** (m)	[mobi'ljarju]
tafel (de)	**mesa** (f)	['meza]
bureaustoel (de)	**cadeira** (f)	[ka'dejra]
ladeblok (het)	**gaveteiro** (m)	[gave'tejru]
kapstok (de)	**cabideiro** (m) **de pé**	[kabi'dejru de pɛ]
computer (de)	**computador** (m)	[kõputa'dor]
printer (de)	**impressora** (f)	[ĩpre'sora]
fax (de)	**fax** (m)	[faks]
kopieerapparaat (het)	**fotocopiadora** (f)	[fotokopja'dora]
papier (het)	**papel** (m)	[pa'pɛw]
kantoorartikelen (mv.)	**artigos** (m pl) **de escritório**	[ar'tʃigus de iskri'tɔrju]
muismat (de)	**tapete** (m) **para mouse**	[ta'petʃi 'para 'mawz]
blad (het)	**folha** (f)	['foʎa]
ordner (de)	**pasta** (f)	['pasta]
catalogus (de)	**catálogo** (m)	[ka'talogu]
telefoongids (de)	**lista** (f) **telefônica**	['lista tele'fonika]
documentatie (de)	**documentação** (f)	[dokumẽta'sãw]
brochure (de)	**brochura** (f)	[bro'ʃura]
flyer (de)	**panfleto** (m)	[pã'fletu]
monster (het), staal (de)	**amostra** (f)	[a'mɔstra]
training (de)	**formação** (f)	[forma'sãw]
vergadering (de)	**reunião** (f)	[heu'njãw]
lunchpauze (de)	**hora** (f) **de almoço**	['ɔra de aw'mosu]
een kopie maken	**fazer uma cópia**	[fa'zer 'uma 'kɔpja]
de kopieën maken	**tirar cópias**	[tʃi'rar 'kɔpjas]
een fax ontvangen	**receber um fax**	[hese'ber ũ faks]
een fax versturen	**enviar um fax**	[ẽ'vjar ũ faks]

opbellen (ww)	**fazer uma chamada**	[fa'zer 'uma ʃa'mada]
antwoorden (ww)	**responder** (vt)	[hespõ'der]
doorverbinden (ww)	**passar** (vt)	[pa'sar]
afspreken (ww)	**marcar** (vt)	[mar'kar]
demonstreren (ww)	**demonstrar** (vt)	[demõs'trar]
absent zijn (ww)	**estar ausente**	[is'tar aw'zẽtʃi]
afwezigheid (de)	**ausência** (f)	[aw'zẽsja]

104. Bedrijfsprocessen. Deel 1

bedrijf (business)	**negócio** (m)	[ne'gɔsju]
zaak (de), beroep (het)	**ocupação** (f)	[okupa'sãw]
firma (de)	**firma, empresa** (f)	['firma], [ẽ'preza]
bedrijf (maatschap)	**companhia** (f)	[kõpa'ɲia]
corporatie (de)	**corporação** (f)	[korpora'sãw]
onderneming (de)	**empresa** (f)	[ẽ'preza]
agentschap (het)	**agência** (f)	[a'ʒẽsja]
overeenkomst (de)	**acordo** (m)	[a'kordu]
contract (het)	**contrato** (m)	[kõ'tratu]
transactie (de)	**acordo** (m)	[a'kordu]
bestelling (de)	**pedido** (m)	[pe'dʒidu]
voorwaarde (de)	**termos** (m pl)	['termus]
in het groot (bw)	**por atacado**	[por ata'kadu]
groothandels- (abn)	**por atacado**	[por atak'adu]
groothandel (de)	**venda** (f) **por atacado**	['vẽda pur ata'kadu]
kleinhandels- (abn)	**a varejo**	[a va'reʒu]
kleinhandel (de)	**venda** (f) **a varejo**	['vẽda a va'reʒu]
concurrent (de)	**concorrente** (m)	[kõko'hẽtʃi]
concurrentie (de)	**concorrência** (f)	[kõko'hẽsja]
concurreren (ww)	**competir** (vi)	[kõpe'tʃir]
partner (de)	**sócio** (m)	['sɔsju]
partnerschap (het)	**parceria** (f)	[parse'ria]
crisis (de)	**crise** (f)	['krizi]
bankroet (het)	**falência** (f)	[fa'lẽsja]
bankroet gaan (ww)	**entrar em falência**	[ẽ'trar ẽ fa'lẽsja]
moeilijkheid (de)	**dificuldade** (f)	[dʒifikuw'dadʒi]
probleem (het)	**problema** (m)	[prob'lɛma]
catastrofe (de)	**catástrofe** (f)	[ka'tastrofi]
economie (de)	**economia** (f)	[ekono'mia]
economisch (bn)	**econômico**	[eko'nomiku]
economische recessie (de)	**recessão** (f) **econômica**	[hesep'sãw eko'nomika]
doel (het)	**objetivo** (m)	[obʒe'tʃivu]
taak (de)	**tarefa** (f)	[ta'rɛfa]
handelen (handel drijven)	**comerciar** (vi, vt)	[komer'sjar]
netwerk (het)	**rede** (f), **cadeia** (f)	['hedʒi], [ka'deja]

voorraad (de)	**estoque** (m)	[is'tɔki]
assortiment (het)	**sortimento** (m)	[sortʃi'mẽtu]
leider (de)	**líder** (m)	['lider]
groot (bn)	**grande**	['grãdʒi]
monopolie (het)	**monopólio** (m)	[mono'pɔlju]
theorie (de)	**teoria** (f)	[teo'ria]
praktijk (de)	**prática** (f)	['pratʃika]
ervaring (de)	**experiência** (f)	[ispe'rjẽsja]
tendentie (de)	**tendência** (f)	[tẽ'dẽsja]
ontwikkeling (de)	**desenvolvimento** (m)	[dʒizẽvowvi'mẽtu]

105. Bedrijfsprocessen. Deel 2

voordeel (het)	**rentabilidade** (f)	[hẽtabili'dadʒi]
voordelig (bn)	**rentável**	[hẽ'tavew]
delegatie (de)	**delegação** (f)	[delega'sãw]
salaris (het)	**salário, ordenado** (m)	[sa'larju], [orde'nadu]
corrigeren (fouten ~)	**corrigir** (vt)	[kohi'ʒir]
zakenreis (de)	**viagem** (f) **de negócios**	['vjaʒẽ de ne'gɔsjus]
commissie (de)	**comissão** (f)	[komi'sãw]
controleren (ww)	**controlar** (vt)	[kõtro'lar]
conferentie (de)	**conferência** (f)	[kõfe'rẽsja]
licentie (de)	**licença** (f)	[li'sẽsa]
betrouwbaar (partner, enz.)	**confiável**	[kõ'fjavew]
aanzet (de)	**empreendimento** (m)	[ẽprjẽdʒi'mẽtu]
norm (bijv. ~ stellen)	**norma** (f)	['nɔrma]
omstandigheid (de)	**circunstância** (f)	[sirkũ'stãsja]
taak, plicht (de)	**dever** (m)	[de'ver]
organisatie (bedrijf, zaak)	**empresa** (f)	[ẽ'preza]
organisatie (proces)	**organização** (f)	[organiza'sãw]
georganiseerd (bn)	**organizado**	[organi'zadu]
afzegging (de)	**anulação** (f)	[anula'sãw]
afzeggen (ww)	**anular, cancelar** (vt)	[anu'lar], [kãse'lar]
verslag (het)	**relatório** (m)	[hela'tɔrju]
patent (het)	**patente** (f)	[pa'tẽtʃi]
patenteren (ww)	**patentear** (vt)	[patẽ'tʃjar]
plannen (ww)	**planejar** (vt)	[plane'ʒar]
premie (de)	**bônus** (m)	['bonus]
professioneel (bn)	**profissional**	[profisjo'naw]
procedure (de)	**procedimento** (m)	[prosedʒi'mẽtu]
onderzoeken (contract, enz.)	**examinar** (vt)	[ezami'nar]
berekening (de)	**cálculo** (m)	['kawkulu]
reputatie (de)	**reputação** (f)	[reputa'sãw]
risico (het)	**risco** (m)	['hisku]
beheren (managen)	**dirigir** (vt)	[dʒiri'ʒir]

informatie (de)	**informação** (f)	[ĩforma'sãw]
eigendom (bezit)	**propriedade** (f)	[proprje'dadʒi]
unie (de)	**união** (f)	[u'njãw]
levensverzekering (de)	**seguro** (m) **de vida**	[se'guru de 'vida]
verzekeren (ww)	**fazer um seguro**	[fa'zer ũ se'guru]
verzekering (de)	**seguro** (m)	[se'guru]
veiling (de)	**leilão** (m)	[lej'lãw]
verwittigen (ww)	**notificar** (vt)	[notʃifi'kar]
beheer (het)	**gestão** (f)	[ʒes'tãw]
dienst (de)	**serviço** (m)	[ser'visu]
forum (het)	**fórum** (m)	['forũ]
functioneren (ww)	**funcionar** (vi)	[fũsjo'nar]
stap, etappe (de)	**estágio** (m)	[is'taʒu]
juridisch (bn)	**jurídico, legal**	[ʒu'ridʒiku], [le'gaw]
jurist (de)	**advogado** (m)	[adʒivo'gadu]

106. Productie. Werken

industriële installatie (fabriek)	**usina** (f)	[u'zina]
fabriek (de)	**fábrica** (f)	['fabrika]
werkplaatsruimte (de)	**oficina** (f)	[ɔfi'sina]
productielocatie (de)	**local** (m) **de produção**	[lo'kaw de produ'sãw]
industrie (de)	**indústria** (f)	[ĩ'dustrja]
industrieel (bn)	**industrial**	[ĩdus'trjaw]
zware industrie (de)	**indústria** (f) **pesada**	[ĩ'dustrja pe'zada]
lichte industrie (de)	**indústria** (f) **ligeira**	[ĩ'dustrja li'ʒejra]
productie (de)	**produção** (f)	[produ'sãw]
produceren (ww)	**produzir** (vt)	[produ'zir]
grondstof (de)	**matérias-primas** (f pl)	[ma'tɛrjas 'primas]
voorman, ploegbaas (de)	**chefe** (m) **de obras**	['ʃɛfi de 'ɔbras]
ploeg (de)	**equipe** (f)	[e'kipi]
arbeider (de)	**operário** (m)	[ope'rarju]
werkdag (de)	**dia** (m) **de trabalho**	['dʒia de tra'baʎu]
pauze (de)	**intervalo** (m)	[ĩter'valu]
samenkomst (de)	**reunião** (f)	[heu'njãw]
bespreken (spreken over)	**discutir** (vt)	[dʒisku'tʃir]
plan (het)	**plano** (m)	['planu]
het plan uitvoeren	**cumprir o plano**	[kũ'prir u 'planu]
productienorm (de)	**taxa** (f) **de produção**	['taʃa de produ'sãw]
kwaliteit (de)	**qualidade** (f)	[kwali'dadʒi]
controle (de)	**controle** (m)	[kõ'troli]
kwaliteitscontrole (de)	**controle** (m) **da qualidade**	[kõ'troli da kwali'dadʒi]
arbeidsveiligheid (de)	**segurança** (f) **no trabalho**	[segu'rãsa nu tra'baʎu]
discipline (de)	**disciplina** (f)	[dʒisi'plina]
overtreding (de)	**infração** (f)	[ĩfra'sãw]

overtreden (ww)	**violar** (vt)	[vjo'lar]
staking (de)	**greve** (f)	['grɛvi]
staker (de)	**grevista** (m)	[gre'vista]
staken (ww)	**estar em greve**	[is'tar ẽ 'grɛvi]
vakbond (de)	**sindicato** (m)	[sĩdʒi'katu]
uitvinden (machine, enz.)	**inventar** (vt)	[ĩvẽ'tar]
uitvinding (de)	**invenção** (f)	[ĩvẽ'sãw]
onderzoek (het)	**pesquisa** (f)	[pes'kiza]
verbeteren (beter maken)	**melhorar** (vt)	[meʎo'rar]
technologie (de)	**tecnologia** (f)	[teknolo'ʒia]
technische tekening (de)	**desenho** (m) **técnico**	[de'zɛɲu 'tɛkniku]
vracht (de)	**carga** (f)	['karga]
lader (de)	**carregador** (m)	[kahega'dor]
laden (vrachtwagen)	**carregar** (vt)	[kahe'gar]
laden (het)	**carregamento** (m)	[kahega'mẽtu]
lossen (ww)	**descarregar** (vt)	[dʒiskahe'gar]
lossen (het)	**descarga** (f)	[dʒis'karga]
transport (het)	**transporte** (m)	[trãs'pɔrtʃi]
transportbedrijf (de)	**companhia** (f) **de transporte**	[kõpa'ɲia de trãs'pɔrtʃi]
transporteren (ww)	**transportar** (vt)	[trãspor'tar]
goederenwagon (de)	**vagão** (m) **de carga**	[va'gãw de 'karga]
tank (bijv. ketelwagen)	**tanque** (m)	['tãki]
vrachtwagen (de)	**caminhão** (m)	[kami'ɲãw]
machine (de)	**máquina** (f) **operatriz**	['makina opera'triz]
mechanisme (het)	**mecanismo** (m)	[meka'nizmu]
industrieel afval (het)	**resíduos** (m pl) **industriais**	[he'zidwus ĩdus'trjajs]
verpakking (de)	**embalagem** (f)	[ẽba'laʒẽ]
verpakken (ww)	**embalar** (vt)	[ẽba'lar]

107. Contract. Overeenstemming

contract (het)	**contrato** (m)	[kõ'tratu]
overeenkomst (de)	**acordo** (m)	[a'kordu]
bijlage (de)	**anexo** (m)	[a'nɛksu]
een contract sluiten	**assinar o contrato**	[asi'nar u kõ'tratu]
handtekening (de)	**assinatura** (f)	[asina'tura]
ondertekenen (ww)	**assinar** (vt)	[asi'nar]
stempel (de)	**carimbo** (m)	[ka'rĩbu]
voorwerp (het) van de overeenkomst	**objeto** (m) **do contrato**	[ob'ʒɛtu du kõ'tratu]
clausule (de)	**cláusula** (f)	['klawzula]
partijen (mv.)	**partes** (f pl)	['partʃis]
vestigingsadres (het)	**domicílio** (m) **legal**	[domi'silju le'gaw]
het contract verbreken (overtreden)	**violar o contrato**	[vjo'lar u kõ'tratu]

verplichting (de)	**obrigação** (f)	[obriga'sãw]
verantwoordelijkheid (de)	**responsabilidade** (f)	[hespõsabili'dadʒi]
overmacht (de)	**força** (f) **maior**	['forsa ma'jɔr]
geschil (het)	**litígio** (m), **disputa** (f)	[li'tʃiʒju], [dʒis'puta]
sancties (mv.)	**multas** (f pl)	['muwtas]

108. Import & Export

import (de)	**importação** (f)	[importa'sãw]
importeur (de)	**importador** (m)	[ĩporta'dor]
importeren (ww)	**importar** (vt)	[ĩpor'tar]
import- (abn)	**de importação**	[de importa'sãw]
uitvoer (export)	**exportação** (f)	[isporta'sãw]
exporteur (de)	**exportador** (m)	[isporta'dor]
exporteren (ww)	**exportar** (vt)	[ispor'tar]
uitvoer- (bijv., ~goederen)	**de exportação**	[de isporta'sãw]
goederen (mv.)	**mercadoria** (f)	[merkado'ria]
partij (de)	**lote** (m)	['lɔtʃi]
gewicht (het)	**peso** (m)	['pezu]
volume (het)	**volume** (m)	[vo'lumi]
kubieke meter (de)	**metro** (m) **cúbico**	['mɛtru 'kubiku]
producent (de)	**produtor** (m)	[produ'tor]
transportbedrijf (de)	**companhia** (f) **de transporte**	[kõpa'ɲia de trãs'pɔrtʃi]
container (de)	**contêiner** (m)	[kõ'tejner]
grens (de)	**fronteira** (f)	[frõ'tejra]
douane (de)	**alfândega** (f)	[aw'fãdʒiga]
douanerecht (het)	**taxa** (f) **alfandegária**	['taʃa awfãde'garja]
douanier (de)	**funcionário** (m) **da alfândega**	[fũsjo'narju da aw'fãdʒiga]
smokkelen (het)	**contrabando** (m)	[kõtra'bãdu]
smokkelwaar (de)	**contrabando** (m)	[kõtra'bãdu]

109. Financiën

aandeel (het)	**ação** (f)	[a'sãw]
obligatie (de)	**obrigação** (f)	[obriga'sãw]
wissel (de)	**nota** (f) **promissória**	['nɔta promi'sɔrja]
beurs (de)	**bolsa** (f) **de valores**	['bowsa de va'lores]
aandelenkoers (de)	**cotação** (m) **das ações**	[kota'sãw das a'sõjs]
dalen (ww)	**tornar-se mais barato**	[tor'narsi majs ba'ratu]
stijgen (ww)	**tornar-se mais caro**	[tor'narsi majs 'karu]
deel (het)	**parte** (f)	['partʃi]
meerderheidsbelang (het)	**participação** (f) **majoritária**	[partʃisipa'sãw maʒori'tarja]
investeringen (mv.)	**investimento** (m)	[ĩvestʃi'mẽtu]
investeren (ww)	**investir** (vt)	[ĩves'tʃir]

procent (het)	**porcentagem** (f)	[porsẽ'taʒẽ]
rente (de)	**juros** (m pl)	['ʒurus]
winst (de)	**lucro** (m)	['lukru]
winstgevend (bn)	**lucrativo**	[lukra'tʃivu]
belasting (de)	**imposto** (m)	[ĩ'postu]
valuta (vreemde ~)	**divisa** (f)	[dʒi'viza]
nationaal (bn)	**nacional**	[nasjo'naw]
ruil (de)	**câmbio** (m)	['kãbju]
boekhouder (de)	**contador** (m)	[kõta'dɔr]
boekhouding (de)	**contabilidade** (f)	[kõtabili'dadʒi]
bankroet (het)	**falência** (f)	[fa'lẽsja]
ondergang (de)	**falência, quebra** (f)	[fa'lẽsja], ['kɛbra]
faillissement (het)	**ruína** (f)	['hwina]
geruïneerd zijn (ww)	**estar quebrado**	[is'tar ke'bradu]
inflatie (de)	**inflação** (f)	[ĩfla'sãw]
devaluatie (de)	**desvalorização** (f)	[dʒizvaloriza'sãw]
kapitaal (het)	**capital** (m)	[kapi'taw]
inkomen (het)	**rendimento** (m)	[hẽdʒi'mẽtu]
omzet (de)	**volume** (m) **de negócios**	[vo'lumi de ne'gɔsjus]
middelen (mv.)	**recursos** (m pl)	[he'kursus]
financiële middelen (mv.)	**recursos** (m pl) **financeiros**	[he'kursus finã'sejrus]
operationele kosten (mv.)	**despesas** (f pl) **gerais**	[dʒis'pezas ʒe'rajs]
reduceren (kosten ~)	**reduzir** (vt)	[hedu'zir]

110. Marketing

marketing (de)	**marketing** (m)	['marketʃĩŋ]
markt (de)	**mercado** (m)	[mer'kadu]
marktsegment (het)	**segmento** (m) **do mercado**	[sɛg'mẽtu du mer'kadu]
product (het)	**produto** (m)	[pru'dutu]
goederen (mv.)	**mercadoria** (f)	[merkado'ria]
merk (het)	**marca** (f)	['marka]
handelsmerk (het)	**marca** (f) **registrada**	['marka heʒis'trada]
beeldmerk (het)	**logotipo** (m)	[logo'tʃipu]
logo (het)	**logo** (m)	['lɔgu]
vraag (de)	**demanda** (f)	[de'mãda]
aanbod (het)	**oferta** (f)	[ɔ'fɛrta]
behoefte (de)	**necessidade** (f)	[nesesi'dadʒi]
consument (de)	**consumidor** (m)	[kõsumi'dor]
analyse (de)	**análise** (f)	[a'nalizi]
analyseren (ww)	**analisar** (vt)	[anali'zar]
positionering (de)	**posicionamento** (m)	[pozisjona'mẽtu]
positioneren (ww)	**posicionar** (vt)	[pozisjo'nar]
prijs (de)	**preço** (m)	['presu]
prijspolitiek (de)	**política** (f) **de preços**	[po'litʃika de 'presus]
prijsvorming (de)	**formação** (f) **de preços**	[forma'sãw de 'presus]

111. Reclame

reclame (de)	**publicidade** (f)	[publisi'dadʒi]
adverteren (ww)	**fazer publicidade**	[fa'zer publisi'dadʒi]
budget (het)	**orçamento** (m)	[orsa'mẽtu]
advertentie, reclame (de)	**anúncio** (m)	[a'nũsju]
TV-reclame (de)	**publicidade** (f) **televisiva**	[publisi'dadʒi televi'ziva]
radioreclame (de)	**publicidade** (f) **na rádio**	[publisi'dadʒi na 'hadʒju]
buitenreclame (de)	**publicidade** (f) **exterior**	[publisi'dadʒi iste'rjor]
massamedia (de)	**comunicação** (f) **de massa**	[komunika'sãw de 'masa]
periodiek (de)	**periódico** (m)	[pe'rjɔdʒiku]
imago (het)	**imagem** (f)	[i'maʒẽ]
slagzin (de)	**slogan** (m)	[iz'lɔgã]
motto (het)	**mote** (m), **lema** (f)	['mɔtʃi], ['lɛma]
campagne (de)	**campanha** (f)	[kã'paɲa]
reclamecampagne (de)	**campanha** (f) **publicitária**	[kã'paɲa publisi'tarja]
doelpubliek (het)	**grupo** (m) **alvo**	['grupu 'awvu]
visitekaartje (het)	**cartão** (m) **de visita**	[kar'tãw de vi'zita]
flyer (de)	**panfleto** (m)	[pã'fletu]
brochure (de)	**brochura** (f)	[bro'ʃura]
folder (de)	**folheto** (m)	[fo'ʎetu]
nieuwsbrief (de)	**boletim** (m)	[bole'tʃĩ]
gevelreclame (de)	**letreiro** (m)	[le'trejru]
poster (de)	**pôster** (m)	['poster]
aanplakbord (het)	**painel** (m) **publicitário**	[paj'nɛw publisi'tarju]

112. Bankieren

bank (de)	**banco** (m)	['bãku]
bankfiliaal (het)	**balcão** (f)	[baw'kãw]
bankbediende (de)	**consultor** (m) **bancário**	[kõsuw'tor bã'karju]
manager (de)	**gerente** (m)	[ʒe'rẽtʃi]
bankrekening (de)	**conta** (f)	['kõta]
rekeningnummer (het)	**número** (m) **da conta**	['numeru da 'kõta]
lopende rekening (de)	**conta** (f) **corrente**	['kõta ko'hẽtʃi]
spaarrekening (de)	**conta** (f) **poupança**	['kõta po'pãsa]
een rekening openen	**abrir uma conta**	[a'brir 'uma 'kõta]
de rekening sluiten	**fechar uma conta**	[fe'ʃar 'uma 'kõta]
op rekening storten	**depositar na conta**	[depozi'tar na 'kõta]
opnemen (ww)	**sacar** (vt)	[sa'kar]
storting (de)	**depósito** (m)	[de'pɔzitu]
een storting maken	**fazer um depósito**	[fa'zer ũ de'pɔzitu]
overschrijving (de)	**transferência** (f) **bancária**	[trãsfe'rẽsja bã'karja]

een overschrijving maken	**transferir** (vt)	[trãsfe'rir]
som (de)	**soma** (f)	['sɔma]
Hoeveel?	**Quanto?**	['kwãtu]
handtekening (de)	**assinatura** (f)	[asina'tura]
ondertekenen (ww)	**assinar** (vt)	[asi'nar]
kredietkaart (de)	**cartão** (m) **de crédito**	[kar'tãw de 'krɛdʒitu]
code (de)	**senha** (f)	['sɛɲa]
kredietkaartnummer (het)	**número** (m) **do cartão de crédito**	['numeru du kar'tãw de 'krɛdʒitu]
geldautomaat (de)	**caixa** (m) **eletrônico**	['kaɪʃa ele'troniku]
cheque (de)	**cheque** (m)	['ʃɛki]
een cheque uitschrijven	**passar um cheque**	[pa'sar ũ 'ʃɛki]
chequeboekje (het)	**talão** (m) **de cheques**	[ta'lãw de 'ʃɛkis]
lening, krediet (de)	**empréstimo** (m)	[ẽ'prɛstʃimu]
een lening aanvragen	**pedir um empréstimo**	[pe'dʒir ũ ẽ'prɛstʃimu]
een lening nemen	**obter empréstimo**	[ob'ter ẽ'prɛstʃimu]
een lening verlenen	**dar um empréstimo**	[dar ũ ẽ'prɛstʃimu]
garantie (de)	**garantia** (f)	[garã'tʃia]

113. Telefoon. Telefoongesprek

telefoon (de)	**telefone** (m)	[tele'fɔni]
mobieltje (het)	**celular** (m)	[selu'lar]
antwoordapparaat (het)	**secretária** (f) **eletrônica**	[sekre'tarja ele'tronika]
bellen (ww)	**fazer uma chamada**	[fa'zer 'uma ʃa'mada]
belletje (telefoontje)	**chamada** (f)	[ʃa'mada]
een nummer draaien	**discar um número**	[dʒis'kar ũ 'numeru]
Hallo!	**Alô!**	[a'lo]
vragen (ww)	**perguntar** (vt)	[pergũ'tar]
antwoorden (ww)	**responder** (vt)	[hespõ'der]
horen (ww)	**ouvir** (vt)	[o'vir]
goed (bw)	**bem**	[bẽj]
slecht (bw)	**mal**	[maw]
storingen (mv.)	**ruído** (m)	['hwidu]
hoorn (de)	**fone** (m)	['fɔni]
opnemen (ww)	**pegar o telefone**	[pe'gar u tele'fɔni]
ophangen (ww)	**desligar** (vi)	[dʒizli'gar]
bezet (bn)	**ocupado**	[oku'padu]
overgaan (ww)	**tocar** (vi)	[to'kar]
telefoonboek (het)	**lista** (f) **telefônica**	['lista tele'fonika]
lokaal (bn)	**local**	[lo'kaw]
lokaal gesprek (het)	**chamada** (f) **local**	[ʃa'mada lo'kaw]
interlokaal (bn)	**de longa distância**	['de 'lõgu dʒis'tãsja]
interlokaal gesprek (het)	**chamada** (f) **de longa distância**	[ʃa'mada de 'lõgu dʒis'tãsja]
buitenlands (bn)	**internacional**	[ĩternasjo'naw]

114. Mobiele telefoon

mobieltje (het)	**celular** (m)	[selu'lar]
scherm (het)	**tela** (f)	['tɛla]
toets, knop (de)	**botão** (m)	[bo'tãw]
simkaart (de)	**cartão SIM** (m)	[kar'tãw sim]
batterij (de)	**bateria** (f)	[bate'ria]
leeg zijn (ww)	**descarregar-se** (vr)	[dʒiskahe'garsi]
acculader (de)	**carregador** (m)	[kahega'dor]
menu (het)	**menu** (m)	[me'nu]
instellingen (mv.)	**configurações** (f pl)	[kõfigura'sõjs]
melodie (beltoon)	**melodia** (f)	[melo'dʒia]
selecteren (ww)	**escolher** (vt)	[isko'ʎer]
rekenmachine (de)	**calculadora** (f)	[kawkula'dora]
voicemail (de)	**correio** (m) **de voz**	[ko'heju de vɔz]
wekker (de)	**despertador** (m)	[dʒisperta'dor]
contacten (mv.)	**contatos** (m pl)	[kõ'tatus]
SMS-bericht (het)	**mensagem** (f) **de texto**	[mẽ'saʒẽ de 'testu]
abonnee (de)	**assinante** (m)	[asi'nãtʃi]

115. Schrijfbehoeften

balpen (de)	**caneta** (f)	[ka'neta]
vulpen (de)	**caneta** (f) **tinteiro**	[ka'neta tʃĩ'tejru]
potlood (het)	**lápis** (m)	['lapis]
marker (de)	**marcador** (m) **de texto**	[marka'dor de 'testu]
viltstift (de)	**caneta** (f) **hidrográfica**	[ka'neta idro'grafika]
notitieboekje (het)	**bloco** (m) **de notas**	['blɔku de 'nɔtas]
agenda (boekje)	**agenda** (f)	[a'ʒẽda]
liniaal (de/het)	**régua** (f)	['hɛgwa]
rekenmachine (de)	**calculadora** (f)	[kawkula'dora]
gom (de)	**borracha** (f)	[bo'haʃa]
punaise (de)	**alfinete** (m)	[awfi'netʃi]
paperclip (de)	**clipe** (m)	['klipi]
lijm (de)	**cola** (f)	['kɔla]
nietmachine (de)	**grampeador** (m)	[grãpja'dor]
perforator (de)	**furador** (m) **de papel**	[fura'dor de pa'pɛw]
potloodslijper (de)	**apontador** (m)	[apõta'dor]

116. Verschillende soorten documenten

verslag (het)	**relatório** (m)	[hela'tɔrju]
overeenkomst (de)	**acordo** (m)	[a'kordu]

aanvraagformulier (het)	**ficha** (f) **de inscrição**	['fiʃa de ĩskri'sãw]
origineel, authentiek (bn)	**autêntico**	[aw'tẽtʃiku]
badge, kaart (de)	**crachá** (m)	[kra'ʃa]
visitekaartje (het)	**cartão** (m) **de visita**	[kar'tãw de vi'zita]
certificaat (het)	**certificado** (m)	[sertʃifi'kadu]
cheque (de)	**cheque** (m)	['ʃɛki]
rekening (in restaurant)	**conta** (f)	['kõta]
grondwet (de)	**constituição** (f)	[kõstʃitwi'sãw]
contract (het)	**contrato** (m)	[kõ'tratu]
kopie (de)	**cópia** (f)	['kɔpja]
exemplaar (het)	**exemplar** (m)	[ezẽ'plar]
douaneaangifte (de)	**declaração** (f) **alfandegária**	[deklara'sãw awfãde'garja]
document (het)	**documento** (m)	[doku'mẽtu]
rijbewijs (het)	**carteira** (f) **de motorista**	[kar'tejra de moto'rista]
bijlage (de)	**anexo** (m)	[a'nɛksu]
formulier (het)	**questionário** (m)	[kestʃjo'narju]
identiteitskaart (de)	**carteira** (f) **de identidade**	[kar'tejra de idẽtʃi'dadʒi]
aanvraag (de)	**inquérito** (m)	[ĩ'kɛritu]
uitnodigingskaart (de)	**convite** (m)	[kõ'vitʃi]
factuur (de)	**fatura** (f)	[fa'tura]
wet (de)	**lei** (f)	[lej]
brief (de)	**carta** (f)	['karta]
briefhoofd (het)	**papel** (m) **timbrado**	[pa'pɛw tĩ'bradu]
lijst (de)	**lista** (f)	['lista]
manuscript (het)	**manuscrito** (m)	[manus'kritu]
nieuwsbrief (de)	**boletim** (m)	[bole'tʃĩ]
briefje (het)	**bilhete** (m)	[bi'ʎetʃi]
pasje (voor personeel, enz.)	**passe** (m)	['pasi]
paspoort (het)	**passaporte** (m)	[pasa'pɔrtʃi]
vergunning (de)	**permissão** (f)	[permi'sãw]
CV, curriculum vitae (het)	**currículo** (m)	[ku'hikulu]
schuldbekentenis (de)	**nota** (f) **promissória**	['nɔta promi'sɔrja]
kwitantie (de)	**recibo** (m)	[he'sibu]
bon (kassabon)	**talão** (f)	[ta'lãw]
rapport (het)	**relatório** (m)	[hela'tɔrju]
tonen (paspoort, enz.)	**mostrar** (vt)	[mos'trar]
ondertekenen (ww)	**assinar** (vt)	[asi'nar]
handtekening (de)	**assinatura** (f)	[asina'tura]
stempel (de)	**carimbo** (m)	[ka'rĩbu]
tekst (de)	**texto** (m)	['testu]
biljet (het)	**ingresso** (m)	[ĩ'grɛsu]
doorhalen (doorstrepen)	**riscar** (vt)	[his'kar]
invullen (een formulier ~)	**preencher** (vt)	[preẽ'ʃer]
vrachtbrief (de)	**carta** (f) **de porte**	['karta de 'pɔrtʃi]
testament (het)	**testamento** (m)	[testa'mẽtu]

117. Soorten bedrijven

uitzendbureau (het)	**agência** (f) **de emprego**	[a'ʒẽsja de ẽ'pregu]
bewakingsfirma (de)	**empresa** (f) **de segurança**	[ẽ'preza de segu'rãsa]
persbureau (het)	**agência** (f) **de notícias**	[a'ʒẽsja de no'tʃisjas]
reclamebureau (het)	**agência** (f) **de publicidade**	[a'ʒẽsja de publisi'dadʒi]
antiek (het)	**comércio** (m) **de antiguidades**	[ko'mɛrsju de ãtʃigwi'dadʒi]
verzekering (de)	**seguro** (m)	[se'guru]
naaiatelier (het)	**alfaiataria** (f)	[awfajata'ria]
banken (mv.)	**negócios** (m pl) **bancários**	[ne'gɔsjus bã'karjus]
bar (de)	**bar** (m)	[bar]
bouwbedrijven (mv.)	**construção** (f)	[kõstru'sãw]
juwelen (mv.)	**joias** (f pl)	['ʒɔjas]
juwelier (de)	**joalheiro** (m)	[ʒoa'ʎejru]
wasserette (de)	**lavanderia** (f)	[lavãde'ria]
alcoholische dranken (mv.)	**bebidas** (f pl) **alcoólicas**	[be'bidas aw'kɔlikas]
nachtclub (de)	**boate** (f)	['bwatʃi]
handelsbeurs (de)	**bolsa** (f) **de valores**	['bowsa de va'lores]
bierbrouwerij (de)	**cervejaria** (f)	[serveʒa'ria]
uitvaartcentrum (het)	**casa** (f) **funerária**	['kaza fune'raria]
casino (het)	**cassino** (m)	[ka'sinu]
zakencentrum (het)	**centro** (m) **de escritórios**	['sẽtru de iskri'tɔrjus]
bioscoop (de)	**cinema** (m)	[si'nɛma]
airconditioning (de)	**ar** (m) **condicionado**	[ar kõdʒisjo'nadu]
handel (de)	**comércio** (m)	[ko'mɛrsju]
luchtvaartmaatschappij (de)	**companhia** (f) **aérea**	[kõpa'ɲia a'erja]
adviesbureau (het)	**consultoria** (f)	[kõsuwto'ria]
koerierdienst (de)	**serviços** (m pl) **de remessa**	[ser'visus de he'mɛsa]
tandheelkunde (de)	**clínica** (f) **dentária**	['klinika dẽ'tarja]
design (het)	**design** (m)	[dʒi'zãjn]
business school (de)	**escola** (f) **de negócios**	[is'kɔla de ne'gɔsjus]
magazijn (het)	**armazém** (m)	[arma'zẽj]
kunstgalerie (de)	**galeria** (f) **de arte**	[gale'ria de 'artʃi]
ijsje (het)	**sorvete** (m)	[sor'vetʃi]
hotel (het)	**hotel** (m)	[o'tɛw]
vastgoed (het)	**imobiliário** (m)	[imobi'ljarju]
drukkerij (de)	**tipografia** (f)	[tʃipogra'fia]
industrie (de)	**indústria** (f)	[ĩ'dustrja]
Internet (het)	**internet** (f)	[ĩter'nɛtʃi]
investeringen (mv.)	**investimento** (m)	[ĩvestʃi'mẽtu]
krant (de)	**jornal** (m)	[ʒor'naw]
boekhandel (de)	**livraria** (f)	[livra'ria]
lichte industrie (de)	**indústria** (f) **ligeira**	[ĩ'dustrja li'ʒejra]
winkel (de)	**loja** (f)	['lɔʒa]
uitgeverij (de)	**editora** (f)	[edʒi'tora]

medicijnen (mv.)	**medicina** (f)	[medʒi'sina]
meubilair (het)	**mobiliário** (m)	[mobi'ljarju]
museum (het)	**museu** (m)	[mu'zew]
olie (aardolie)	**petróleo** (m)	[pe'trɔlju]
apotheek (de)	**drogaria** (f)	[droga'ria]
farmacie (de)	**indústria** (f) **farmacêutica**	[ĩ'dustrja farma'sewtʃiku]
zwembad (het)	**piscina** (f)	[pi'sina]
stomerij (de)	**lavanderia** (f)	[lavãde'ria]
voedingswaren (mv.)	**alimentos** (m pl)	[ali'mẽtus]
reclame (de)	**publicidade** (f)	[publisi'dadʒi]
radio (de)	**rádio** (m)	['hadʒju]
afvalinzameling (de)	**recolha** (f) **do lixo**	[he'koʎa du 'liʃu]
restaurant (het)	**restaurante** (m)	[hestaw'rãtʃi]
tijdschrift (het)	**revista** (f)	[he'vista]
schoonheidssalon (de/het)	**salão** (m) **de beleza**	[sa'lãw de be'leza]
financiële diensten (mv.)	**serviços** (m pl) **financeiros**	[ser'visus finã'sejrus]
juridische diensten (mv.)	**assessorias** (f pl) **jurídicas**	[aseso'rias ʒu'ridʒikas]
boekhouddiensten (mv.)	**serviços** (m pl) **de contabilidade**	[ser'visus de kõtabili'dadʒi]
audit diensten (mv.)	**serviços** (m pl) **de auditoria**	[ser'visus de awdʒito'ria]
sport (de)	**esporte** (m)	[is'pɔrtʃi]
supermarkt (de)	**supermercado** (m)	[supermer'kadu]
televisie (de)	**televisão** (f)	[televi'zãw]
theater (het)	**teatro** (m)	['tʃjatru]
toerisme (het)	**viagens** (f pl)	['vjaʒẽs]
transport (het)	**serviços** (m pl) **de transporte**	[ser'visus de trãs'pɔrtʃi]
postorderbedrijven (mv.)	**vendas** (f pl) **por catálogo**	['vẽdas por ka'talogu]
kleding (de)	**roupa** (f)	['hopa]
dierenarts (de)	**veterinário** (m)	[veteri'narju]

Baan. Business. Deel 2

118. Show. Tentoonstelling

beurs (de)	**feira, exposição** (f)	['fejra], [ispozi'sãw]
vakbeurs, handelsbeurs (de)	**feira** (f) **comercial**	['fejra komer'sjaw]
deelneming (de)	**participação** (f)	[partʃisipa'sãw]
deelnemen (ww)	**participar** (vi)	[partʃisi'par]
deelnemer (de)	**participante** (m)	[partʃisi'pãtʃi]
directeur (de)	**diretor** (m)	[dʒire'tor]
organisatiecomité (het)	**direção** (f)	[dʒire'sãw]
organisator (de)	**organizador** (m)	[organiza'dor]
organiseren (ww)	**organizar** (vt)	[organi'zar]
deelnemingsaanvraag (de)	**ficha** (f) **de inscrição**	['fiʃa de ĩskri'sãw]
invullen (een formulier ~)	**preencher** (vt)	[preẽ'ʃer]
details (mv.)	**detalhes** (m pl)	[de'taʎis]
informatie (de)	**informação** (f)	[ĩforma'sãw]
prijs (de)	**preço** (m)	['presu]
inclusief (bijv. ~ BTW)	**incluindo**	[ĩklw'ĩdu]
inbegrepen (alles ~)	**incluir** (vt)	[ĩ'klwir]
betalen (ww)	**pagar** (vt)	[pa'gar]
registratietarief (het)	**taxa** (f) **de inscrição**	['taʃa de ĩskri'sãw]
ingang (de)	**entrada** (f)	[ẽ'trada]
paviljoen (het), hal (de)	**pavilhão** (m), **salão** (f)	[pavi'ʎãw], [sa'lãw]
registreren (ww)	**inscrever** (vt)	[ĩskre'ver]
badge, kaart (de)	**crachá** (m)	[kra'ʃa]
beursstand (de)	**stand** (m)	[stɛnd]
reserveren (een stand ~)	**reservar** (vt)	[hezer'var]
vitrine (de)	**vitrine** (f)	[vi'trini]
licht (het)	**lâmpada** (f)	['lãpada]
design (het)	**design** (m)	[dʒi'zãjn]
plaatsen (ww)	**pôr, colocar** (vt)	[por], [kolo'kar]
distributeur (de)	**distribuidor** (m)	[dʒistribwi'dor]
leverancier (de)	**fornecedor** (m)	[fornese'dor]
leveren (ww)	**fornecer** (vt)	[forne'ser]
land (het)	**país** (m)	[pa'jis]
buitenlands (bn)	**estrangeiro**	[istrã'ʒejru]
product (het)	**produto** (m)	[pru'dutu]
associatie (de)	**associação** (f)	[asosja'sãw]
conferentiezaal (de)	**sala** (f) **de conferência**	['sala de kõfe'rẽsja]

congres (het)	**congresso** (m)	[kõ'grɛsu]
wedstrijd (de)	**concurso** (m)	[kõ'kursu]
bezoeker (de)	**visitante** (m)	[vizi'tãtʃi]
bezoeken (ww)	**visitar** (vt)	[vizi'tar]
afnemer (de)	**cliente** (m)	['kljẽtʃi]

119. Massamedia

krant (de)	**jornal** (m)	[ʒor'naw]
tijdschrift (het)	**revista** (f)	[he'vista]
pers (gedrukte media)	**imprensa** (f)	[ĩ'prẽsa]
radio (de)	**rádio** (m)	['hadʒju]
radiostation (het)	**estação** (f) **de rádio**	[ista'sãw de 'hadʒju]
televisie (de)	**televisão** (f)	[televi'zãw]
presentator (de)	**apresentador** (m)	[aprezẽta'dor]
nieuwslezer (de)	**locutor** (m)	[loku'tor]
commentator (de)	**comentarista** (m)	[komẽta'rista]
journalist (de)	**jornalista** (m)	[ʒorna'lista]
correspondent (de)	**correspondente** (m)	[kohespõ'dẽtʃi]
fotocorrespondent (de)	**repórter** (m) **fotográfico**	[he'pɔrter foto'grafiku]
reporter (de)	**repórter** (m)	[he'pɔrter]
redacteur (de)	**redator** (m)	[heda'tor]
chef-redacteur (de)	**redator-chefe** (m)	[heda'tor 'ʃɛfi]
zich abonneren op	**assinar a ...**	[asi'nar a]
abonnement (het)	**assinatura** (f)	[asina'tura]
abonnee (de)	**assinante** (m)	[asi'nãtʃi]
lezen (ww)	**ler** (vt)	[ler]
lezer (de)	**leitor** (m)	[lej'tor]
oplage (de)	**tiragem** (f)	[tʃi'raʒẽ]
maand-, maandelijks (bn)	**mensal**	[mẽ'saw]
wekelijks (bn)	**semanal**	[sema'naw]
nummer (het)	**número** (m)	['numeru]
vers (~ van de pers)	**recente, novo**	[he'sẽtʃi], ['novu]
kop (de)	**manchete** (f)	[mã'ʃɛtʃi]
korte artikel (het)	**pequeno artigo** (m)	[pe'kenu ar'tʃigu]
rubriek (de)	**coluna** (f)	[ko'luna]
artikel (het)	**artigo** (m)	[ar'tʃigu]
pagina (de)	**página** (f)	['paʒina]
reportage (de)	**reportagem** (f)	[hepor'taʒẽ]
gebeurtenis (de)	**evento** (m)	[e'vẽtu]
sensatie (de)	**sensação** (f)	[sẽsa'sãw]
schandaal (het)	**escândalo** (m)	[is'kãdalu]
schandalig (bn)	**escandaloso**	[iskãda'lozu]
groot (~ schandaal, enz.)	**grande**	['grãdʒi]
programma (het)	**programa** (m)	[pro'grama]
interview (het)	**entrevista** (f)	[ẽtre'vista]

live uitzending (de)	**transmissão** (f) **ao vivo**	[trãzmi'sãw aw 'vivu]
kanaal (het)	**canal** (m)	[ka'naw]

120. Landbouw

landbouw (de)	**agricultura** (f)	[agrikuw'tura]
boer (de)	**camponês** (m)	[kãpo'nes]
boerin (de)	**camponesa** (f)	[kãpo'neza]
landbouwer (de)	**agricultor, fazendeiro** (m)	[agrikuw'tor], [fazẽ'dejru]
tractor (de)	**trator** (m)	[tra'tor]
maaidorser (de)	**colheitadeira** (f)	[koʎejta'dejra]
ploeg (de)	**arado** (m)	[a'radu]
ploegen (ww)	**arar** (vt)	[a'rar]
akkerland (het)	**campo** (m) **lavrado**	['kãpu la'vradu]
voor (de)	**sulco** (m)	[suw'ku]
zaaien (ww)	**semear** (vt)	[se'mjar]
zaaimachine (de)	**plantadeira** (f)	[plãta'dejra]
zaaien (het)	**semeadura** (f)	[semja'dura]
zeis (de)	**foice** (m)	['fɔjsi]
maaien (ww)	**cortar com foice**	[kor'tar kõ 'fɔjsi]
schop (de)	**pá** (f)	[pa]
spitten (ww)	**cavar** (vt)	[ka'var]
schoffel (de)	**enxada** (f)	[ẽ'ʃada]
wieden (ww)	**capinar** (vt)	[kapi'nar]
onkruid (het)	**erva** (f) **daninha**	['ɛrva da'niɲa]
gieter (de)	**regador** (m)	[hega'dor]
begieten (water geven)	**regar** (vt)	[he'gar]
bewatering (de)	**rega** (f)	['hɛga]
riek, hooivork (de)	**forquilha** (f)	[for'kiʎa]
hark (de)	**ancinho** (m)	[ã'siɲu]
kunstmest (de)	**fertilizante** (m)	[fertʃili'zãtʃi]
bemesten (ww)	**fertilizar** (vt)	[fertʃili'zar]
mest (de)	**estrume, esterco** (m)	[is'trumi], [is'terku]
veld (het)	**campo** (m)	['kãpu]
wei (de)	**prado** (m)	['pradu]
moestuin (de)	**horta** (f)	['ɔrta]
boomgaard (de)	**pomar** (m)	[po'mar]
weiden (ww)	**pastar** (vt)	[pas'tar]
herder (de)	**pastor** (m)	[pas'tor]
weiland (de)	**pastagem** (f)	[pas'taʒẽ]
veehouderij (de)	**pecuária** (f)	[pe'kwarja]
schapenteelt (de)	**criação** (f) **de ovelhas**	[krja'sãw de o'veʎas]

plantage (de)	**plantação** (f)	[plãta'sãw]
rijtje (het)	**canteiro** (m)	[kã'tejru]
broeikas (de)	**estufa** (f)	[is'tufa]
droogte (de)	**seca** (f)	['seka]
droog (bn)	**seco**	['seku]
graan (het)	**grão** (m)	['grãw]
graangewassen (mv.)	**cereais** (m pl)	[se'rjajs]
oogsten (ww)	**colher** (vt)	[ko'ʎer]
molenaar (de)	**moleiro** (m)	[mu'lejru]
molen (de)	**moinho** (m)	['mwiɲu]
malen (graan ~)	**moer** (vt)	[mwer]
bloem (bijv. tarwebloem)	**farinha** (f)	[fa'riɲa]
stro (het)	**palha** (f)	['paʎa]

121. Gebouw. Bouwproces

bouwplaats (de)	**canteiro** (m) **de obras**	[kã'tejru de 'ɔbras]
bouwen (ww)	**construir** (vt)	[kõs'trwir]
bouwvakker (de)	**construtor** (m)	[kõstru'tor]
project (het)	**projeto** (m)	[pro'ʒɛtu]
architect (de)	**arquiteto** (m)	[arki'tɛtu]
arbeider (de)	**operário** (m)	[ope'rarju]
fundering (de)	**fundação** (f)	[fũda'sãw]
dak (het)	**telhado** (m)	[te'ʎadu]
heipaal (de)	**estaca** (f)	[is'taka]
muur (de)	**parede** (f)	[pa'redʒi]
betonstaal (het)	**barras** (f pl) **de reforço**	['bahas de he'forsu]
steigers (mv.)	**andaime** (m)	[ã'dajmi]
beton (het)	**concreto** (m)	[kõ'krɛtu]
graniet (het)	**granito** (m)	[gra'nitu]
steen (de)	**pedra** (f)	['pɛdra]
baksteen (de)	**tijolo** (m)	[tʃi'ʒolu]
zand (het)	**areia** (f)	[a'reja]
cement (de/het)	**cimento** (m)	[si'mẽtu]
pleister (het)	**emboço, reboco** (m)	[ẽ'bosu], [he'boku]
pleisteren (ww)	**emboçar, rebocar** (vt)	[ẽbo'sar], [hebo'kar]
verf (de)	**tinta** (f)	[tʃĩta]
verven (muur ~)	**pintar** (vt)	[pĩ'tar]
ton (de)	**barril** (m)	[ba'hiw]
kraan (de)	**grua** (f), **guindaste** (m)	['grua], [gĩ'dastʃi]
heffen, hijsen (ww)	**erguer** (vt)	[er'ger]
neerlaten (ww)	**baixar** (vt)	[baɪ'ʃar]
bulldozer (de)	**buldózer** (m)	[buw'dozer]
graafmachine (de)	**escavadora** (f)	[iskava'dora]

graafbak (de)	**caçamba** (f)	[ka'sãba]
graven (tunnel, enz.)	**escavar** (vt)	[iska'var]
helm (de)	**capacete** (m) **de proteção**	[kapa'setʃi de prote'sãw]

122. Wetenschap. Onderzoek. Wetenschappers

wetenschap (de)	**ciência** (f)	['sjẽsja]
wetenschappelijk (bn)	**científico**	[sjẽ'tʃifiku]
wetenschapper (de)	**cientista** (m)	[sjẽ'tʃista]
theorie (de)	**teoria** (f)	[teo'ria]
axioma (het)	**axioma** (m)	[a'sjɔma]
analyse (de)	**análise** (f)	[a'nalizi]
analyseren (ww)	**analisar** (vt)	[anali'zar]
argument (het)	**argumento** (m)	[argu'mẽtu]
substantie (de)	**substância** (f)	[sub'stãsja]
hypothese (de)	**hipótese** (f)	[i'pɔtezi]
dilemma (het)	**dilema** (m)	[dʒi'lɛma]
dissertatie (de)	**tese** (f)	['tɛzi]
dogma (het)	**dogma** (m)	['dɔgma]
doctrine (de)	**doutrina** (f)	[do'trina]
onderzoek (het)	**pesquisa** (f)	[pes'kiza]
onderzoeken (ww)	**pesquisar** (vt)	[peski'zar]
toetsing (de)	**testes** (m pl)	['tɛstʃis]
laboratorium (het)	**laboratório** (m)	[labora'tɔrju]
methode (de)	**método** (m)	['mɛtodu]
molecule (de/het)	**molécula** (f)	[mo'lɛkula]
monitoring (de)	**monitoramento** (m)	[monitora'mẽtu]
ontdekking (de)	**descoberta** (f)	[dʒisko'bɛrta]
postulaat (het)	**postulado** (m)	[postu'ladu]
principe (het)	**princípio** (m)	[prĩ'sipju]
voorspelling (de)	**prognóstico** (m)	[prog'nɔstʃiku]
een prognose maken	**prognosticar** (vt)	[prognostʃi'kar]
synthese (de)	**síntese** (f)	['sĩtezi]
tendentie (de)	**tendência** (f)	[tẽ'dẽsja]
theorema (het)	**teorema** (m)	[teo'rɛma]
leerstellingen (mv.)	**ensinamentos** (m pl)	[ẽsina'mẽtus]
feit (het)	**fato** (m)	['fatu]
expeditie (de)	**expedição** (f)	[ispedʒi'sãw]
experiment (het)	**experiência** (f)	[ispe'rjẽsja]
academicus (de)	**acadêmico** (m)	[aka'demiku]
bachelor (bijv. BA, LLB)	**bacharel** (m)	[baʃa'rɛw]
doctor (de)	**doutor** (m)	[do'tor]
universitair docent (de)	**professor** (m) **associado**	[profe'sor aso'sjadu]
master, magister (de)	**mestrado** (m)	[mes'trado]
professor (de)	**professor** (m)	[profe'sor]

Beroepen en ambachten

123. Zoeken naar werk. Ontslag

baan (de)	**trabalho** (m)	[tra'baʎu]
werknemers (mv.)	**equipe** (f)	[e'kipi]
personeel (het)	**pessoal** (m)	[pe'swaw]
carrière (de)	**carreira** (f)	[ka'hejra]
vooruitzichten (mv.)	**perspectivas** (f pl)	[perspek'tʃivas]
meesterschap (het)	**habilidades** (f pl)	[abili'dadʒis]
keuze (de)	**seleção** (f)	[sele'sãw]
uitzendbureau (het)	**agência** (f) **de emprego**	[a'ʒẽsja de ẽ'pregu]
CV, curriculum vitae (het)	**currículo** (m)	[ku'hikulu]
sollicitatiegesprek (het)	**entrevista** (f) **de emprego**	[ẽtre'vista de ẽ'pregu]
vacature (de)	**vaga** (f)	['vaga]
salaris (het)	**salário** (m)	[sa'larju]
vaste salaris (het)	**salário** (m) **fixo**	[sa'larju 'fiksu]
loon (het)	**pagamento** (m)	[paga'mẽtu]
betrekking (de)	**cargo** (m)	['kargu]
taak, plicht (de)	**dever** (m)	[de'ver]
takenpakket (het)	**gama** (f) **de deveres**	['gama de de'veris]
bezig (~ zijn)	**ocupado**	[oku'padu]
ontslagen (ww)	**despedir, demitir** (vt)	[dʒispe'dʒir], [demi'tʃir]
ontslag (het)	**demissão** (f)	[demi'sãw]
werkloosheid (de)	**desemprego** (m)	[dʒizẽ'pregu]
werkloze (de)	**desempregado** (m)	[dʒizẽpre'gadu]
pensioen (het)	**aposentadoria** (f)	[apozẽtado'ria]
met pensioen gaan	**aposentar-se** (vr)	[apozẽ'tarsi]

124. Zakenmensen

directeur (de)	**diretor** (m)	[dʒire'tor]
beheerder (de)	**gerente** (m)	[ʒe'rẽtʃi]
hoofd (het)	**patrão, chefe** (m)	[pa'trãw], ['ʃɛfi]
baas (de)	**superior** (m)	[supe'rjor]
superieuren (mv.)	**superiores** (m pl)	[supe'rjores]
president (de)	**presidente** (m)	[prezi'dẽtʃi]
voorzitter (de)	**chairman, presidente** (m)	['tʃɛamen], [prezi'dẽtʃi]
adjunct (de)	**substituto** (m)	[substi'tutu]
assistent (de)	**assistente** (m)	[asis'tẽtʃi]

secretaris (de)	**secretário** (m)	[sekre'tarju]
persoonlijke assistent (de)	**secretário** (m) **pessoal**	[sekre'tarju pe'swaw]
zakenman (de)	**homem** (m) **de negócios**	['ɔmẽ de ne'gɔsjus]
ondernemer (de)	**empreendedor** (m)	[ẽprjẽde'dor]
oprichter (de)	**fundador** (m)	[fũda'dor]
oprichten (een nieuw bedrijf ~)	**fundar** (vt)	[fũ'dar]
stichter (de)	**principiador** (m)	[prĩsipja'dor]
partner (de)	**parceiro, sócio** (m)	[par'sejru], ['sɔsju]
aandeelhouder (de)	**acionista** (m)	[asjo'nista]
miljonair (de)	**milionário** (m)	[miljo'narju]
miljardair (de)	**bilionário** (m)	[biljo'narju]
eigenaar (de)	**proprietário** (m)	[proprje'tarju]
landeigenaar (de)	**proprietário** (m) **de terras**	[proprje'tarju de 'tɛhas]
klant (de)	**cliente** (m)	['kljẽtʃi]
vaste klant (de)	**cliente** (m) **habitual**	['kljẽtʃi abi'twaw]
koper (de)	**comprador** (m)	[kõpra'dor]
bezoeker (de)	**visitante** (m)	[vizi'tãtʃi]
professioneel (de)	**profissional** (m)	[profisjo'naw]
expert (de)	**perito** (m)	[pe'ritu]
specialist (de)	**especialista** (m)	[ispesja'lista]
bankier (de)	**banqueiro** (m)	[bã'kejru]
makelaar (de)	**corretor** (m)	[kohe'tor]
kassier (de)	**caixa** (m, f)	['kaɪʃa]
boekhouder (de)	**contador** (m)	[kõta'dɔr]
bewaker (de)	**guarda** (m)	['gwarda]
investeerder (de)	**investidor** (m)	[ĩvestʃi'dor]
schuldenaar (de)	**devedor** (m)	[deve'dor]
crediteur (de)	**credor** (m)	[kre'dor]
lener (de)	**mutuário** (m)	[mu'twarju]
importeur (de)	**importador** (m)	[ĩporta'dor]
exporteur (de)	**exportador** (m)	[isporta'dor]
producent (de)	**produtor** (m)	[produ'tor]
distributeur (de)	**distribuidor** (m)	[dʒistribwi'dor]
bemiddelaar (de)	**intermediário** (m)	[ĩterme'dʒjarju]
adviseur, consulent (de)	**consultor** (m)	[kõsuw'tor]
vertegenwoordiger (de)	**representante** (m) **comercial**	[heprezẽ'tãtʃi komer'sjaw]
agent (de)	**agente** (m)	[a'ʒẽtʃi]
verzekeringsagent (de)	**agente** (m) **de seguros**	[a'ʒẽtʃi de se'gurus]

125. Dienstverlenende beroepen

kok (de)	**cozinheiro** (m)	[kozi'ɲejru]
chef-kok (de)	**chefe** (m) **de cozinha**	['ʃɛfi de ko'ziɲa]

bakker (de)	**padeiro** (m)	[pa'dejru]
barman (de)	**barman** (m)	[bar'mã]
kelner, ober (de)	**garçom** (m)	[gar'sõ]
serveerster (de)	**garçonete** (f)	[garso'netʃi]
advocaat (de)	**advogado** (m)	[adʒivo'gadu]
jurist (de)	**jurista** (m)	[ʒu'rista]
notaris (de)	**notário** (m)	[no'tarju]
elektricien (de)	**eletricista** (m)	[eletri'sista]
loodgieter (de)	**encanador** (m)	[ẽkana'dor]
timmerman (de)	**carpinteiro** (m)	[karpĩ'tejru]
masseur (de)	**massagista** (m)	[masa'ʒista]
masseuse (de)	**massagista** (f)	[masa'ʒista]
dokter, arts (de)	**médico** (m)	['mɛdʒiku]
taxichauffeur (de)	**taxista** (m)	[tak'sista]
chauffeur (de)	**condutor, motorista** (m)	[kõdu'tor], [moto'rista]
koerier (de)	**entregador** (m)	[ẽtrega'dor]
kamermeisje (het)	**camareira** (f)	[kama'rejra]
bewaker (de)	**guarda** (m)	['gwarda]
stewardess (de)	**aeromoça** (f)	[aero'mosa]
meester (de)	**professor** (m)	[profe'sor]
bibliothecaris (de)	**bibliotecário** (m)	[bibljote'karju]
vertaler (de)	**tradutor** (m)	[tradu'tor]
tolk (de)	**intérprete** (m)	[ĩ'tɛrpretʃi]
gids (de)	**guia** (m)	['gia]
kapper (de)	**cabeleireiro** (m)	[kabelej'rejru]
postbode (de)	**carteiro** (m)	[kar'tejru]
verkoper (de)	**vendedor** (m)	[vẽde'dor]
tuinman (de)	**jardineiro** (m)	[ʒardʒi'nejru]
huisbediende (de)	**criado** (m)	['krjadu]
dienstmeisje (het)	**criada** (f)	['krjada]
schoonmaakster (de)	**empregada** (f) **de limpeza**	[ẽpre'gada de lĩ'peza]

126. Militaire beroepen en rangen

soldaat (rang)	**soldado** (m) **raso**	[sow'dadu 'hazu]
sergeant (de)	**sargento** (m)	[sar'ʒẽtu]
luitenant (de)	**tenente** (m)	[te'nẽtʃi]
kapitein (de)	**capitão** (m)	[kapi'tãw]
majoor (de)	**major** (m)	[ma'ʒɔr]
kolonel (de)	**coronel** (m)	[koro'nɛw]
generaal (de)	**general** (m)	[ʒene'raw]
maarschalk (de)	**marechal** (m)	[mare'ʃaw]
admiraal (de)	**almirante** (m)	[awmi'rãtʃi]
militair (de)	**militar** (m)	[mili'tar]
soldaat (de)	**soldado** (m)	[sow'dadu]

officier (de)	**oficial** (m)	[ofi'sjaw]
commandant (de)	**comandante** (m)	[komã'dãtʃi]
grenswachter (de)	**guarda** (m) **de fronteira**	['gwarda de frõ'tejra]
marconist (de)	**operador** (m) **de rádio**	[opera'dor de 'hadʒju]
verkenner (de)	**explorador** (m)	[isplora'dor]
sappeur (de)	**sapador-mineiro** (m)	[sapa'dor-mi'nejru]
schutter (de)	**atirador** (m)	[atʃira'dor]
stuurman (de)	**navegador** (m)	[navega'dor]

127. Ambtenaren. Priesters

koning (de)	**rei** (m)	[hej]
koningin (de)	**rainha** (f)	[ha'iɲa]
prins (de)	**príncipe** (m)	['prĩsipi]
prinses (de)	**princesa** (f)	[prĩ'seza]
tsaar (de)	**czar** (m)	['kzar]
tsarina (de)	**czarina** (f)	[kza'rina]
president (de)	**presidente** (m)	[prezi'dẽtʃi]
minister (de)	**ministro** (m)	[mi'nistru]
eerste minister (de)	**primeiro-ministro** (m)	[pri'mejru mi'nistru]
senator (de)	**senador** (m)	[sena'dor]
diplomaat (de)	**diplomata** (m)	[dʒiplo'mata]
consul (de)	**cônsul** (m)	['kõsuw]
ambassadeur (de)	**embaixador** (m)	[ẽbajʃa'dor]
adviseur (de)	**conselheiro** (m)	[kõse'ʎejru]
ambtenaar (de)	**funcionário** (m)	[fũsjo'narju]
prefect (de)	**prefeito** (m)	[pre'fejtu]
burgemeester (de)	**Presidente** (m) **da Câmara**	[prezi'dẽtʃi da 'kamara]
rechter (de)	**juiz** (m)	[ʒwiz]
aanklager (de)	**procurador** (m)	[prokura'dor]
missionaris (de)	**missionário** (m)	[misjo'narju]
monnik (de)	**monge** (m)	['mõʒi]
abt (de)	**abade** (m)	[a'badʒi]
rabbi, rabbijn (de)	**rabino** (m)	[ha'binu]
vizier (de)	**vizir** (m)	[vi'zir]
sjah (de)	**xá** (m)	[ʃa]
sjeik (de)	**xeique** (m)	['ʃɛjki]

128. Agrarische beroepen

imker (de)	**abelheiro** (m)	[abi'ʎejru]
herder (de)	**pastor** (m)	[pas'tor]
landbouwkundige (de)	**agrônomo** (m)	[a'gronomu]

veehouder (de)	**criador** (m) **de gado**	[krja'dor de 'gadu]
dierenarts (de)	**veterinário** (m)	[veteri'narju]
landbouwer (de)	**agricultor, fazendeiro** (m)	[agrikuw'tor], [fazẽ'dejru]
wijnmaker (de)	**vinicultor** (m)	[vinikuw'tor]
zoöloog (de)	**zoólogo** (m)	[zo'ɔlogu]
cowboy (de)	**vaqueiro** (m)	[va'kejru]

129. Kunst beroepen

acteur (de)	**ator** (m)	[a'tor]
actrice (de)	**atriz** (f)	[a'triz]
zanger (de)	**cantor** (m)	[kã'tor]
zangeres (de)	**cantora** (f)	[kã'tora]
danser (de)	**bailarino** (m)	[bajla'rinu]
danseres (de)	**bailarina** (f)	[bajla'rina]
artiest (mann.)	**artista** (m)	[ar'tʃista]
artiest (vrouw.)	**artista** (f)	[ar'tʃista]
muzikant (de)	**músico** (m)	['muziku]
pianist (de)	**pianista** (m)	[pja'nista]
gitarist (de)	**guitarrista** (m)	[gita'hista]
orkestdirigent (de)	**maestro** (m)	[ma'ɛstru]
componist (de)	**compositor** (m)	[kõpozi'tor]
impresario (de)	**empresário** (m)	[ẽpre'zarju]
filmregisseur (de)	**diretor** (m) **de cinema**	[dʒire'tor de si'nɛma]
filmproducent (de)	**produtor** (m)	[produ'tor]
scenarioschrijver (de)	**roteirista** (m)	[hotej'rista]
criticus (de)	**crítico** (m)	['kritʃiku]
schrijver (de)	**escritor** (m)	[iskri'tor]
dichter (de)	**poeta** (m)	['pwɛta]
beeldhouwer (de)	**escultor** (m)	[iskuw'tor]
kunstenaar (de)	**pintor** (m)	[pĩ'tor]
jongleur (de)	**malabarista** (m)	[malaba'rista]
clown (de)	**palhaço** (m)	[pa'ʎasu]
acrobaat (de)	**acrobata** (m)	[akro'bata]
goochelaar (de)	**ilusionista** (m)	[iluzjo'nista]

130. Verschillende beroepen

dokter, arts (de)	**médico** (m)	['mɛdʒiku]
ziekenzuster (de)	**enfermeira** (f)	[ẽfer'mejra]
psychiater (de)	**psiquiatra** (m)	[psi'kjatra]
tandarts (de)	**dentista** (m)	[dẽ'tʃista]
chirurg (de)	**cirurgião** (m)	[sirur'ʒjãw]

astronaut (de)	**astronauta** (m)	[astro'nawta]
astronoom (de)	**astrônomo** (m)	[as'tronomu]
piloot (de)	**piloto** (m)	[pi'lotu]
chauffeur (de)	**motorista** (m)	[moto'rista]
machinist (de)	**maquinista** (m)	[maki'nista]
mecanicien (de)	**mecânico** (m)	[me'kaniku]
mijnwerker (de)	**mineiro** (m)	[mi'nejru]
arbeider (de)	**operário** (m)	[ope'rarju]
bankwerker (de)	**serralheiro** (m)	[seha'ʎejru]
houtbewerker (de)	**marceneiro** (m)	[marse'nejru]
draaier (de)	**torneiro** (m)	[tor'nejru]
bouwvakker (de)	**construtor** (m)	[kõstru'tor]
lasser (de)	**soldador** (m)	[sɔwda'dor]
professor (de)	**professor** (m)	[profe'sor]
architect (de)	**arquiteto** (m)	[arki'tɛtu]
historicus (de)	**historiador** (m)	[istorja'dor]
wetenschapper (de)	**cientista** (m)	[sjẽ'tʃista]
fysicus (de)	**físico** (m)	['fiziku]
schelkundige (de)	**químico** (m)	['kimiku]
archeoloog (de)	**arqueólogo** (m)	[ar'kjɔlogu]
geoloog (de)	**geólogo** (m)	[ʒe'ɔlogu]
onderzoeker (de)	**pesquisador** (m)	[peskiza'dor]
babysitter (de)	**babysitter, babá** (f)	[bebi'sitter], [ba'ba]
leraar, pedagoog (de)	**professor** (m)	[profe'sor]
redacteur (de)	**redator** (m)	[heda'tor]
chef-redacteur (de)	**redator-chefe** (m)	[heda'tor 'ʃɛfi]
correspondent (de)	**correspondente** (m)	[kohespõ'dẽtʃi]
typiste (de)	**datilógrafa** (f)	[datʃi'lɔgrafa]
designer (de)	**designer** (m)	[dʒi'zajner]
computerexpert (de)	**perito** (m) **em informática**	[pe'ritu ẽ ĩfur'matika]
programmeur (de)	**programador** (m)	[programa'dor]
ingenieur (de)	**engenheiro** (m)	[ẽʒe'ɲejru]
matroos (de)	**marujo** (m)	[ma'ruʒu]
zeeman (de)	**marinheiro** (m)	[mari'ɲejru]
redder (de)	**socorrista** (m)	[soko'hista]
brandweerman (de)	**bombeiro** (m)	[bõ'bejru]
politieagent (de)	**polícia** (m)	[po'lisja]
nachtwaker (de)	**guarda-noturno** (m)	['gwarda no'turnu]
detective (de)	**detetive** (m)	[dete'tʃivi]
douanier (de)	**funcionário** (m) **da alfândega**	[fũsjo'narju da aw'fãdʒiga]
lijfwacht (de)	**guarda-costas** (m)	['gwarda 'kɔstas]
gevangenisbewaker (de)	**guarda** (m) **prisional**	['gwarda prizjo'naw]
inspecteur (de)	**inspetor** (m)	[ĩspe'tor]
sportman (de)	**esportista** (m)	[ispor'tʃista]
trainer (de)	**treinador** (m)	[trejna'dor]

slager, beenhouwer (de)	**açougueiro** (m)	[aso'gejru]
schoenlapper (de)	**sapateiro** (m)	[sapa'tejru]
handelaar (de)	**comerciante** (m)	[komer'sjãtʃi]
lader (de)	**carregador** (m)	[kahega'dor]
kledingstilist (de)	**estilista** (m)	[istʃi'lista]
model (het)	**modelo** (f)	[mo'delu]

131. Beroepen. Sociale status

scholier (de)	**estudante** (m)	[istu'dãtʃi]
student (de)	**estudante** (m)	[istu'dãtʃi]
filosoof (de)	**filósofo** (m)	[fi'lɔzofu]
econoom (de)	**economista** (m)	[ekono'mista]
uitvinder (de)	**inventor** (m)	[ĩvẽ'tor]
werkloze (de)	**desempregado** (m)	[dʒizẽpre'gadu]
gepensioneerde (de)	**aposentado** (m)	[apozẽ'tadu]
spion (de)	**espião** (m)	[is'pjãw]
gedetineerde (de)	**preso, prisioneiro** (m)	['prezu], [prizjo'nejru]
staker (de)	**grevista** (m)	[gre'vista]
bureaucraat (de)	**burocrata** (m)	[buro'krata]
reiziger (de)	**viajante** (m)	[vja'ʒãtʃi]
homoseksueel (de)	**homossexual** (m)	[omosek'swaw]
hacker (computerkraker)	**hacker** (m)	['haker]
hippie (de)	**hippie** (m, f)	['hɪpɪ]
bandiet (de)	**bandido** (m)	[bã'dʒidu]
huurmoordenaar (de)	**assassino** (m)	[asa'sinu]
drugsverslaafde (de)	**drogado** (m)	[dro'gadu]
drugshandelaar (de)	**traficante** (m)	[trafi'kãtʃi]
prostituee (de)	**prostituta** (f)	[prostʃi'tuta]
pooier (de)	**cafetão** (m)	[kafe'tãw]
tovenaar (de)	**bruxo** (m)	['bruʃu]
tovenares (de)	**bruxa** (f)	['bruʃa]
piraat (de)	**pirata** (m)	[pi'rata]
slaaf (de)	**escravo** (m)	[is'kravu]
samoerai (de)	**samurai** (m)	[samu'raj]
wilde (de)	**selvagem** (m)	[sew'vaʒẽ]

Sport

132. Soorten sporten. Sporters

sportman (de)	**esportista** (m)	[ispor'tʃista]
soort sport (de/het)	**tipo** (m) **de esporte**	['tʃipu de is'pɔrtʃi]
basketbal (het)	**basquete** (m)	[bas'kɛtʃi]
basketbalspeler (de)	**jogador** (m) **de basquete**	[ʒoga'dor de bas'kɛtʃi]
baseball (het)	**beisebol** (m)	[bejsi'bɔw]
baseballspeler (de)	**jogador** (m) **de beisebol**	[ʒoga'dor de bejsi'bɔw]
voetbal (het)	**futebol** (m)	[futʃi'bɔw]
voetballer (de)	**jogador** (m) **de futebol**	[ʒoga'dor de futʃi'bɔw]
doelman (de)	**goleiro** (m)	[go'lejru]
hockey (het)	**hóquei** (m)	['hɔkej]
hockeyspeler (de)	**jogador** (m) **de hóquei**	[ʒoga'dor de 'hɔkej]
volleybal (het)	**vôlei** (m)	['volej]
volleybalspeler (de)	**jogador** (m) **de vôlei**	[ʒoga'dor de 'volej]
boksen (het)	**boxe** (m)	['bɔksi]
bokser (de)	**boxeador** (m)	[boksja'dor]
worstelen (het)	**luta** (f)	['luta]
worstelaar (de)	**lutador** (m)	[luta'dor]
karate (de)	**caratê** (m)	[kara'te]
karateka (de)	**carateca** (m)	[kara'teka]
judo (de)	**judô** (m)	[ʒu'do]
judoka (de)	**judoca** (m)	[ʒu'dɔka]
tennis (het)	**tênis** (m)	['tenis]
tennisspeler (de)	**tenista** (m)	[te'nista]
zwemmen (het)	**natação** (f)	[nata'sãw]
zwemmer (de)	**nadador** (m)	[nada'dor]
schermen (het)	**esgrima** (f)	[iz'grima]
schermer (de)	**esgrimista** (m)	[izgri'mista]
schaak (het)	**xadrez** (m)	[ʃa'drez]
schaker (de)	**jogador** (m) **de xadrez**	[ʒoga'dor de ʃa'drez]
alpinisme (het)	**alpinismo** (m)	[awpi'nizmu]
alpinist (de)	**alpinista** (m)	[awpi'nista]
hardlopen (het)	**corrida** (f)	[ko'hida]

renner (de)	**corredor** (m)	[kohe'dor]
atletiek (de)	**atletismo** (m)	[atle'tʃizmu]
atleet (de)	**atleta** (m)	[at'lɛta]
paardensport (de)	**hipismo** (m)	[i'pizmu]
ruiter (de)	**cavaleiro** (m)	[kava'lejru]
kunstschaatsen (het)	**patinação** (f) **artística**	[patʃina'sãw ar'tʃistʃika]
kunstschaatser (de)	**patinador** (m)	[patʃina'dor]
kunstschaatsster (de)	**patinadora** (f)	[patʃina'dora]
gewichtheffen (het)	**halterofilismo** (m)	[awterofi'lizmu]
gewichtheffer (de)	**halterofilista** (m)	[awterofi'lista]
autoraces (mv.)	**corrida** (f) **de carros**	[ko'hida de 'kahos]
coureur (de)	**piloto** (m)	[pi'lotu]
wielersport (de)	**ciclismo** (m)	[si'klizmu]
wielrenner (de)	**ciclista** (m)	[si'klista]
verspringen (het)	**salto** (m) **em distância**	['sawtu ẽ dʒis'tãsja]
polsstokspringen (het)	**salto** (m) **com vara**	['sawtu kõ 'vara]
verspringer (de)	**atleta** (m) **de saltos**	[at'lɛta de 'sawtus]

133. Soorten sporten. Diversen

Amerikaans voetbal (het)	**futebol** (m) **americano**	[futʃi'bɔw ameri'kanu]
badminton (het)	**badminton** (m)	[bad'mĩtɔn]
biatlon (de)	**biatlo** (m)	[bi'atlu]
biljart (het)	**bilhar** (m)	[bi'ʎar]
bobsleeën (het)	**bobsled** (m)	['bɔbsled]
bodybuilding (de)	**musculação** (f)	[muskula'sãw]
waterpolo (het)	**polo** (m) **aquático**	['pɔlu a'kwatʃiku]
handbal (de)	**handebol** (m)	[ãde'bɔl]
golf (het)	**golfe** (m)	['gowfi]
roeisport (de)	**remo** (m)	['hɛmu]
duiken (het)	**mergulho** (m)	[mer'guʎu]
langlaufen (het)	**corrida** (f) **de esqui**	[ko'hida de is'ki]
tafeltennis (het)	**tênis** (m) **de mesa**	['tenis de 'meza]
zeilen (het)	**vela** (f)	['vɛla]
rally (de)	**rali** (m)	[ha'li]
rugby (het)	**rúgbi** (m)	['hugbi]
snowboarden (het)	**snowboard** (m)	[snowbɔrd]
boogschieten (het)	**arco-e-flecha** (m)	['arku I 'flɛʃa]

134. Fitnessruimte

lange halter (de)	**barra** (f)	['baha]
halters (mv.)	**halteres** (m pl)	[aw'tɛris]

training machine (de) **aparelho** (m) **de musculação** [apa'reʎu de muskula'sãw]
hometrainer (de) **bicicleta** (f) **ergométrica** [bisi'klɛta ergo'mɛtrika]
loopband (de) **esteira** (f) **de corrida** [is'tejra de ko'hida]

rekstok (de) **barra** (f) **fixa** ['baha 'fiksa]
brug (de) gelijke leggers **barras** (f pl) **paralelas** ['bahas para'lɛlas]
paardsprong (de) **cavalo** (m) [ka'valu]
mat (de) **tapete** (m) **de ginástica** [ta'petʃi de ʒi'nastʃika]

springtouw (het) **corda** (f) **de saltar** ['kɔrda de saw'tar]
aerobics (de) **aeróbica** (f) [ae'rɔbika]
yoga (de) **ioga, yoga** (f) ['jɔga]

135. Hockey

hockey (het) **hóquei** (m) ['hɔkej]
hockeyspeler (de) **jogador** (m) **de hóquei** [ʒoga'dor de 'hɔkej]
hockey spelen **jogar hóquei** [ʒo'gar 'hɔkej]
ijs (het) **gelo** (m) ['ʒelu]

puck (de) **disco** (m) ['dʒisku]
hockeystick (de) **taco** (m) **de hóquei** ['taku de 'hɔkej]
schaatsen (mv.) **patins** (m pl) **de gelo** [pa'tʃĩs de 'ʒelu]

boarding (de) **muro** (m) ['muru]
schot (het) **tiro** (m) ['tʃiru]

doelman (de) **goleiro** (m) [go'lejru]
goal (de) **gol** (m) [gow]
een goal scoren **marcar um gol** [mar'kar ũ gow]

periode (de) **tempo** (m) ['tẽpu]
tweede periode (de) **segundo tempo** (m) [se'gũdu 'tẽpu]
reservebank (de) **banco** (m) **de reservas** ['bãku de he'zɛrvas]

136. Voetbal

voetbal (het) **futebol** (m) [futʃi'bɔw]
voetballer (de) **jogador** (m) **de futebol** [ʒoga'dor de futʃi'bɔw]
voetbal spelen **jogar futebol** [ʒo'gar futʃi'bɔw]

eredivisie (de) **Time** (m) **Principal** ['tʃimi prĩsi'paw]
voetbalclub (de) **time** (m) **de futebol** ['tʃimi de futʃi'bɔw]
trainer (de) **treinador** (m) [trejna'dor]
eigenaar (de) **proprietário** (m) [proprje'tarju]

team (het) **equipe** (f) [e'kipi]
aanvoerder (de) **capitão** (m) [kapi'tãw]
speler (de) **jogador** (m) [ʒoga'dor]
reservespeler (de) **jogador** (m) **reserva** [ʒoga'dor he'zɛrva]
aanvaller (de) **atacante** (m) [ata'kãtʃi]
centrale aanvaller (de) **centroavante** (m) [sẽtroa'vãtʃi]

doelpuntmaker (de)	**marcador** (m)	[marka'dor]
verdediger (de)	**defesa** (m)	[de'feza]
middenvelder (de)	**meio-campo** (m)	['meju-'kãpu]
match, wedstrijd (de)	**jogo** (m), **partida** (f)	['ʒogu], [par'tʃida]
elkaar ontmoeten (ww)	**encontrar-se** (vr)	[ẽkõ'trarsi]
finale (de)	**final** (m)	[fi'naw]
halve finale (de)	**semifinal** (f)	[semi'finaw]
kampioenschap (het)	**campeonato** (m)	[kãpjo'natu]
helft (de)	**tempo** (m)	['tẽpu]
eerste helft (de)	**primeiro tempo** (m)	[pri'mejru 'tẽpu]
pauze (de)	**intervalo** (m)	[ĩter'valu]
doel (het)	**goleira** (f)	[go'lejra]
doelman (de)	**goleiro** (m)	[go'lejru]
doelpaal (de)	**trave** (f)	['travi]
lat (de)	**travessão** (m)	[trave'sãw]
doelnet (het)	**rede** (f)	['hedʒi]
een goal incasseren	**tomar um gol**	[to'mar ũ gow]
bal (de)	**bola** (f)	['bɔla]
pass (de)	**passe** (m)	['pasi]
schot (het), schop (de)	**chute** (m)	['ʃutʃi]
schieten (de bal ~)	**chutar** (vt)	[ʃu'tar]
vrije schop (directe ~)	**pontapé** (m)	[põta'pɛ]
hoekschop, corner (de)	**escanteio** (m)	[iskã'teju]
aanval (de)	**ataque** (m)	[a'taki]
tegenaanval (de)	**contra-ataque** (m)	['kõtra a'taki]
combinatie (de)	**combinação** (f)	[kõbina'sãw]
scheidsrechter (de)	**árbitro** (m)	['arbitru]
fluiten (ww)	**apitar** (vi)	[api'tar]
fluitsignaal (het)	**apito** (m)	[a'pitu]
overtreding (de)	**falta** (f)	['fawta]
een overtreding maken	**cometer a falta**	[kome'ter a 'fawta]
uit het veld te sturen	**expulsar** (vt)	[ispuw'sar]
gele kaart (de)	**cartão** (m) **amarelo**	[kar'tãw ama'rɛlu]
rode kaart (de)	**cartão** (m) **vermelho**	[kar'tãw ver'meʎu]
diskwalificatie (de)	**desqualificação** (f)	[deskwalifika'sãw]
diskwalificeren (ww)	**desqualificar** (vt)	[dʒiskwalifi'kar]
strafschop, penalty (de)	**pênalti** (m)	['penawtʃi]
muur (de)	**barreira** (f)	[ba'hejra]
scoren (ww)	**marcar** (vt)	[mar'kar]
goal (de), doelpunt (het)	**gol** (m)	[gow]
een goal scoren	**marcar um gol**	[mar'kar ũ gow]
vervanging (de)	**substituição** (f)	[substʃitwi'sãw]
vervangen (ov.ww.)	**substituir** (vt)	[substʃi'twir]
regels (mv.)	**regras** (f pl)	['hɛgras]
tactiek (de)	**tática** (f)	['tatʃika]
stadion (het)	**estádio** (m)	[is'tadʒu]
tribune (de)	**arquibancadas** (f pl)	[arkibã'kadas]

fan, supporter (de)	**fã, torcedor** (m)	[fã], [torse'dor]
schreeuwen (ww)	**gritar** (vi)	[gri'tar]
scorebord (het)	**placar** (m)	[pla'kar]
stand (~ is 3-1)	**resultado** (m)	[hezuw'tadu]
nederlaag (de)	**derrota** (f)	[de'hɔta]
verliezen (ww)	**perder** (vt)	[per'der]
gelijkspel (het)	**empate** (m)	[ẽ'patʃi]
in gelijk spel eindigen	**empatar** (vi)	[ẽpa'tar]
overwinning (de)	**vitória** (f)	[vi'tɔrja]
overwinnen (ww)	**vencer** (vi, vt)	[vẽ'ser]
kampioen (de)	**campeão** (m)	[kã'pjãw]
best (bn)	**melhor**	[me'ʎɔr]
feliciteren (ww)	**felicitar** (vt)	[felisi'tar]
commentator (de)	**comentarista** (m)	[komẽta'rista]
becommentariëren (ww)	**comentar** (vt)	[komẽ'tar]
uitzending (de)	**transmissão** (f)	[trãzmi'sãw]

137. Alpine skiën

ski's (mv.)	**esqui** (m)	[is'ki]
skiën (ww)	**esquiar** (vi)	[is'kjar]
skigebied (het)	**estação** (f) **de esqui**	[ista'sãw de is'ki]
skilift (de)	**teleférico** (m)	[tele'fɛriku]
skistokken (mv.)	**bastões** (m pl) **de esqui**	[bas'tõjs de is'ki]
helling (de)	**declive** (m)	[de'klivi]
slalom (de)	**slalom** (m)	['slalom]

138. Tennis. Golf

golf (het)	**golfe** (m)	['gowfi]
golfclub (de)	**clube** (m) **de golfe**	['klubi de 'gowfi]
golfer (de)	**jogador** (m) **de golfe**	[ʒoga'dor de 'gowfi]
hole (de)	**buraco** (m)	[bu'raku]
golfclub (de)	**taco** (m)	['taku]
trolley (de)	**trolley** (m)	['trɔlɪ]
tennis (het)	**tênis** (m)	['tenis]
tennisveld (het)	**quadra** (f) **de tênis**	['kwadra de 'tenis]
opslag (de)	**saque** (m)	['saki]
serveren, opslaan (ww)	**sacar** (vi)	[sa'kar]
racket (het)	**raquete** (f)	[ha'ketʃi]
net (het)	**rede** (f)	['hedʒi]
bal (de)	**bola** (f)	['bɔla]

139. Schaken

schaak (het)	**xadrez** (m)	[ʃa'drez]
schaakstukken (mv.)	**peças** (f pl) **de xadrez**	['pɛsas de ʃa'drez]
schaker (de)	**jogador** (m) **de xadrez**	[ʒoga'dor de ʃa'drez]
schaakbord (het)	**tabuleiro** (m) **de xadrez**	[tabu'lejru de ʃa'drez]
schaakstuk (het)	**peça** (f)	['pɛsa]
witte stukken (mv.)	**brancas** (f pl)	['brãkas]
zwarte stukken (mv.)	**pretas** (f pl)	['pretas]
pion (de)	**peão** (m)	[pjãw]
loper (de)	**bispo** (m)	['bispu]
paard (het)	**cavalo** (m)	[ka'valu]
toren (de)	**torre** (f)	['tohi]
dame, koningin (de)	**dama** (f)	['dama]
koning (de)	**rei** (m)	[hej]
zet (de)	**vez** (f)	[vez]
zetten (ww)	**mover** (vt)	[mo'ver]
opofferen (ww)	**sacrificar** (vt)	[sakrifi'kar]
rokade (de)	**roque** (m)	['hɔki]
schaak (het)	**xeque** (m)	['ʃɛki]
schaakmat (het)	**xeque-mate** (m)	['ʃɛki-'matʃi]
schaakwedstrijd (de)	**torneio** (m) **de xadrez**	[tor'neju de ʃa'drez]
grootmeester (de)	**grão-mestre** (m)	['grãw 'mɛstri]
combinatie (de)	**combinação** (f)	[kõbina'sãw]
partij (de)	**partida** (f)	[par'tʃida]
dammen (de)	**jogo** (m) **de damas**	['ʒogu de 'damas]

140. Boksen

boksen (het)	**boxe** (m)	['bɔksi]
boksgevecht (het)	**combate** (m)	[kõ'batʃi]
bokswedstrijd (de)	**luta** (f) **de boxe**	['luta de 'bɔksi]
ronde (de)	**round** (m)	['hãwdʒi]
ring (de)	**ringue** (m)	['hĩgi]
gong (de)	**gongo** (m)	['gõgu]
stoot (de)	**murro, soco** (m)	['muhu], ['soku]
knock-down (de)	**derrubada** (f)	[dehu'bada]
knock-out (de)	**nocaute** (m)	[no'kawtʃi]
knock-out slaan (ww)	**nocautear** (vt)	[nokaw'tʃjar]
bokshandschoen (de)	**luva** (f) **de boxe**	['luva de 'bɔksi]
referee (de)	**juiz** (m)	[ʒwiz]
lichtgewicht (het)	**peso-pena** (m)	['pezu 'pena]
middengewicht (het)	**peso-médio** (m)	['pezu 'mɛdiu]
zwaargewicht (het)	**peso-pesado** (m)	['pezu pe'zadu]

141. Sporten. Diversen

Olympische Spelen (mv.)	**Jogos** (m pl) **Olímpicos**	['ʒɔgus o'lĩpikus]
winnaar (de)	**vencedor** (m)	[vẽse'dor]
overwinnen (ww)	**vencer** (vi)	[vẽ'ser]
winnen (ww)	**vencer** (vi, vt)	[vẽ'ser]
leider (de)	**líder** (m)	['lider]
leiden (ww)	**liderar** (vt)	[lide'rar]
eerste plaats (de)	**primeiro lugar** (m)	[pri'mejru lu'gar]
tweede plaats (de)	**segundo lugar** (m)	[se'gũdu lu'gar]
derde plaats (de)	**terceiro lugar** (m)	[ter'sejru lu'gar]
medaille (de)	**medalha** (f)	[me'daʎa]
trofee (de)	**troféu** (m)	[tro'fɛw]
beker (de)	**taça** (f)	['tasa]
prijs (de)	**prêmio** (m)	['premju]
hoofdprijs (de)	**prêmio** (m) **principal**	['premju prĩsi'paw]
record (het)	**recorde** (m)	[he'kɔrʤi]
een record breken	**estabelecer um recorde**	[istabele'ser ũ he'kɔrʤi]
finale (de)	**final** (m)	[fi'naw]
finale (bn)	**final**	[fi'naw]
kampioen (de)	**campeão** (m)	[kã'pjãw]
kampioenschap (het)	**campeonato** (m)	[kãpjo'natu]
stadion (het)	**estádio** (m)	[is'taʤu]
tribune (de)	**arquibancadas** (f pl)	[arkibã'kadas]
fan, supporter (de)	**fã, torcedor** (m)	[fã], [torse'dor]
tegenstander (de)	**adversário** (m)	[aʤiver'sarju]
start (de)	**partida** (f)	[par'tʃida]
finish (de)	**linha** (f) **de chegada**	['liɲa de ʃe'gada]
nederlaag (de)	**derrota** (f)	[de'hɔta]
verliezen (ww)	**perder** (vt)	[per'der]
rechter (de)	**árbitro, juiz** (m)	[ar'bitru], [ʒwiz]
jury (de)	**júri** (m)	['ʒuri]
stand (~ is 3-1)	**resultado** (m)	[hezuw'tadu]
gelijkspel (het)	**empate** (m)	[ẽ'patʃi]
in gelijk spel eindigen	**empatar** (vi)	[ẽpa'tar]
punt (het)	**ponto** (m)	['põtu]
uitslag (de)	**resultado** (m) **final**	[hezuw'tadu fi'naw]
periode (de)	**tempo** (m)	['tẽpu]
pauze (de)	**intervalo** (m)	[ĩter'valu]
doping (de)	**doping** (m)	['dɔpĩg]
straffen (ww)	**penalizar** (vt)	[penali'zar]
diskwalificeren (ww)	**desqualificar** (vt)	[ʤiskwalifi'kar]
toestel (het)	**aparelho, aparato** (m)	[apa'reʎu], [apa'ratu]
speer (de)	**dardo** (m)	['dardu]

kogel (de)	**peso** (m)	['pezu]
bal (de)	**bola** (f)	['bɔla]
doel (het)	**alvo** (m)	['awvu]
schietkaart (de)	**alvo** (m)	['awvu]
schieten (ww)	**disparar, atirar** (vi)	[ʤispa'rar], [atʃi'rar]
precies (bijv. precieze schot)	**preciso**	[pre'sizu]
trainer, coach (de)	**treinador** (m)	[trejna'dor]
trainen (ww)	**treinar** (vt)	[trej'nar]
zich trainen (ww)	**treinar-se** (vr)	[trej'narsi]
training (de)	**treino** (m)	['trejnu]
gymnastiekzaal (de)	**academia** (f) **de ginástica**	[akade'mia de ʒi'nastʃika]
oefening (de)	**exercício** (m)	[ezer'sisju]
opwarming (de)	**aquecimento** (m)	[akesi'mẽtu]

Onderwijs

142. School

school (de)	**escola** (f)	[is'kɔla]
schooldirecteur (de)	**diretor** (m) **de escola**	[ʤire'tor de is'kɔla]
leerling (de)	**aluno** (m)	[a'lunu]
leerlinge (de)	**aluna** (f)	[a'luna]
scholier (de)	**estudante** (m)	[istu'dãʧi]
scholiere (de)	**estudante** (f)	[istu'dãʧi]
leren (lesgeven)	**ensinar** (vt)	[ẽsi'nar]
studeren (bijv. een taal ~)	**aprender** (vt)	[aprẽ'der]
van buiten leren	**decorar** (vt)	[deko'rar]
leren (bijv. ~ tellen)	**estudar** (vi)	[istu'dar]
in school zijn (schooljongen zijn)	**estar na escola**	[is'tar na is'kɔla]
naar school gaan	**ir à escola**	[ir a is'kɔla]
alfabet (het)	**alfabeto** (m)	[awfa'bɛtu]
vak (schoolvak)	**disciplina** (f)	[ʤisi'plina]
klaslokaal (het)	**sala** (f) **de aula**	['sala de 'awla]
les (de)	**lição, aula** (f)	[li'sãw], ['awla]
pauze (de)	**recreio** (m)	[he'kreju]
bel (de)	**toque** (m)	['tɔki]
schooltafel (de)	**classe** (f)	['klasi]
schoolbord (het)	**quadro** (m) **negro**	['kwadru 'negru]
cijfer (het)	**nota** (f)	['nɔta]
goed cijfer (het)	**boa nota** (f)	['boa 'nɔta]
slecht cijfer (het)	**nota** (f) **baixa**	['nɔta 'baɪʃa]
een cijfer geven	**dar uma nota**	[dar 'uma 'nɔta]
fout (de)	**erro** (m)	['ehu]
fouten maken	**errar** (vi)	[e'har]
corrigeren (fouten ~)	**corrigir** (vt)	[kohi'ʒir]
spiekbriefje (het)	**cola** (f)	['kɔla]
huiswerk (het)	**dever** (m) **de casa**	[de'ver de 'kaza]
oefening (de)	**exercício** (m)	[ezer'sisju]
aanwezig zijn (ww)	**estar presente**	[is'tar pre'zẽʧi]
absent zijn (ww)	**estar ausente**	[is'tar aw'zẽʧi]
school verzuimen	**faltar às aulas**	[faw'tar as 'awlas]
bestraffen (een stout kind ~)	**punir** (vt)	[pu'nir]
bestraffing (de)	**punição** (f)	[puni'sãw]

gedrag (het)	**comportamento** (m)	[kõporta'mẽtu]
cijferlijst (de)	**boletim** (m) **escolar**	[bole'tʃĩ isko'lar]
potlood (het)	**lápis** (m)	['lapis]
gom (de)	**borracha** (f)	[bo'haʃa]
krijt (het)	**giz** (m)	[ʒiz]
pennendoos (de)	**porta-lápis** (m)	['pɔrta-'lapis]
boekentas (de)	**mala, pasta, mochila** (f)	['mala], ['pasta], [mo'ʃila]
pen (de)	**caneta** (f)	[ka'neta]
schrift (de)	**caderno** (m)	[ka'dɛrnu]
leerboek (het)	**livro** (m) **didático**	['livru dʒi'datʃiku]
passer (de)	**compasso** (m)	[kõ'pasu]
technisch tekenen (ww)	**traçar** (vt)	[tra'sar]
technische tekening (de)	**desenho** (m) **técnico**	[de'zɛɲu 'tɛkniku]
gedicht (het)	**poesia** (f)	[poe'zia]
van buiten (bw)	**de cor**	[de kɔr]
van buiten leren	**decorar** (vt)	[deko'rar]
vakantie (de)	**férias** (f pl)	['fɛrjas]
met vakantie zijn	**estar de férias**	[is'tar de 'fɛrjas]
vakantie doorbrengen	**passar as férias**	[pa'sar as 'fɛrjas]
toets (schriftelijke ~)	**teste** (m), **prova** (f)	['tɛstʃi], ['prɔva]
opstel (het)	**redação** (f)	[heda'sãw]
dictee (het)	**ditado** (m)	[dʒi'tadu]
examen (het)	**exame** (m), **prova** (f)	[e'zami], ['prɔva]
examen afleggen	**fazer prova**	[fa'zer 'prɔva]
experiment (het)	**experiência** (f)	[ispe'rjẽsja]

143. Hogeschool. Universiteit

academie (de)	**academia** (f)	[akade'mia]
universiteit (de)	**universidade** (f)	[universi'dadʒi]
faculteit (de)	**faculdade** (f)	[fakuw'dadʒi]
student (de)	**estudante** (m)	[istu'dãtʃi]
studente (de)	**estudante** (f)	[istu'dãtʃi]
leraar (de)	**professor** (m)	[profe'sor]
collegezaal (de)	**auditório** (m)	[awdʒi'tɔrju]
afgestudeerde (de)	**graduado** (m)	[gra'dwadu]
diploma (het)	**diploma** (m)	[dʒip'lɔma]
dissertatie (de)	**tese** (f)	['tɛzi]
onderzoek (het)	**estudo** (m)	[is'tudu]
laboratorium (het)	**laboratório** (m)	[labora'tɔrju]
college (het)	**palestra** (f)	[pa'lɛstra]
medestudent (de)	**colega** (m) **de curso**	[ko'lɛga de 'kursu]
studiebeurs (de)	**bolsa** (f) **de estudos**	['bowsa de is'tudus]
academische graad (de)	**grau** (m) **acadêmico**	['graw aka'demiku]

144. Wetenschappen. Disciplines

wiskunde (de)	**matemática** (f)	[mate'matʃika]
algebra (de)	**álgebra** (f)	['awʒebra]
meetkunde (de)	**geometria** (f)	[ʒeome'tria]
astronomie (de)	**astronomia** (f)	[astrono'mia]
biologie (de)	**biologia** (f)	[bjolo'ʒia]
geografie (de)	**geografia** (f)	[ʒeogra'fia]
geologie (de)	**geologia** (f)	[ʒeolo'ʒia]
geschiedenis (de)	**história** (f)	[is'tɔrja]
geneeskunde (de)	**medicina** (f)	[medʒi'sina]
pedagogiek (de)	**pedagogia** (f)	[pedago'ʒia]
rechten (mv.)	**direito** (m)	[dʒi'rejtu]
fysica, natuurkunde (de)	**física** (f)	['fizika]
scheikunde (de)	**química** (f)	['kimika]
filosofie (de)	**filosofia** (f)	[filozo'fia]
psychologie (de)	**psicologia** (f)	[psikolo'ʒia]

145. Schrift. Spelling

grammatica (de)	**gramática** (f)	[gra'matʃika]
vocabulaire (het)	**vocabulário** (m)	[vokabu'larju]
fonetiek (de)	**fonética** (f)	[fo'nɛtʃika]
zelfstandig naamwoord (het)	**substantivo** (m)	[substã'tʃivu]
bijvoeglijk naamwoord (het)	**adjetivo** (m)	[adʒe'tʃivu]
werkwoord (het)	**verbo** (m)	['vɛrbu]
bijwoord (het)	**advérbio** (m)	[adʒi'vɛrbju]
voornaamwoord (het)	**pronome** (m)	[pro'nɔmi]
tussenwerpsel (het)	**interjeição** (f)	[ĩterʒej'sãw]
voorzetsel (het)	**preposição** (f)	[prepozi'sãw]
stam (de)	**raiz** (f)	[ha'iz]
achtervoegsel (het)	**terminação** (f)	[termina'sãw]
voorvoegsel (het)	**prefixo** (m)	[pre'fiksu]
lettergreep (de)	**sílaba** (f)	['silaba]
achtervoegsel (het)	**sufixo** (m)	[su'fiksu]
nadruk (de)	**acento** (m)	[a'sẽtu]
afkappingsteken (het)	**apóstrofo** (m)	[a'pɔstrofu]
punt (de)	**ponto** (m)	['põtu]
komma (de/het)	**vírgula** (f)	['virgula]
puntkomma (de)	**ponto e vírgula** (m)	['põtu e 'virgula]
dubbelpunt (de)	**dois pontos** (m pl)	['dojs 'põtus]
beletselteken (het)	**reticências** (f pl)	[hetʃi'sẽsjas]
vraagteken (het)	**ponto** (m) **de interrogação**	['põtu de ĩtehoga'sãw]
uitroepteken (het)	**ponto** (m) **de exclamação**	['põtu de isklama'sãw]

aanhalingstekens (mv.)	**aspas** (f pl)	['aspas]
tussen aanhalingstekens (bw)	**entre aspas**	[ẽtri 'aspas]
haakjes (mv.)	**parênteses** (m pl)	[pa'rẽtezis]
tussen haakjes (bw)	**entre parênteses**	[ẽtri pa'rẽtezis]
streepje (het)	**hífen** (m)	['ifẽ]
gedachtestreepje (het)	**travessão** (m)	[trave'sãw]
spatie (~ tussen twee woorden)	**espaço** (m)	[is'pasu]
letter (de)	**letra** (f)	['letra]
hoofdletter (de)	**letra** (f) **maiúscula**	['letra ma'juskula]
klinker (de)	**vogal** (f)	[vo'gaw]
medeklinker (de)	**consoante** (f)	[kõso'ãtʃi]
zin (de)	**frase** (f)	['frazi]
onderwerp (het)	**sujeito** (m)	[su'ʒejtu]
gezegde (het)	**predicado** (m)	[predʒi'kadu]
regel (in een tekst)	**linha** (f)	['liɲa]
op een nieuwe regel (bw)	**em uma nova linha**	[ẽ 'uma 'nɔva 'liɲa]
alinea (de)	**parágrafo** (m)	[pa'ragrafu]
woord (het)	**palavra** (f)	[pa'lavra]
woordgroep (de)	**grupo** (m) **de palavras**	['grupu de pa'lavras]
uitdrukking (de)	**expressão** (f)	[ispre'sãw]
synoniem (het)	**sinônimo** (m)	[si'nonimu]
antoniem (het)	**antônimo** (m)	[ã'tonimu]
regel (de)	**regra** (f)	['hɛgra]
uitzondering (de)	**exceção** (f)	[ese'sãw]
correct (bijv. ~e spelling)	**correto**	[ko'hɛtu]
vervoeging, conjugatie (de)	**conjugação** (f)	[kõʒuga'sãw]
verbuiging, declinatie (de)	**declinação** (f)	[deklina'sãw]
naamval (de)	**caso** (m)	['kazu]
vraag (de)	**pergunta** (f)	[per'gũta]
onderstrepen (ww)	**sublinhar** (vt)	[subli'ɲar]
stippellijn (de)	**linha** (f) **pontilhada**	['liɲa põtʃi'ʎada]

146. Vreemde talen

taal (de)	**língua** (f)	['lĩgwa]
vreemd (bn)	**estrangeiro**	[istrã'ʒejru]
vreemde taal (de)	**língua** (f) **estrangeira**	['lĩgwa istrã'ʒejra]
leren (bijv. van buiten ~)	**estudar** (vt)	[istu'dar]
studeren (Nederlands ~)	**aprender** (vt)	[aprẽ'der]
lezen (ww)	**ler** (vt)	[ler]
spreken (ww)	**falar** (vi)	[fa'lar]
begrijpen (ww)	**entender** (vt)	[ẽtẽ'der]
schrijven (ww)	**escrever** (vt)	[iskre'ver]
snel (bw)	**rapidamente**	[hapida'mẽtʃi]

langzaam (bw)	**lentamente**	[lẽta'mẽtʃi]
vloeiend (bw)	**fluentemente**	[fluẽte'mẽtʃi]
regels (mv.)	**regras** (f pl)	['hɛgras]
grammatica (de)	**gramática** (f)	[gra'matʃika]
vocabulaire (het)	**vocabulário** (m)	[vokabu'larju]
fonetiek (de)	**fonética** (f)	[fo'nɛtʃika]
leerboek (het)	**livro** (m) **didático**	['livru dʒi'datʃiku]
woordenboek (het)	**dicionário** (m)	[dʒisjo'narju]
leerboek (het) voor zelfstudie	**manual** (m) **autodidático**	[ma'nwaw awtɔdʒi'datʃiku]
taalgids (de)	**guia** (m) **de conversação**	['gia de kõversa'sãw]
cassette (de)	**fita** (f) **cassete**	['fita ka'sɛtʃi]
videocassette (de)	**videoteipe** (m)	[vidʒju'tejpi]
CD (de)	**CD, disco** (m) **compacto**	['sede], ['dʒisku kõ'paktu]
DVD (de)	**DVD** (m)	[deve'de]
alfabet (het)	**alfabeto** (m)	[awfa'bɛtu]
spellen (ww)	**soletrar** (vt)	[sole'trar]
uitspraak (de)	**pronúncia** (f)	[pro'nũsja]
accent (het)	**sotaque** (m)	[so'taki]
met een accent (bw)	**com sotaque**	[kõ so'taki]
zonder accent (bw)	**sem sotaque**	[sẽ so'taki]
woord (het)	**palavra** (f)	[pa'lavra]
betekenis (de)	**sentido** (m)	[sẽ'tʃidu]
cursus (de)	**curso** (m)	['kursu]
zich inschrijven (ww)	**inscrever-se** (vr)	[ĩskre'verse]
leraar (de)	**professor** (m)	[profe'sor]
vertaling (een ~ maken)	**tradução** (f)	[tradu'sãw]
vertaling (tekst)	**tradução** (f)	[tradu'sãw]
vertaler (de)	**tradutor** (m)	[tradu'tor]
tolk (de)	**intérprete** (m)	[ĩ'tɛrpretʃi]
polyglot (de)	**poliglota** (m)	[pɔli'glɔta]
geheugen (het)	**memória** (f)	[me'mɔrja]

147. Sprookjesfiguren

Sinterklaas (de)	**Papai Noel** (m)	[pa'paj nɔ'ɛl]
Assepoester (de)	**Cinderela** (f)	[sĩde'rɛla]
zeemeermin (de)	**sereia** (f)	[se'reja]
Neptunus (de)	**Netuno** (m)	[ne'tunu]
magiër, tovenaar (de)	**bruxo, feiticeiro** (m)	['bruʃu], [fejtʃi'sejru]
goede heks (de)	**fada** (f)	['fada]
magisch (bn)	**mágico**	['maʒiku]
toverstokje (het)	**varinha** (f) **mágica**	[va'riɲa 'maʒika]
sprookje (het)	**conto** (m) **de fadas**	['kõtu de 'fadas]
wonder (het)	**milagre** (m)	[mi'lagri]

dwerg (de)	**anão** (m)	[a'nãw]
veranderen in ... (anders worden)	**transformar-se em ...**	[trãsfor'marsi ẽ]
geest (de)	**fantasma** (m)	[fã'tazma]
spook (het)	**fantasma** (m)	[fã'tazma]
monster (het)	**monstro** (m)	['mõstru]
draak (de)	**dragão** (m)	[dra'gãw]
reus (de)	**gigante** (m)	[ʒi'gãtʃi]

148. Dierenriem

Ram (de)	**Áries** (f)	['aris]
Stier (de)	**Touro** (m)	['toru]
Tweelingen (mv.)	**Gêmeos** (m pl)	['ʒemjus]
Kreeft (de)	**Câncer** (m)	['kãser]
Leeuw (de)	**Leão** (m)	[le'ãw]
Maagd (de)	**Virgem** (f)	['virʒẽ]
Weegschaal (de)	**Libra** (f)	['libra]
Schorpioen (de)	**Escorpião** (m)	[iskorpi'ãw]
Boogschutter (de)	**Sagitário** (m)	[saʒi'tarju]
Steenbok (de)	**Capricórnio** (m)	[kapri'kɔrnju]
Waterman (de)	**Aquário** (m)	[a'kwarju]
Vissen (mv.)	**Peixes** (pl)	['pejʃis]
karakter (het)	**caráter** (m)	[ka'rater]
karaktertrekken (mv.)	**traços** (m pl) **do caráter**	['trasus du ka'rater]
gedrag (het)	**comportamento** (m)	[kõporta'mẽtu]
waarzeggen (ww)	**prever a sorte**	[pre'ver a 'sɔrtʃi]
waarzegster (de)	**adivinha** (f)	[adʒi'viɲa]
horoscoop (de)	**horóscopo** (m)	[o'rɔskopu]

Kunst

149. Theater

theater (het)	**teatro** (m)	['tʃjatru]
opera (de)	**ópera** (f)	['ɔpera]
operette (de)	**opereta** (f)	[ope'reta]
ballet (het)	**balé** (m)	[ba'lɛ]
affiche (de/het)	**cartaz** (m)	[kar'taz]
theatergezelschap (het)	**companhia** (f) **de teatro**	[kõpa'ɲia de 'tʃjatru]
tournee (de)	**turnê** (f)	[tur'ne]
op tournee zijn	**estar em turnê**	[is'tar ẽ tur'ne]
repeteren (ww)	**ensaiar** (vt)	[ẽsa'jar]
repetitie (de)	**ensaio** (m)	[ẽ'saju]
repertoire (het)	**repertório** (m)	[heper'tɔrju]
voorstelling (de)	**apresentação** (f)	[aprezẽta'sãw]
spektakel (het)	**espetáculo** (m)	[ispe'takulu]
toneelstuk (het)	**peça** (f)	['pɛsa]
biljet (het)	**entrada** (m)	[ẽ'trada]
kassa (de)	**bilheteira** (f)	[biʎe'tejra]
foyer (de)	**hall** (m)	[hɔw]
garderobe (de)	**vestiário** (m)	[ves'tʃjarju]
garderobe nummer (het)	**senha** (f) **numerada**	['sɛɲa nume'rada]
verrekijker (de)	**binóculo** (m)	[bi'nɔkulu]
plaatsaanwijzer (de)	**lanterninha** (m, f)	[lãter'niɲa]
parterre (de)	**plateia** (f)	[pla'tɛja]
balkon (het)	**balcão** (m)	[baw'kãw]
gouden rang (de)	**primeiro balcão** (m)	[pri'mejru baw'kãw]
loge (de)	**camarote** (m)	[kama'rɔtʃi]
rij (de)	**fila** (f)	['fila]
plaats (de)	**assento** (m)	[a'sẽtu]
publiek (het)	**público** (m)	['publiku]
kijker (de)	**espectador** (m)	[ispekta'dor]
klappen (ww)	**aplaudir** (vt)	[aplaw'dʒir]
applaus (het)	**aplauso** (m)	[a'plawzu]
ovatie (de)	**ovação** (f)	[ova'sãw]
toneel (op het ~ staan)	**palco** (m)	['pawku]
gordijn, doek (het)	**cortina** (f)	[kor'tʃina]
toneeldecor (het)	**cenário** (m)	[se'narju]
backstage (de)	**bastidores** (m pl)	[bastʃi'doris]
scène (de)	**cena** (f)	['sɛna]
bedrijf (het)	**ato** (m)	['atu]
pauze (de)	**intervalo** (m)	[ĩter'valu]

150. Bioscoop

acteur (de)	**ator** (m)	[a'tor]
actrice (de)	**atriz** (f)	[a'triz]
bioscoop (de)	**cinema** (m)	[si'nɛma]
speelfilm (de)	**filme** (m)	['fiwmi]
aflevering (de)	**episódio** (m)	[epi'zɔdʒu]
detectivefilm (de)	**filme** (m) **policial**	['fiwmi poli'sjaw]
actiefilm (de)	**filme** (m) **de ação**	['fiwmi de a'sãw]
avonturenfilm (de)	**filme** (m) **de aventuras**	['fiwmi de avẽ'turas]
sciencefictionfilm (de)	**filme** (m) **de ficção científica**	['fiwmi de fik'sãw sjẽ'tʃifika]
griezelfilm (de)	**filme** (m) **de horror**	['fiwmi de o'hor]
komedie (de)	**comédia** (f)	[ko'mɛdʒja]
melodrama (het)	**melodrama** (m)	[melo'drama]
drama (het)	**drama** (m)	['drama]
speelfilm (de)	**filme** (m) **de ficção**	['fiwmi de fik'sãw]
documentaire (de)	**documentário** (m)	[dokumẽ'tarju]
tekenfilm (de)	**desenho** (m) **animado**	[de'zɛɲu ani'madu]
stomme film (de)	**cinema** (m) **mudo**	[si'nɛma 'mudu]
rol (de)	**papel** (m)	[pa'pɛw]
hoofdrol (de)	**papel** (m) **principal**	[pa'pɛw prĩsi'paw]
spelen (ww)	**representar** (vt)	[heprezẽ'tar]
filmster (de)	**estrela** (f) **de cinema**	[is'trela de si'nɛma]
bekend (bn)	**conhecido**	[koɲe'sidu]
beroemd (bn)	**famoso**	[fa'mozu]
populair (bn)	**popular**	[popu'lar]
scenario (het)	**roteiro** (m)	[ho'tejru]
scenarioschrijver (de)	**roteirista** (m)	[hotej'rista]
regisseur (de)	**diretor** (m) **de cinema**	[dʒire'tor de si'nɛma]
filmproducent (de)	**produtor** (m)	[produ'tor]
assistent (de)	**assistente** (m)	[asis'tẽtʃi]
cameraman (de)	**diretor** (m) **de fotografia**	[dʒire'tor de fotogra'fia]
stuntman (de)	**dublê** (m)	[du'ble]
stuntdubbel (de)	**dublê** (m) **de corpo**	[du'ble de korpu]
een film maken	**filmar** (vt)	[fiw'mar]
auditie (de)	**audição** (f)	[awdʒi'sãw]
opnamen (mv.)	**filmagem** (f)	[fiw'maʒẽ]
filmploeg (de)	**equipe** (f) **de filmagem**	[e'kipi de fiw'maʒẽ]
filmset (de)	**set** (m) **de filmagem**	['sɛtʃi de fiw'maʒẽ]
filmcamera (de)	**câmera** (f)	['kamera]
bioscoop (de)	**cinema** (m)	[si'nɛma]
scherm (het)	**tela** (f)	['tɛla]
een film vertonen	**exibir um filme**	[ezi'bir ũ 'fiwmi]
geluidsspoor (de)	**trilha** (f) **sonora**	['triʎa so'nɔra]
speciale effecten (mv.)	**efeitos** (m pl) **especiais**	[e'fejtus ispe'sjajs]

ondertiteling (de)	**legendas** (f pl)	[le'ʒẽdas]
voortiteling, aftiteling (de)	**crédito** (m)	['krɛdʒitu]
vertaling (de)	**tradução** (f)	[tradu'sãw]

151. Schilderij

kunst (de)	**arte** (f)	['artʃi]
schone kunsten (mv.)	**belas-artes** (f pl)	[bɛlaz 'artʃis]
kunstgalerie (de)	**galeria** (f) **de arte**	[gale'ria de 'artʃi]
kunsttentoonstelling (de)	**exibição** (f) **de arte**	[ezibi'sãw de 'artʃi]
schilderkunst (de)	**pintura** (f)	[pĩ'tura]
grafiek (de)	**arte** (f) **gráfica**	['artʃis 'grafikas]
abstracte kunst (de)	**arte** (f) **abstrata**	['artʃi abs'trata]
impressionisme (het)	**impressionismo** (m)	[ĩpresjo'nizmu]
schilderij (het)	**pintura** (f), **quadro** (m)	[pĩ'tura], ['kwadru]
tekening (de)	**desenho** (m)	[de'zɛɲu]
poster (de)	**pôster** (m)	['poster]
illustratie (de)	**ilustração** (f)	[ilustra'sãw]
miniatuur (de)	**miniatura** (f)	[minja'tura]
kopie (de)	**cópia** (f)	['kɔpja]
reproductie (de)	**reprodução** (f)	[heprodu'sãw]
mozaïek (het)	**mosaico** (m)	[mo'zajku]
gebrandschilderd glas (het)	**vitral** (m)	[vi'traw]
fresco (het)	**afresco** (m)	[a'fresku]
gravure (de)	**gravura** (f)	[gra'vura]
buste (de)	**busto** (m)	['bustu]
beeldhouwwerk (het)	**escultura** (f)	[iskuw'tura]
beeld (bronzen ~)	**estátua** (f)	[is'tatwa]
gips (het)	**gesso** (m)	['ʒesu]
gipsen (bn)	**em gesso**	[ẽ 'ʒesu]
portret (het)	**retrato** (m)	[he'tratu]
zelfportret (het)	**autorretrato** (m)	[awtohe'tratu]
landschap (het)	**paisagem** (f)	[paj'zaʒẽ]
stilleven (het)	**natureza** (f) **morta**	[natu'reza 'mɔrta]
karikatuur (de)	**caricatura** (f)	[karika'tura]
schets (de)	**esboço** (m)	[iz'bosu]
verf (de)	**tinta** (f)	[tʃĩta]
aquarel (de)	**aquarela** (f)	[akwa'rɛla]
olieverf (de)	**tinta** (f) **a óleo**	[tʃĩta a 'ɔlju]
potlood (het)	**lápis** (m)	['lapis]
Oost-Indische inkt (de)	**tinta** (f) **nanquim**	[tʃĩta nã'kĩ]
houtskool (de)	**carvão** (m)	[kar'vãw]
tekenen (met krijt)	**desenhar** (vt)	[deze'ɲar]
schilderen (ww)	**pintar** (vt)	[pĩ'tar]
poseren (ww)	**posar** (vi)	[po'zar]
naaktmodel (man)	**modelo** (m)	[mo'delu]

naaktmodel (vrouw)	**modelo** (f)	[mo'delu]
kunstenaar (de)	**pintor** (m)	[pĩ'tor]
kunstwerk (het)	**obra** (f)	['ɔbra]
meesterwerk (het)	**obra-prima** (f)	['ɔbra 'prima]
studio, werkruimte (de)	**estúdio** (m)	[is'tuʤu]
schildersdoek (het)	**tela** (f)	['tɛla]
schildersezel (de)	**cavalete** (m)	[kava'letʃi]
palet (het)	**paleta** (f)	[pa'leta]
lijst (een vergulde ~)	**moldura** (f)	[mow'dura]
restauratie (de)	**restauração** (f)	[hestawra'sãw]
restaureren (ww)	**restaurar** (vt)	[hestaw'rar]

152. Literatuur & Poëzie

literatuur (de)	**literatura** (f)	[litera'tura]
auteur (de)	**autor** (m)	[aw'tor]
pseudoniem (het)	**pseudônimo** (m)	[psew'donimu]
boek (het)	**livro** (m)	['livru]
boekdeel (het)	**volume** (m)	[vo'lumi]
inhoudsopgave (de)	**índice** (m)	['inʤisi]
pagina (de)	**página** (f)	['paʒina]
hoofdpersoon (de)	**protagonista** (m)	[protago'nista]
handtekening (de)	**autógrafo** (m)	[aw'tɔgrafu]
verhaal (het)	**conto** (m)	['kõtu]
novelle (de)	**novela** (f)	[no'vɛla]
roman (de)	**romance** (m)	[ho'mãsi]
werk (literatuur)	**obra** (f)	['ɔbra]
fabel (de)	**fábula** (m)	['fabula]
detectiveroman (de)	**romance** (m) **policial**	[ho'mãsi poli'sjaw]
gedicht (het)	**verso** (m)	['vɛrsu]
poëzie (de)	**poesia** (f)	[poe'zia]
epos (het)	**poema** (m)	['pwema]
dichter (de)	**poeta** (m)	['pwɛta]
fictie (de)	**ficção** (f)	[fik'sãw]
sciencefiction (de)	**ficção** (f) **científica**	[fik'sãw sjẽ'tʃifika]
avonturenroman (de)	**aventuras** (f pl)	[avẽ'turas]
opvoedkundige literatuur (de)	**literatura** (f) **didática**	[litera'tura ʤi'datʃika]
kinderliteratuur (de)	**literatura** (f) **infantil**	[litera'tura ĩfã'tʃiw]

153. Circus

circus (de/het)	**circo** (m)	['sirku]
chapiteau circus (de/het)	**circo** (m) **ambulante**	['sirku ãbu'lãtʃi]
programma (het)	**programa** (m)	[pro'grama]
voorstelling (de)	**apresentação** (f)	[aprezẽta'sãw]
nummer (circus ~)	**número** (m)	['numeru]

arena (de)	**picadeiro** (f)	[pika'dejru]
pantomime (de)	**pantomima** (f)	[pãto'mima]
clown (de)	**palhaço** (m)	[pa'ʎasu]
acrobaat (de)	**acrobata** (m)	[akro'bata]
acrobatiek (de)	**acrobacia** (f)	[akroba'sia]
gymnast (de)	**ginasta** (m)	[ʒi'nasta]
gymnastiek (de)	**ginástica** (f)	[ʒi'nastʃika]
salto (de)	**salto** (m) **mortal**	['sawtu mor'taw]
sterke man (de)	**homem** (m) **forte**	['omẽ 'fɔrtʃi]
temmer (de)	**domador** (m)	[doma'dor]
ruiter (de)	**cavaleiro** (m) **equilibrista**	[kava'lejru ekili'brista]
assistent (de)	**assistente** (m)	[asis'tẽtʃi]
stunt (de)	**truque** (m)	['truki]
goocheltruc (de)	**truque** (m) **de mágica**	['truki de 'maʒika]
goochelaar (de)	**ilusionista** (m)	[iluzjo'nista]
jongleur (de)	**malabarista** (m)	[malaba'rista]
jongleren (ww)	**fazer malabarismos**	[fa'zer malaba'rizmus]
dierentrainer (de)	**adestrador** (m)	[adestra'dɔr]
dressuur (de)	**adestramento** (m)	[adestra'mẽtu]
dresseren (ww)	**adestrar** (vt)	[ades'trar]

154. Muziek. Popmuziek

muziek (de)	**música** (f)	['muzika]
muzikant (de)	**músico** (m)	['muziku]
muziekinstrument (het)	**instrumento** (m) **musical**	[ĩstru'mẽtu muzi'kaw]
spelen (bijv. gitaar ~)	**tocar ...**	[to'kar]
gitaar (de)	**guitarra** (f)	[gi'taha]
viool (de)	**violino** (m)	[vjo'linu]
cello (de)	**violoncelo** (m)	[vjolõ'sɛlu]
contrabas (de)	**contrabaixo** (m)	[kõtra'baɪʃu]
harp (de)	**harpa** (f)	['arpa]
piano (de)	**piano** (m)	['pjanu]
vleugel (de)	**piano** (m) **de cauda**	['pjanu de 'kawda]
orgel (het)	**órgão** (m)	['ɔrgãw]
blaasinstrumenten (mv.)	**instrumentos** (m pl) **de sopro**	[ĩstru'mẽtus de 'sopru]
hobo (de)	**oboé** (m)	[o'bwɛ]
saxofoon (de)	**saxofone** (m)	[sakso'fɔni]
klarinet (de)	**clarinete** (m)	[klari'netʃi]
fluit (de)	**flauta** (f)	['flawta]
trompet (de)	**trompete** (m)	[trõ'pɛte]
accordeon (de/het)	**acordeão** (m)	[akor'dʒjãw]
trommel (de)	**tambor** (m)	[tã'bor]
duet (het)	**dueto** (m)	['dwetu]
trio (het)	**trio** (m)	['triu]

kwartet (het)	**quarteto** (m)	[kwar'tetu]
koor (het)	**coro** (m)	['koru]
orkest (het)	**orquestra** (f)	[or'kɛstra]
popmuziek (de)	**música** (f) **pop**	['muzika 'pɔpi]
rockmuziek (de)	**música** (f) **rock**	['muzika 'hɔki]
rockgroep (de)	**grupo** (m) **de rock**	['grupu de 'hɔki]
jazz (de)	**jazz** (m)	[ʤɛz]
idool (het)	**ídolo** (m)	['idolu]
bewonderaar (de)	**fã, admirador** (m)	[fã], [adʒimira'dor]
concert (het)	**concerto** (m)	[kõ'sertu]
symfonie (de)	**sinfonia** (f)	[sĩfo'nia]
compositie (de)	**composição** (f)	[kõpozi'sãw]
componeren (muziek ~)	**compor** (vt)	[kõ'por]
zang (de)	**canto** (m)	['kãtu]
lied (het)	**canção** (f)	[kã'sãw]
melodie (de)	**melodia** (f)	[melo'ʤia]
ritme (het)	**ritmo** (m)	['hitʃmu]
blues (de)	**blues** (m)	[bluz]
bladmuziek (de)	**notas** (f pl)	['nɔtas]
dirigeerstok (baton)	**batuta** (f)	[ba'tuta]
strijkstok (de)	**arco** (m)	['arku]
snaar (de)	**corda** (f)	['kɔrda]
koffer (de)	**estojo** (m)	[is'toʒu]

Rusten. Entertainment. Reizen

155. Trip. Reizen

toerisme (het)	**turismo** (m)	[tu'rizmu]
toerist (de)	**turista** (m)	[tu'rista]
reis (de)	**viagem** (f)	['vjaʒẽ]
avontuur (het)	**aventura** (f)	[avẽ'tura]
tocht (de)	**viagem** (f)	['vjaʒẽ]
vakantie (de)	**férias** (f pl)	['fɛrjas]
met vakantie zijn	**estar de férias**	[is'tar de 'fɛrjas]
rust (de)	**descanso** (m)	[ʤis'kãsu]
trein (de)	**trem** (m)	[trẽj]
met de trein	**de trem**	[de trẽj]
vliegtuig (het)	**avião** (m)	[a'vjãw]
met het vliegtuig	**de avião**	[de a'vjãw]
met de auto	**de carro**	[de 'kaho]
per schip (bw)	**de navio**	[de na'viu]
bagage (de)	**bagagem** (f)	[ba'gaʒẽ]
valies (de)	**mala** (f)	['mala]
bagagekarretje (het)	**carrinho** (m)	[ka'hiɲu]
paspoort (het)	**passaporte** (m)	[pasa'pɔrtʃi]
visum (het)	**visto** (m)	['vistu]
kaartje (het)	**passagem** (f)	[pa'saʒẽ]
vliegticket (het)	**passagem** (f) **aérea**	[pa'saʒẽ a'erja]
reisgids (de)	**guia** (m) **de viagem**	['gia de vi'aʒẽ]
kaart (de)	**mapa** (m)	['mapa]
gebied (landelijk ~)	**área** (f)	['arja]
plaats (de)	**lugar** (m)	[lu'gar]
exotische bestemming (de)	**exotismo** (m)	[ezo'tʃizmu]
exotisch (bn)	**exótico**	[e'zɔtʃiku]
verwonderlijk (bn)	**surpreendente**	[surprjẽ'dẽtʃi]
groep (de)	**grupo** (m)	['grupu]
rondleiding (de)	**excursão** (f)	[iskur'sãw]
gids (de)	**guia** (m)	['gia]

156. Hotel

hotel (het)	**hotel** (m)	[o'tɛw]
motel (het)	**motel** (m)	[mo'tɛw]
3-sterren	**três estrelas**	['tres is'trelas]

5-sterren	**cinco estrelas**	['sĩku is'trelas]
overnachten (ww)	**ficar** (vi, vt)	[fi'kar]
kamer (de)	**quarto** (m)	['kwartu]
eenpersoonskamer (de)	**quarto** (m) **individual**	['kwartu ĩdʒivi'dwaw]
tweepersoonskamer (de)	**quarto** (m) **duplo**	['kwartu 'duplu]
een kamer reserveren	**reservar um quarto**	[hezer'var ũ 'kwartu]
halfpension (het)	**meia pensão** (f)	['meja pẽ'sãw]
volpension (het)	**pensão** (f) **completa**	[pẽ'sãw kõ'plɛta]
met badkamer	**com banheira**	[kõ ba'ɲejra]
met douche	**com chuveiro**	[kõ ʃu'vejru]
satelliet-tv (de)	**televisão** (m) **por satélite**	[televi'zãw por sa'tɛlitʃi]
airconditioner (de)	**ar** (m) **condicionado**	[ar kõdʒisjo'nadu]
handdoek (de)	**toalha** (f)	[to'aʎa]
sleutel (de)	**chave** (f)	['ʃavi]
administrateur (de)	**administrador** (m)	[adʒiministra'dor]
kamermeisje (het)	**camareira** (f)	[kama'rejra]
piccolo (de)	**bagageiro** (m)	[baga'ʒejru]
portier (de)	**porteiro** (m)	[por'tejru]
restaurant (het)	**restaurante** (m)	[hestaw'rãtʃi]
bar (de)	**bar** (m)	[bar]
ontbijt (het)	**café** (m) **da manhã**	[ka'fɛ da ma'ɲã]
avondeten (het)	**jantar** (m)	[ʒã'tar]
buffet (het)	**bufê** (m)	[bu'fe]
hal (de)	**saguão** (m)	[sa'gwãw]
lift (de)	**elevador** (m)	[eleva'dor]
NIET STOREN	**NÃO PERTURBE**	['nãw per'turbi]
VERBODEN TE ROKEN!	**PROIBIDO FUMAR!**	[proi'bidu fu'mar]

157. Boeken. Lezen

boek (het)	**livro** (m)	['livru]
auteur (de)	**autor** (m)	[aw'tor]
schrijver (de)	**escritor** (m)	[iskri'tor]
schrijven (een boek)	**escrever** (vt)	[iskre'ver]
lezer (de)	**leitor** (m)	[lej'tor]
lezen (ww)	**ler** (vt)	[ler]
lezen (het)	**leitura** (f)	[lej'tura]
stil (~ lezen)	**para si**	['para si]
hardop (~ lezen)	**em voz alta**	[ẽ vɔz 'awta]
uitgeven (boek ~)	**publicar** (vt)	[publi'kar]
uitgeven (het)	**publicação** (f)	[publika'sãw]
uitgever (de)	**editor** (m)	[edʒi'tor]
uitgeverij (de)	**editora** (f)	[edʒi'tora]
verschijnen (bijv. boek)	**sair** (vi)	[sa'ir]

verschijnen (het)	**lançamento** (m)	[lãsa'mẽtu]
oplage (de)	**tiragem** (f)	[tʃi'raʒẽ]
boekhandel (de)	**livraria** (f)	[livra'ria]
bibliotheek (de)	**biblioteca** (f)	[bibljo'tɛka]
novelle (de)	**novela** (f)	[no'vɛla]
verhaal (het)	**conto** (m)	['kõtu]
roman (de)	**romance** (m)	[ho'mãsi]
detectiveroman (de)	**romance** (m) **policial**	[ho'mãsi poli'sjaw]
memoires (mv.)	**memórias** (f pl)	[me'mɔrias]
legende (de)	**lenda** (f)	['lẽda]
mythe (de)	**mito** (m)	['mitu]
gedichten (mv.)	**poesia** (f)	[poe'zia]
autobiografie (de)	**autobiografia** (f)	[awtobjogra'fia]
bloemlezing (de)	**obras** (f pl) **escolhidas**	['ɔbraʃ isko'ʎidas]
sciencefiction (de)	**ficção** (f) **científica**	[fik'sãw sjẽ'tʃifika]
naam (de)	**título** (m)	['tʃitulu]
inleiding (de)	**introdução** (f)	[ĩtrodu'sãw]
voorblad (het)	**folha** (f) **de rosto**	['foʎa de 'hostu]
hoofdstuk (het)	**capítulo** (m)	[ka'pitulu]
fragment (het)	**excerto** (m)	[e'sɛrtu]
episode (de)	**episódio** (m)	[epi'zɔdʒu]
intrige (de)	**enredo** (m)	[ẽ'hedu]
inhoud (de)	**conteúdo** (m)	[kõte'udu]
inhoudsopgave (de)	**índice** (m)	['indʒisi]
hoofdpersonage (het)	**protagonista** (m)	[protago'nista]
boekdeel (het)	**volume** (m)	[vo'lumi]
omslag (de/het)	**capa** (f)	['kapa]
boekband (de)	**encadernação** (f)	[ẽkaderna'sãw]
bladwijzer (de)	**marcador** (m) **de página**	[marka'dor de 'paʒina]
pagina (de)	**página** (f)	['paʒina]
bladeren (ww)	**folhear** (vt)	[fo'ʎjar]
marges (mv.)	**margem** (f)	['marʒẽ]
annotatie (de)	**anotação** (f)	[anota'sãw]
opmerking (de)	**nota** (f) **de rodapé**	['nɔta de hoda'pɛ]
tekst (de)	**texto** (m)	['testu]
lettertype (het)	**fonte** (f)	['fõtʃi]
drukfout (de)	**falha** (f) **de impressão**	['faʎa de impre'sãw]
vertaling (de)	**tradução** (f)	[tradu'sãw]
vertalen (ww)	**traduzir** (vt)	[tradu'zir]
origineel (het)	**original** (m)	[oriʒi'naw]
beroemd (bn)	**famoso**	[fa'mozu]
onbekend (bn)	**desconhecido**	[dʒiskoɲe'sidu]
interessant (bn)	**interessante**	[ĩtere'sãtʃi]
bestseller (de)	**best-seller** (m)	[bɛst'sɛler]

woordenboek (het)	**dicionário** (m)	[dʒisjo'narju]
leerboek (het)	**livro** (m) **didático**	['livru dʒi'datʃiku]
encyclopedie (de)	**enciclopédia** (f)	[ẽsiklo'pɛdʒja]

158. Jacht. Vissen

jacht (de)	**caça** (f)	['kasa]
jagen (ww)	**caçar** (vi)	[ka'sar]
jager (de)	**caçador** (m)	[kasa'dor]
schieten (ww)	**disparar, atirar** (vi)	[dʒispa'rar], [atʃi'rar]
geweer (het)	**rifle** (m)	['hifli]
patroon (de)	**cartucho** (m)	[kar'tuʃu]
hagel (de)	**chumbo** (m) **de caça**	['ʃũbu de 'kasa]
val (de)	**armadilha** (f)	arma'dʒiʎa]
valstrik (de)	**armadilha** (f)	arma'dʒiʎa]
in de val trappen	**cair na armadilha**	[ka'ir na arma'dʒiʎa]
een val zetten	**pôr a armadilha**	['por a arma'dʒiʎa]
stroper (de)	**caçador** (m) **furtivo**	[kasa'dor fur'tʃivu]
wild (het)	**caça** (f)	['kasa]
jachthond (de)	**cão** (m) **de caça**	['kãw de 'kasa]
safari (de)	**safári** (m)	[sa'fari]
opgezet dier (het)	**animal** (m) **empalhado**	[ani'maw ẽpa'ʎadu]
visser (de)	**pescador** (m)	[peska'dor]
visvangst (de)	**pesca** (f)	['pɛska]
vissen (ww)	**pescar** (vt)	[pes'kar]
hengel (de)	**vara** (f) **de pesca**	['vara de 'pɛska]
vislijn (de)	**linha** (f) **de pesca**	['liɲa de 'pɛska]
haak (de)	**anzol** (m)	[ã'zɔw]
dobber (de)	**boia** (f), **flutuador** (m)	['bɔja], [flutwa'dor]
aas (het)	**isca** (f)	['iska]
de hengel uitwerpen	**lançar a linha**	[lã'sar a 'liɲa]
bijten (ov. de vissen)	**morder** (vt)	[mor'der]
vangst (de)	**pesca** (f)	['pɛska]
wak (het)	**buraco** (m) **no gelo**	[bu'raku nu 'ʒelu]
net (het)	**rede** (f)	['hedʒi]
boot (de)	**barco** (m)	['barku]
vissen met netten	**pescar com rede**	[pes'kar kõ 'hedʒi]
het net uitwerpen	**lançar a rede**	[lã'sar a 'hedʒi]
het net binnenhalen	**puxar a rede**	[pu'ʃar a 'hedʒi]
in het net vallen	**cair na rede**	[ka'ir na 'hedʒi]
walvisvangst (de)	**baleeiro** (m)	[bale'ejro]
walvisvaarder (de)	**baleeira** (f)	[bale'ejra]
harpoen (de)	**arpão** (m)	[ar'pãw]

159. Spellen. Biljart

biljart (het)	**bilhar** (m)	[bi'ʎar]
biljartzaal (de)	**sala** (f) **de bilhar**	['sala de bi'ʎar]
biljartbal (de)	**bola** (f) **de bilhar**	['bɔla de bi'ʎar]
een bal in het gat jagen	**embolsar uma bola**	[ẽbow'sar 'uma 'bɔla]
keu (de)	**taco** (m)	['taku]
gat (het)	**caçapa** (f)	[ka'sapa]

160. Spellen. Speelkaarten

ruiten (mv.)	**ouros** (m pl)	['orus]
schoppen (mv.)	**espadas** (f pl)	[is'padas]
klaveren (mv.)	**copas** (f pl)	['kɔpas]
harten (mv.)	**paus** (m pl)	['paws]
aas (de)	**ás** (m)	[ajs]
koning (de)	**rei** (m)	[hej]
dame (de)	**dama** (f), **rainha** (f)	['dama], [ha'iɲa]
boer (de)	**valete** (m)	[va'lɛtʃi]
speelkaart (de)	**carta** (f) **de jogar**	['karta de ʒo'gar]
kaarten (mv.)	**cartas** (f pl)	['kartas]
troef (de)	**trunfo** (m)	['trũfu]
pak (het) kaarten	**baralho** (m)	[ba'raʎu]
punt (bijv. vijftig ~en)	**ponto** (m)	['põtu]
uitdelen (kaarten ~)	**dar, distribuir** (vt)	[dar], [dʒistri'bwir]
schudden (de kaarten ~)	**embaralhar** (vt)	[ẽbara'ʎar]
beurt (de)	**vez, jogada** (f)	[vez], [ʒo'gada]
valsspeler (de)	**trapaceiro** (m)	[trapa'sejru]

161. Casino. Roulette

casino (het)	**cassino** (m)	[ka'sinu]
roulette (de)	**roleta** (f)	[ho'leta]
inzet (de)	**aposta** (f)	[a'pɔsta]
een bod doen	**apostar** (vt)	[apos'tar]
rood (de)	**vermelho** (m)	[ver'meʎu]
zwart (de)	**preto** (m)	['pretu]
inzetten op rood	**apostar no vermelho**	[apos'tar nu ver'meʎu]
inzetten op zwart	**apostar no preto**	[apos'tar nu 'pretu]
croupier (de)	**croupier** (m, f)	[kru'pje]
spelregels (mv.)	**regras** (f pl) **do jogo**	['hɛgras du 'ʒogu]
fiche (pokerfiche, etc.)	**ficha** (f)	['fiʃa]
winnen (ww)	**ganhar** (vi, vt)	[ga'ɲar]
winst (de)	**ganho** (m)	['gaɲu]

verliezen (ww)	**perder** (vt)	[per'der]
verlies (het)	**perda** (f)	['perda]
speler (de)	**jogador** (m)	[ʒoga'dor]
blackjack (kaartspel)	**blackjack, vinte-e-um** (m)	[blɛk'ʒɛk], ['vĩtʃi-ɛ-ũ]
dobbelspel (het)	**jogo** (m) **de dados**	['ʒogu de 'dadus]
dobbelstenen (mv.)	**dados** (m pl)	['dadus]
speelautomaat (de)	**caça-níqueis** (m)	['kasa 'nikews]

162. Rusten. Spellen. Diversen

wandelen (on.ww.)	**passear** (vi)	[pa'sjar]
wandeling (de)	**passeio** (m)	[pa'seju]
trip (per auto)	**viagem** (f) **de carro**	['vjaʒẽ de 'kaho]
avontuur (het)	**aventura** (f)	[avẽ'tura]
picknick (de)	**piquenique** (m)	[piki'niki]
spel (het)	**jogo** (m)	['ʒogu]
speler (de)	**jogador** (m)	[ʒoga'dor]
partij (de)	**partida** (f)	[par'tʃida]
collectioneur (de)	**colecionador** (m)	[kolesjona'dor]
collectioneren (ww)	**colecionar** (vt)	[kolesjo'nar]
collectie (de)	**coleção** (f)	[kole'sãw]
kruiswoordraadsel (het)	**palavras** (f pl) **cruzadas**	[pa'lavras kru'zadas]
hippodroom (de)	**hipódromo** (m)	[i'pɔdromu]
discotheek (de)	**discoteca** (f)	[dʒisko'tɛka]
sauna (de)	**sauna** (f)	['sawna]
loterij (de)	**loteria** (f)	[lote'ria]
trektocht (kampeertocht)	**campismo** (m)	[kã'pizmu]
kamp (het)	**acampamento** (m)	[akãpa'mẽtu]
tent (de)	**barraca** (f)	[ba'haka]
kompas (het)	**bússola** (f)	['busola]
rugzaktoerist (de)	**campista** (m)	[kã'pista]
bekijken (een film ~)	**ver** (vt), **assistir à ...**	[ver], [asis'tʃir a]
kijker (televisie~)	**telespectador** (m)	[telespekta'dor]
televisie-uitzending (de)	**programa** (m) **de TV**	[pro'grama de te've]

163. Fotografie

fotocamera (de)	**máquina** (f) **fotográfica**	['makina foto'grafika]
foto (de)	**foto, fotografia** (f)	['fɔtu], [fotogra'fia]
fotograaf (de)	**fotógrafo** (m)	[fo'tɔgrafu]
fotostudio (de)	**estúdio** (m) **fotográfico**	[is'tudʒu foto'grafiku]
fotoalbum (het)	**álbum** (m) **de fotografias**	['awbũ de fotogra'fias]
lens (de), objectief (het)	**lente** (f) **fotográfica**	['lẽtʃi foto'grafika]
telelens (de)	**lente** (f) **teleobjetiva**	['lẽtʃi teleobʒe'tʃiva]

filter (de/het)	**filtro** (m)	['fiwtru]
lens (de)	**lente** (f)	['lẽtʃi]
optiek (de)	**ótica** (f)	['ɔtʃika]
diafragma (het)	**abertura** (f)	[aber'tura]
belichtingstijd (de)	**exposição** (f)	[ispozi'sãw]
zoeker (de)	**visor** (m)	[vi'zor]
digitale camera (de)	**câmera** (f) **digital**	['kamera dʒiʒi'taw]
statief (het)	**tripé** (m)	[tri'pɛ]
flits (de)	**flash** (m)	[flaʃ]
fotograferen (ww)	**fotografar** (vt)	[fotogra'far]
foto's maken	**tirar fotos**	[tʃi'rar 'fɔtus]
zich laten fotograferen	**fotografar-se** (vr)	[fotogra'farse]
focus (de)	**foco** (m)	['fɔku]
scherpstellen (ww)	**focar** (vt)	[fo'kar]
scherp (bn)	**nítido**	['nitʃidu]
scherpte (de)	**nitidez** (f)	[nitʃi'dez]
contrast (het)	**contraste** (m)	[kõ'trastʃi]
contrastrijk (bn)	**contrastante**	[kõtras'tãtʃi]
kiekje (het)	**retrato** (m)	[he'tratu]
negatief (het)	**negativo** (m)	[nega'tʃivu]
filmpje (het)	**filme** (m)	['fiwmi]
beeld (frame)	**fotograma** (m)	[foto'grama]
afdrukken (foto's ~)	**imprimir** (vt)	[ĩpri'mir]

164. Strand. Zwemmen

strand (het)	**praia** (f)	['praja]
zand (het)	**areia** (f)	[a'reja]
leeg (~ strand)	**deserto**	[de'zɛrtu]
bruine kleur (de)	**bronzeado** (m)	[brõ'zjadu]
zonnebaden (ww)	**bronzear-se** (vr)	[brõ'zjarsi]
gebruind (bn)	**bronzeado**	[brõ'zjadu]
zonnecrème (de)	**protetor** (m) **solar**	[prute'tor so'lar]
bikini (de)	**biquíni** (m)	[bi'kini]
badpak (het)	**maiô** (m)	[ma'jo]
zwembroek (de)	**calção** (m) **de banho**	[kaw'sãw de 'baɲu]
zwembad (het)	**piscina** (f)	[pi'sina]
zwemmen (ww)	**nadar** (vi)	[na'dar]
douche (de)	**chuveiro** (m), **ducha** (f)	[ʃu'vejru], ['duʃa]
zich omkleden (ww)	**mudar, trocar** (vt)	[mu'dar], [tro'kar]
handdoek (de)	**toalha** (f)	[to'aʎa]
boot (de)	**barco** (m)	['barku]
motorboot (de)	**lancha** (f)	['lãʃa]
waterski's (mv.)	**esqui** (m) **aquático**	[is'ki a'kwatʃiku]

waterfiets (de)	**barco** (m) **de pedais**	['barku de pe'dajs]
surfen (het)	**surfe** (m)	['surfi]
surfer (de)	**surfista** (m)	[sur'fista]
scuba, aqualong (de)	**equipamento** (m) **de mergulho**	[ekipa'mẽtu de mer'guʎu]
zwemvliezen (mv.)	**pé** (m pl) **de pato**	[pɛ de 'patu]
duikmasker (het)	**máscara** (f)	['maskara]
duiker (de)	**mergulhador** (m)	[merguʎa'dor]
duiken (ww)	**mergulhar** (vi)	[mergu'ʎar]
onder water (bw)	**debaixo d'água**	[de'baɪʃu 'dagwa]
parasol (de)	**guarda-sol** (m)	['gwarda 'sɔw]
ligstoel (de)	**espreguiçadeira** (f)	[ispregisa'dejra]
zonnebril (de)	**óculos** (m pl) **de sol**	['ɔkulus de 'sɔw]
luchtmatras (de/het)	**colchão** (m) **de ar**	[kow'ʃãw de 'ar]
spelen (ww)	**brincar** (vi)	[brĩ'kar]
gaan zwemmen (ww)	**ir nadar**	[ir na'dar]
bal (de)	**bola** (f) **de praia**	['bɔla de 'praja]
opblazen (oppompen)	**encher** (vt)	[ẽ'ʃer]
lucht-, opblaasbare (bn)	**inflável**	[ĩ'flavew]
golf (hoge ~)	**onda** (f)	['õda]
boei (de)	**boia** (f)	['bɔja]
verdrinken (ww)	**afogar-se** (vr)	[afo'garse]
redden (ww)	**salvar** (vt)	[saw'var]
reddingsvest (de)	**colete** (m) **salva-vidas**	[ko'letʃi 'sawva 'vidas]
waarnemen (ww)	**observar** (vt)	[obser'var]
redder (de)	**salva-vidas** (m)	[sawva-'vidas]

TECHNISCHE APPARATUUR. VERVOER

Technische apparatuur

165. Computer

computer (de)	**computador** (m)	[kõputa'dor]
laptop (de)	**computador** (m) **portátil**	[kõputa'dɔr por'tatʃiw]
aanzetten (ww)	**ligar** (vt)	[li'gar]
uitzetten (ww)	**desligar** (vt)	[dʒizli'gar]
toetsenbord (het)	**teclado** (m)	[tɛk'ladu]
toets (enter~)	**tecla** (f)	['tɛkla]
muis (de)	**mouse** (m)	['mawz]
muismat (de)	**tapete** (m) **para mouse**	[ta'petʃi 'para 'mawz]
knopje (het)	**botão** (m)	[bo'tãw]
cursor (de)	**cursor** (m)	[kur'sor]
monitor (de)	**monitor** (m)	[moni'tor]
scherm (het)	**tela** (f)	['tɛla]
harde schijf (de)	**disco** (m) **rígido**	['dʒisku 'hiʒidu]
volume (het) van de harde schijf	**capacidade** (f) **do disco rígido**	[kapasi'dadʒi du 'dʒisku 'hiʒidu]
geheugen (het)	**memória** (f)	[me'mɔrja]
RAM-geheugen (het)	**memória RAM** (f)	[me'mɔrja ram]
bestand (het)	**arquivo** (m)	[ar'kivu]
folder (de)	**pasta** (f)	['pasta]
openen (ww)	**abrir** (vt)	[a'brir]
sluiten (ww)	**fechar** (vt)	[fe'ʃar]
opslaan (ww)	**salvar** (vt)	[saw'var]
verwijderen (wissen)	**deletar** (vt)	[dele'tar]
kopiëren (ww)	**copiar** (vt)	[ko'pjar]
sorteren (ww)	**ordenar** (vt)	[orde'nar]
overplaatsen (ww)	**copiar** (vt)	[ko'pjar]
programma (het)	**programa** (m)	[pro'grama]
software (de)	**software** (m)	[sof'twer]
programmeur (de)	**programador** (m)	[programa'dor]
programmeren (ww)	**programar** (vt)	[progra'mar]
hacker (computerkraker)	**hacker** (m)	['haker]
wachtwoord (het)	**senha** (f)	['sɛɲa]
virus (het)	**vírus** (m)	['virus]
ontdekken (virus ~)	**detectar** (vt)	[detek'tar]

byte (de)	**byte** (m)	['bajtʃi]
megabyte (de)	**megabyte** (m)	[mega'bajtʃi]
data (de)	**dados** (m pl)	['dadus]
databank (de)	**base** (f) **de dados**	['bazi de 'dadus]
kabel (USB-~, enz.)	**cabo** (m)	['kabu]
afsluiten (ww)	**desconectar** (vt)	[dezkonek'tar]
aansluiten op (ww)	**conectar** (vt)	[konek'tar]

166. Internet. E-mail

internet (het)	**internet** (f)	[ĩter'nɛtʃi]
browser (de)	**browser** (m)	['brawzer]
zoekmachine (de)	**motor** (m) **de busca**	[mo'tor de 'buska]
internetprovider (de)	**provedor** (m)	[prove'dor]
webmaster (de)	**webmaster** (m)	[web'master]
website (de)	**website** (m)	[websajt]
webpagina (de)	**página web** (f)	['paʒina webi]
adres (het)	**endereço** (m)	[ẽde'resu]
adresboek (het)	**livro** (m) **de endereços**	['livru de ẽde'resus]
postvak (het)	**caixa** (f) **de correio**	['kaɪʃa de ko'heju]
post (de)	**correio** (m)	[ko'heju]
vol (~ postvak)	**cheia**	['ʃeja]
bericht (het)	**mensagem** (f)	[mẽ'saʒẽ]
binnenkomende berichten (mv.)	**mensagens** (f pl) **recebidas**	[mẽ'saʒẽs hese'bidas]
uitgaande berichten (mv.)	**mensagens** (f pl) **enviadas**	[mẽ'saʒẽs ẽ'vjadas]
verzender (de)	**remetente** (m)	[heme'tẽtʃi]
verzenden (ww)	**enviar** (vt)	[ẽ'vjar]
verzending (de)	**envio** (m)	[ẽ'viu]
ontvanger (de)	**destinatário** (m)	[destʃina'tarju]
ontvangen (ww)	**receber** (vt)	[hese'ber]
correspondentie (de)	**correspondência** (f)	[kohespõ'dẽsja]
corresponderen (met ...)	**corresponder-se** (vr)	[kohespõ'dersi]
bestand (het)	**arquivo** (m)	[ar'kivu]
downloaden (ww)	**fazer o download, baixar** (vt)	[fa'zer u dawn'load], [baj'ʃar]
creëren (ww)	**criar** (vt)	[krjar]
verwijderen (een bestand ~)	**deletar** (vt)	[dele'tar]
verwijderd (bn)	**deletado**	[dele'tadu]
verbinding (de)	**conexão** (f)	[konek'sãw]
snelheid (de)	**velocidade** (f)	[velosi'dadʒi]
modem (de)	**modem** (m)	['modẽ]
toegang (de)	**acesso** (m)	[a'sɛsu]
poort (de)	**porta** (f)	['pɔrta]
aansluiting (de)	**conexão** (f)	[konek'sãw]

zich aansluiten (ww)	**conectar** (vi)	[konek'tar]
selecteren (ww)	**escolher** (vt)	[isko'ʎer]
zoeken (ww)	**buscar** (vt)	[bus'kar]

167. Elektriciteit

elektriciteit (de)	**eletricidade** (f)	[eletrisi'dadʒi]
elektrisch (bn)	**elétrico**	[e'lɛtriku]
elektriciteitscentrale (de)	**planta** (f) **elétrica**	['plãta e'lɛtrika]
energie (de)	**energia** (f)	[ener'ʒia]
elektrisch vermogen (het)	**energia** (f) **elétrica**	[ener'ʒia e'lɛtrika]
lamp (de)	**lâmpada** (f)	['lãpada]
zaklamp (de)	**lanterna** (f)	[lã'tɛrna]
straatlantaarn (de)	**poste** (m) **de iluminação**	['pɔstʃi de ilumina'sãw]
licht (elektriciteit)	**luz** (f)	[luz]
aandoen (ww)	**ligar** (vt)	[li'gar]
uitdoen (ww)	**desligar** (vt)	[dʒizli'gar]
het licht uitdoen	**apagar a luz**	[apa'gar a luz]
doorbranden (gloeilamp)	**queimar** (vi)	[kej'mar]
kortsluiting (de)	**curto-circuito** (m)	['kurtu sir'kwitu]
onderbreking (de)	**ruptura** (f)	[hup'tura]
contact (het)	**contato** (m)	[kõ'tatu]
schakelaar (de)	**interruptor** (m)	[ĩtehup'tor]
stopcontact (het)	**tomada** (f)	[to'mada]
stekker (de)	**plugue** (m)	['plugi]
verlengsnoer (de)	**extensão** (f)	[istẽ'sãw]
zekering (de)	**fusível** (m)	[fu'zivew]
kabel (de)	**fio, cabo** (m)	['fiu], ['kabu]
bedrading (de)	**instalação** (f) **elétrica**	[ĩstala'sãw e'lɛtrika]
ampère (de)	**ampère** (m)	[ã'pɛri]
stroomsterkte (de)	**amperagem** (f)	[ãpe'raʒẽ]
volt (de)	**volt** (m)	['vɔwtʃi]
spanning (de)	**voltagem** (f)	[vow'taʒẽ]
elektrisch toestel (het)	**aparelho** (m) **elétrico**	[apa'reʎu e'lɛtriku]
indicator (de)	**indicador** (m)	[ĩdʒika'dor]
elektricien (de)	**eletricista** (m)	[eletri'sista]
solderen (ww)	**soldar** (vt)	[sow'dar]
soldeerbout (de)	**soldador** (m)	[sɔwda'dor]
stroom (de)	**corrente** (f) **elétrica**	[ko'hẽtʃi e'lɛtrika]

168. Gereedschappen

werktuig (stuk gereedschap)	**ferramenta** (f)	[feha'mẽta]
gereedschap (het)	**ferramentas** (f pl)	[feha'mẽtas]

uitrusting (de)	**equipamento** (m)	[ekipa'mẽtu]
hamer (de)	**martelo** (m)	[mar'tɛlu]
schroevendraaier (de)	**chave** (f) **de fenda**	['ʃavi de 'fẽda]
bijl (de)	**machado** (m)	[ma'ʃadu]
zaag (de)	**serra** (f)	['sɛha]
zagen (ww)	**serrar** (vt)	[se'har]
schaaf (de)	**plaina** (f)	['plajna]
schaven (ww)	**aplainar** (vt)	[aplaj'nar]
soldeerbout (de)	**soldador** (m)	[sɔwda'dor]
solderen (ww)	**soldar** (vt)	[sow'dar]
vijl (de)	**lima** (f)	['lima]
nijptang (de)	**tenaz** (f)	[te'najz]
combinatietang (de)	**alicate** (m)	[ali'katʃi]
beitel (de)	**formão** (m)	[for'mãw]
boorkop (de)	**broca** (f)	['brɔka]
boormachine (de)	**furadeira** (f) **elétrica**	[fura'dejra e'lɛtrika]
boren (ww)	**furar** (vt)	[fu'rar]
mes (het)	**faca** (f)	['faka]
lemmet (het)	**lâmina** (f)	['lamina]
scherp (bijv. ~ mes)	**afiado**	[a'fjadu]
bot (bn)	**cego**	['sɛgu]
bot raken (ww)	**embotar-se** (vr)	[ẽbo'tarsi]
slijpen (een mes ~)	**afiar, amolar** (vt)	[a'fjar], [amo'lar]
bout (de)	**parafuso** (m)	[para'fuzu]
moer (de)	**porca** (f)	['pɔrka]
schroefdraad (de)	**rosca** (f)	['hoska]
houtschroef (de)	**parafuso** (m)	[para'fuzu]
spijker (de)	**prego** (m)	['prɛgu]
kop (de)	**cabeça** (f) **do prego**	[ka'besa du 'prɛgu]
liniaal (de/het)	**régua** (f)	['hɛgwa]
rolmeter (de)	**fita** (f) **métrica**	['fita 'mɛtrika]
waterpas (de/het)	**nível** (m)	['nivew]
loep (de)	**lupa** (f)	['lupa]
meetinstrument (het)	**medidor** (m)	[medʒi'dor]
opmeten (ww)	**medir** (vt)	[me'dʒir]
schaal (meetschaal)	**escala** (f)	[is'kala]
gegevens (mv.)	**indicação** (f), **registro** (m)	[indʒika'sãw], [he'ʒistru]
compressor (de)	**compressor** (m)	[kõpre'sor]
microscoop (de)	**microscópio** (m)	[mikro'skɔpju]
pomp (de)	**bomba** (f)	['bõba]
robot (de)	**robô** (m)	[ho'bo]
laser (de)	**laser** (m)	['lɛjzer]
moersleutel (de)	**chave** (f) **de boca**	['ʃavi de 'boka]
plakband (de)	**fita** (f) **adesiva**	['fita ade'ziva]

lijm (de)	**cola** (f)	['kɔla]
schuurpapier (het)	**lixa** (f)	['liʃa]
veer (de)	**mola** (f)	['mɔla]
magneet (de)	**ímã** (m)	['imã]
handschoenen (mv.)	**luva** (f)	['luva]
touw (bijv. henneptouw)	**corda** (f)	['kɔrda]
snoer (het)	**corda** (f)	['kɔrda]
draad (de)	**fio** (m)	['fiu]
kabel (de)	**cabo** (m)	['kabu]
moker (de)	**marreta** (f)	[ma'hɛta]
breekijzer (het)	**pé de cabra** (m)	[pɛ de 'kabra]
ladder (de)	**escada** (f) **de mão**	[is'kada de 'mãw]
trapje (inklapbaar ~)	**escada** (m)	[is'kada]
aanschroeven (ww)	**enroscar** (vt)	[ẽhos'kar]
losschroeven (ww)	**desenroscar** (vt)	[dezẽhos'kar]
dichtpersen (ww)	**apertar** (vt)	[aper'tar]
vastlijmen (ww)	**colar** (vt)	[ko'lar]
snijden (ww)	**cortar** (vt)	[kor'tar]
defect (het)	**falha** (f)	['faʎa]
reparatie (de)	**conserto** (m)	[kõ'sɛrtu]
repareren (ww)	**consertar, reparar** (vt)	[kõser'tar], [hepa'rar]
regelen (een machine ~)	**regular, ajustar** (vt)	[hegu'lar], [aʒus'tar]
checken (ww)	**verificar** (vt)	[verifi'kar]
controle (de)	**verificação** (f)	[verifika'sãw]
gegevens (mv.)	**indicação** (f), **registro** (m)	[indʒika'sãw], [he'ʒistru]
degelijk (bijv. ~ machine)	**seguro**	[se'guru]
ingewikkeld (bn)	**complicado**	[kõpli'kadu]
roesten (ww)	**enferrujar** (vi)	[ẽfehu'ʒar]
roestig (bn)	**enferrujado**	[ẽfehu'ʒadu]
roest (de/het)	**ferrugem** (f)	[fe'huʒẽ]

Vervoer

169. Vliegtuig

vliegtuig (het)	**avião** (m)	[a'vjãw]
vliegticket (het)	**passagem** (f) **aérea**	[pa'saʒẽ a'erja]
luchtvaartmaatschappij (de)	**companhia** (f) **aérea**	[kõpa'ɲia a'erja]
luchthaven (de)	**aeroporto** (m)	[aero'portu]
supersonisch (bn)	**supersônico**	[super'soniku]
gezagvoerder (de)	**comandante** (m) **do avião**	[komã'dãtʃi du a'vjãw]
bemanning (de)	**tripulação** (f)	[tripula'sãw]
piloot (de)	**piloto** (m)	[pi'lotu]
stewardess (de)	**aeromoça** (f)	[aero'mosa]
stuurman (de)	**copiloto** (m)	[kopi'lotu]
vleugels (mv.)	**asas** (f pl)	['azas]
staart (de)	**cauda** (f)	['kawda]
cabine (de)	**cabine** (f)	[ka'bini]
motor (de)	**motor** (m)	[mo'tor]
landingsgestel (het)	**trem** (m) **de pouso**	[trẽj de 'pozu]
turbine (de)	**turbina** (f)	[tur'bina]
propeller (de)	**hélice** (f)	['ɛlisi]
zwarte doos (de)	**caixa-preta** (f)	['kaɪʃa 'preta]
stuur (het)	**coluna** (f) **de controle**	[ko'luna de kõ'troli]
brandstof (de)	**combustível** (m)	[kõbus'tʃivew]
veiligheidskaart (de)	**instruções** (f pl) **de segurança**	[ĩstru'sõjs de segu'rãsa]
zuurstofmasker (het)	**máscara** (f) **de oxigênio**	['maskara de oksi'ʒenju]
uniform (het)	**uniforme** (m)	[uni'fɔrmi]
reddingsvest (de)	**colete** (m) **salva-vidas**	[ko'letʃi 'sawva 'vidas]
parachute (de)	**paraquedas** (m)	[para'kɛdas]
opstijgen (het)	**decolagem** (f)	[deko'laʒẽ]
opstijgen (ww)	**descolar** (vi)	[dʒisko'lar]
startbaan (de)	**pista** (f) **de decolagem**	['pista de deko'laʒẽ]
zicht (het)	**visibilidade** (f)	[vizibili'dadʒi]
vlucht (de)	**voo** (m)	['vou]
hoogte (de)	**altura** (f)	[aw'tura]
luchtzak (de)	**poço** (m) **de ar**	['posu de 'ar]
plaats (de)	**assento** (m)	[a'sẽtu]
koptelefoon (de)	**fone** (m) **de ouvido**	['fɔni de o'vidu]
tafeltje (het)	**mesa** (f) **retrátil**	['meza he'tratʃiw]
venster (het)	**janela** (f)	[ʒa'nɛla]
gangpad (het)	**corredor** (m)	[kohe'dor]

170. Trein

trein (de)	**trem** (m)	[trẽj]
elektrische trein (de)	**trem** (m) **elétrico**	[trẽj e'lɛtriku]
sneltrein (de)	**trem** (m)	[trẽj]
diesellocomotief (de)	**locomotiva** (f) **diesel**	[lokomo'tʃiva 'dʒizew]
stoomlocomotief (de)	**locomotiva** (f) **a vapor**	[lokomo'tʃiva a va'por]
rijtuig (het)	**vagão** (f) **de passageiros**	[va'gãw de pasa'ʒejrus]
restauratierijtuig (het)	**vagão-restaurante** (m)	[va'gãw-hestaw'rãtʃi]
rails (mv.)	**carris** (m pl)	[ka'his]
spoorweg (de)	**estrada** (f) **de ferro**	[is'trada de 'fɛhu]
dwarsligger (de)	**travessa** (f)	[tra'vɛsa]
perron (het)	**plataforma** (f)	[plata'fɔrma]
spoor (het)	**linha** (f)	['liɲa]
semafoor (de)	**semáforo** (m)	[se'maforu]
halte (bijv. kleine treinhalte)	**estação** (f)	[ista'sãw]
machinist (de)	**maquinista** (m)	[maki'nista]
kruier (de)	**bagageiro** (m)	[baga'ʒejru]
conducteur (de)	**hospedeiro, -a** (m, f)	[ospe'dejru, -a]
passagier (de)	**passageiro** (m)	[pasa'ʒejru]
controleur (de)	**revisor** (m)	[hevi'zor]
gang (in een trein)	**corredor** (m)	[kohe'dor]
noodrem (de)	**freio** (m) **de emergência**	['freju de imer'ʒẽsja]
coupé (de)	**compartimento** (m)	[kõpartʃi'mẽtu]
bed (slaapplaats)	**cama** (f)	['kama]
bovenste bed (het)	**cama** (f) **de cima**	['kama de 'sima]
onderste bed (het)	**cama** (f) **de baixo**	['kama de 'baɪʃu]
beddengoed (het)	**roupa** (f) **de cama**	['hopa de 'kama]
kaartje (het)	**passagem** (f)	[pa'saʒẽ]
dienstregeling (de)	**horário** (m)	[o'rarju]
informatiebord (het)	**painel** (m) **de informação**	[paj'nɛw de ĩforma'sãw]
vertrekken (De trein vertrekt ...)	**partir** (vt)	[par'tʃir]
vertrek (ov. een trein)	**partida** (f)	[par'tʃida]
aankomen (ov. de treinen)	**chegar** (vi)	[ʃe'gar]
aankomst (de)	**chegada** (f)	[ʃe'gada]
aankomen per trein	**chegar de trem**	[ʃe'gar de trẽj]
in de trein stappen	**pegar o trem**	[pe'gar u trẽj]
uit de trein stappen	**descer de trem**	[de'ser de trẽj]
treinwrak (het)	**acidente** (m) **ferroviário**	[asi'dẽtʃi feho'vjarju]
ontspoord zijn	**descarrilar** (vi)	[dʒiskahi'ʎar]
stoomlocomotief (de)	**locomotiva** (f) **a vapor**	[lokomo'tʃiva a va'por]
stoker (de)	**foguista** (m)	[fo'gista]
stookplaats (de)	**fornalha** (f)	[for'naʎa]
steenkool (de)	**carvão** (m)	[kar'vãw]

171. Schip

schip (het)	**navio** (m)	[na'viu]
vaartuig (het)	**embarcação** (f)	[ẽbarka'sãw]
stoomboot (de)	**barco** (m) **a vapor**	['barku a va'por]
motorschip (het)	**barco** (m) **fluvial**	['barku flu'vjaw]
lijnschip (het)	**transatlântico** (m)	[trãzat'lãtʃiku]
kruiser (de)	**cruzeiro** (m)	[kru'zejru]
jacht (het)	**iate** (m)	['jatʃi]
sleepboot (de)	**rebocador** (m)	[heboka'dor]
duwbak (de)	**barcaça** (f)	[bar'kasa]
ferryboot (de)	**ferry** (m), **balsa** (f)	['fɛʀi], ['balsa]
zeilboot (de)	**veleiro** (m)	[ve'lejru]
brigantijn (de)	**bergantim** (m)	[behgã'tʃĩ]
ijsbreker (de)	**quebra-gelo** (m)	['kɛbra 'ʒelu]
duikboot (de)	**submarino** (m)	[subma'rinu]
boot (de)	**bote, barco** (m)	['bɔtʃi], ['barku]
sloep (de)	**baleeira** (f)	[bale'ejra]
reddingssloep (de)	**bote** (m) **salva-vidas**	['bɔtʃi 'sawva 'vidas]
motorboot (de)	**lancha** (f)	['lãʃa]
kapitein (de)	**capitão** (m)	[kapi'tãw]
zeeman (de)	**marinheiro** (m)	[mari'ɲejru]
matroos (de)	**marujo** (m)	[ma'ruʒu]
bemanning (de)	**tripulação** (f)	[tripula'sãw]
bootsman (de)	**contramestre** (m)	[kõtra'mɛstri]
scheepsjongen (de)	**grumete** (m)	[gru'mɛtʃi]
kok (de)	**cozinheiro** (m) **de bordo**	[kozi'ɲejru de 'bɔrdu]
scheepsarts (de)	**médico** (m) **de bordo**	['mɛdʒiku de 'bɔrdu]
dek (het)	**convés** (m)	[kõ'vɛs]
mast (de)	**mastro** (m)	['mastru]
zeil (het)	**vela** (f)	['vɛla]
ruim (het)	**porão** (m)	[po'rãw]
voorsteven (de)	**proa** (f)	['proa]
achtersteven (de)	**popa** (f)	['popa]
roeispaan (de)	**remo** (m)	['hɛmu]
schroef (de)	**hélice** (f)	['ɛlisi]
kajuit (de)	**cabine** (m)	[ka'bini]
officierskamer (de)	**sala** (f) **dos oficiais**	['sala dus ofi'sjajs]
machinekamer (de)	**sala** (f) **das máquinas**	['sala das 'makinas]
brug (de)	**ponte** (m) **de comando**	['põtʃi de ko'mãdu]
radiokamer (de)	**sala** (f) **de comunicações**	['sala de komunika'sõjs]
radiogolf (de)	**onda** (f)	['õda]
logboek (het)	**diário** (m) **de bordo**	['dʒjarju de 'bɔrdu]
verrekijker (de)	**luneta** (f)	[lu'neta]
klok (de)	**sino** (m)	['sinu]

vlag (de)	**bandeira** (f)	[bã'dejra]
kabel (de)	**cabo** (m)	['kabu]
knoop (de)	**nó** (m)	[nɔ]
leuning (de)	**corrimão** (m)	[kohi'mãw]
trap (de)	**prancha** (f) **de embarque**	['prãʃa de ẽ'barki]
anker (het)	**âncora** (f)	['ãkora]
het anker lichten	**recolher a âncora**	[heko'ʎer a 'ãkora]
het anker neerlaten	**jogar a âncora**	[ʒo'gar a 'ãkora]
ankerketting (de)	**amarra** (f)	[a'maha]
haven (bijv. containerhaven)	**porto** (m)	['portu]
kaai (de)	**cais, amarradouro** (m)	[kajs], [amaha'doru]
aanleggen (ww)	**atracar** (vi)	[atra'kar]
wegvaren (ww)	**desatracar** (vi)	[dʒizatra'kar]
reis (de)	**viagem** (f)	['vjaʒẽ]
cruise (de)	**cruzeiro** (m)	[kru'zejru]
koers (de)	**rumo** (m)	['humu]
route (de)	**itinerário** (m)	[itʃine'rarju]
vaarwater (het)	**canal** (m) **de navegação**	[ka'naw de navega'sãw]
zandbank (de)	**banco** (m) **de areia**	['bãku de a'reja]
stranden (ww)	**encalhar** (vt)	[ẽka'ʎar]
storm (de)	**tempestade** (f)	[tẽpes'tadʒi]
signaal (het)	**sinal** (m)	[si'naw]
zinken (ov. een boot)	**afundar-se** (vr)	[afũ'darse]
Man overboord!	**Homem ao mar!**	['ɔmẽ aw mah]
SOS (noodsignaal)	**SOS**	[ɛseo'ɛsi]
reddingsboei (de)	**boia** (f) **salva-vidas**	['bɔja 'sawva 'vidas]

172. Vliegveld

luchthaven (de)	**aeroporto** (m)	[aero'portu]
vliegtuig (het)	**avião** (m)	[a'vjãw]
luchtvaartmaatschappij (de)	**companhia** (f) **aérea**	[kõpa'ɲia a'erja]
luchtverkeersleider (de)	**controlador** (m) **de tráfego aéreo**	[kõtrola'dor de 'trafegu a'erju]
vertrek (het)	**partida** (f)	[par'tʃida]
aankomst (de)	**chegada** (f)	[ʃe'gada]
aankomen (per vliegtuig)	**chegar** (vi)	[ʃe'gar]
vertrektijd (de)	**hora** (f) **de partida**	['ɔra de par'tʃida]
aankomstuur (het)	**hora** (f) **de chegada**	['ɔra de ʃe'gada]
vertraagd zijn (ww)	**estar atrasado**	[is'tar atra'zadu]
vluchtvertraging (de)	**atraso** (m) **de voo**	[a'trazu de 'vou]
informatiebord (het)	**painel** (m) **de informação**	[paj'nɛw de ĩforma'sãw]
informatie (de)	**informação** (f)	[ĩforma'sãw]
aankondigen (ww)	**anunciar** (vt)	[anũ'sjar]

vlucht (bijv. KLM ~)	**voo** (m)	['vou]
douane (de)	**alfândega** (f)	[aw'fãdʒiga]
douanier (de)	**funcionário** (m) **da alfândega**	[fũsjo'narju da aw'fãdʒiga]
douaneaangifte (de)	**declaração** (f) **alfandegária**	[deklara'sãw awfãde'garja]
invullen (douaneaangifte ~)	**preencher** (vt)	[preẽ'ʃer]
een douaneaangifte invullen	**preencher a declaração**	[preẽ'ʃer a deklara'sãw]
paspoortcontrole (de)	**controle** (m) **de passaporte**	[kõ'troli de pasa'pɔrtʃi]
bagage (de)	**bagagem** (f)	[ba'gaʒẽ]
handbagage (de)	**bagagem** (f) **de mão**	[ba'gaʒẽ de 'mãw]
bagagekarretje (het)	**carrinho** (m)	[ka'hiɲu]
landing (de)	**pouso** (m)	['pozu]
landingsbaan (de)	**pista** (f) **de pouso**	['pista de 'pozu]
landen (ww)	**aterrissar** (vi)	[atehi'sar]
vliegtuigtrap (de)	**escada** (f) **de avião**	[is'kada de a'vjãw]
inchecken (het)	**check-in** (m)	[ʃɛ'kin]
incheckbalie (de)	**balcão** (m) **do check-in**	[baw'kãw du ʃɛ'kin]
inchecken (ww)	**fazer o check-in**	[fa'zer u ʃɛ'kin]
instapkaart (de)	**cartão** (m) **de embarque**	[kar'tãw de ẽ'barki]
gate (de)	**portão** (m) **de embarque**	[por'tãw de ẽ'barki]
transit (de)	**trânsito** (m)	['trãzitu]
wachten (ww)	**esperar** (vt)	[ispe'rar]
wachtzaal (de)	**sala** (f) **de espera**	['sala de is'pɛra]
begeleiden (uitwuiven)	**despedir-se de ...**	[dʒispe'dʒirsi de]
afscheid nemen (ww)	**despedir-se** (vr)	[dʒispe'dʒirsi]

173. Fiets. Motorfiets

fiets (de)	**bicicleta** (f)	[bisi'klɛta]
bromfiets (de)	**lambreta** (f)	[lã'breta]
motorfiets (de)	**moto** (f)	['mɔtu]
met de fiets rijden	**ir de bicicleta**	[ir de bisi'klɛta]
stuur (het)	**guidão** (m)	[gi'dãw]
pedaal (de/het)	**pedal** (m)	[pe'daw]
remmen (mv.)	**freios** (m pl)	['frejus]
fietszadel (de/het)	**banco, selim** (m)	['bãku], [se'lĩ]
pomp (de)	**bomba** (f)	['bõba]
bagagedrager (de)	**bagageiro** (m) **de teto**	[baga'ʒejru de tɛtu]
fietslicht (het)	**lanterna** (f)	[lã'tɛrna]
helm (de)	**capacete** (m)	[kapa'setʃi]
wiel (het)	**roda** (f)	['hɔda]
spatbord (het)	**para-choque** (m)	[para'ʃɔki]
velg (de)	**aro** (m)	['aru]
spaak (de)	**raio** (m)	['haju]

Auto's

174. Soorten auto's

auto (de)	**carro, automóvel** (m)	['kaho], [awto'mɔvew]
sportauto (de)	**carro** (m) **esportivo**	['kaho ispor'tʃivu]
limousine (de)	**limusine** (f)	[limu'zini]
terreinwagen (de)	**todo o terreno** (m)	['todu u te'hɛnu]
cabriolet (de)	**conversível** (m)	[kõver'sivew]
minibus (de)	**minibus** (m)	['minibus]
ambulance (de)	**ambulância** (f)	[ãbu'lãsja]
sneeuwruimer (de)	**limpa-neve** (m)	['līpa 'nɛvi]
vrachtwagen (de)	**caminhão** (m)	[kami'ɲãw]
tankwagen (de)	**caminhão-tanque** (m)	[kami'ɲãw-'tãki]
bestelwagen (de)	**perua, van** (f)	[pe'rua], [van]
trekker (de)	**caminhão-trator** (m)	[kami'ɲãw-tra'tor]
aanhangwagen (de)	**reboque** (m)	[he'bɔki]
comfortabel (bn)	**confortável**	[kõfor'tavew]
tweedehands (bn)	**usado**	[u'zadu]

175. Auto's. Carrosserie

motorkap (de)	**capô** (m)	[ka'po]
spatbord (het)	**para-choque** (m)	[para'ʃɔki]
dak (het)	**teto** (m)	['tɛtu]
voorruit (de)	**para-brisa** (m)	[para'briza]
achterruit (de)	**retrovisor** (m)	[hetrovi'zor]
ruitensproeier (de)	**esguicho** (m)	[iʃ'giʃu]
wisserbladen (mv.)	**limpadores** (m) **de para-brisas**	[līpa'dores de para'brizas]
zijruit (de)	**vidro** (m) **lateral**	['vidru late'raw]
raamlift (de)	**elevador** (m) **do vidro**	[eleva'dor du 'vidru]
antenne (de)	**antena** (f)	[ã'tɛna]
zonnedak (het)	**teto** (m) **solar**	['tɛtu so'lar]
bumper (de)	**para-choque** (m)	[para'ʃɔki]
koffer (de)	**porta-malas** (f)	[pɔrta-'malas]
imperiaal (de/het)	**bagageira** (f)	[baga'ʒejra]
portier (het)	**porta** (f)	['pɔrta]
handvat (het)	**maçaneta** (f)	[masa'neta]
slot (het)	**fechadura** (f)	[feʃa'dura]
nummerplaat (de)	**placa** (f)	['plaka]

knalpot (de)	**silenciador** (m)	[silẽsja'dor]
benzinetank (de)	**tanque** (m) **de gasolina**	['tãki de gazo'lina]
uitlaatpijp (de)	**tubo** (m) **de exaustão**	['tubu de ezaw'stãw]
gas (het)	**acelerador** (m)	[aselera'dor]
pedaal (de/het)	**pedal** (m)	[pe'daw]
gaspedaal (de/het)	**pedal** (m) **do acelerador**	[pe'daw du aselera'dor]
rem (de)	**freio** (m)	['freju]
rempedaal (de/het)	**pedal** (m) **do freio**	[pe'daw du 'freju]
remmen (ww)	**frear** (vt)	[fre'ar]
handrem (de)	**freio** (m) **de mão**	['freju de mãw]
koppeling (de)	**embreagem** (f)	[ẽb'rjaʒẽ]
koppelingspedaal (de/het)	**pedal** (m) **da embreagem**	[pe'daw da ẽb'rjaʒẽ]
koppelingsschijf (de)	**disco** (m) **de embreagem**	['ʤisku de ẽb'rjaʒẽ]
schokdemper (de)	**amortecedor** (m)	[amortese'dor]
wiel (het)	**roda** (f)	['hɔda]
reservewiel (het)	**pneu** (m) **estepe**	['pnew is'tɛpi]
band (de)	**pneu** (m)	['pnew]
wieldop (de)	**calota** (f)	[ka'lɔta]
aandrijfwielen (mv.)	**rodas** (f pl) **motrizes**	['hɔdas muo'trizis]
met voorwielaandrijving	**de tração dianteira**	[de tra'sãw ʤjã'tejra]
met achterwielaandrijving	**de tração traseira**	[de tra'sãw tra'zejra]
met vierwielaandrijving	**de tração às 4 rodas**	[de tra'sãw as 'kwatru 'hɔdas]
versnellingsbak (de)	**caixa** (f) **de mudanças**	['kaɪʃa de mu'dãsas]
automatisch (bn)	**automático**	[awto'matʃiku]
mechanisch (bn)	**mecânico**	[me'kaniku]
versnellingspook (de)	**alavanca** (f) **de câmbio**	[ala'vãka de 'kãbju]
voorlicht (het)	**farol** (m)	[fa'rɔw]
voorlichten (mv.)	**faróis** (m pl)	[fa'rɔis]
dimlicht (het)	**farol** (m) **baixo**	[fa'rɔw 'baɪʃu]
grootlicht (het)	**farol** (m) **alto**	[fa'rɔw 'altu]
stoplicht (het)	**luzes** (f pl) **de parada**	['luzes de pa'rada]
standlichten (mv.)	**luzes** (f pl) **de posição**	['luzes de pozi'sãw]
noodverlichting (de)	**luzes** (f pl) **de emergência**	['luzes de emer'ʒẽsia]
mistlichten (mv.)	**faróis** (m pl) **de neblina**	[fa'rɔis de ne'blina]
pinker (de)	**pisca-pisca** (m)	[piska-'piska]
achteruitrijdlicht (het)	**luz** (f) **de marcha ré**	[luz de 'marʃa hɛ]

176. Auto's. Passagiersruimte

interieur (het)	**interior** (m) **do carro**	[ĩte'rjor du 'kaho]
leren (van leer gemaakt)	**de couro**	[de 'koru]
fluwelen (abn)	**de veludo**	[de ve'ludu]
bekleding (de)	**estofamento** (m)	[istofa'mẽtu]
toestel (het)	**indicador** (m)	[ĩʤika'dor]
instrumentenbord (het)	**painel** (m)	[paj'nɛw]

snelheidsmeter (de)	**velocímetro** (m)	[velo'simetru]
pijltje (het)	**ponteiro** (m)	[põ'tejru]
kilometerteller (de)	**hodômetro, odômetro** (m)	[o'dometru]
sensor (de)	**indicador** (m)	[ĩdʒika'dor]
niveau (het)	**nível** (m)	['nivew]
controlelampje (het)	**luz** (f) **de aviso**	[luz de a'vizu]
stuur (het)	**volante** (m)	[vo'lãtʃi]
toeter (de)	**buzina** (f)	[bu'zina]
knopje (het)	**botão** (m)	[bo'tãw]
schakelaar (de)	**interruptor** (m)	[ĩtehup'tor]
stoel (bestuurders~)	**assento** (m)	[a'sẽtu]
rugleuning (de)	**costas** (f pl) **do assento**	['kɔstas du a'sẽtu]
hoofdsteun (de)	**cabeceira** (f)	[kabe'sejra]
veiligheidsgordel (de)	**cinto** (m) **de segurança**	['sĩtu de segu'rãsa]
de gordel aandoen	**apertar o cinto**	[aper'tar u 'sĩtu]
regeling (de)	**ajuste** (m)	[a'ʒustʃi]
airbag (de)	**airbag** (m)	[ɛr'bɛgi]
airconditioner (de)	**ar** (m) **condicionado**	[ar kõdʒisjo'nadu]
radio (de)	**rádio** (m)	['hadʒju]
CD-speler (de)	**leitor** (m) **de CD**	[lej'tor de 'sede]
aanzetten (bijv. radio ~)	**ligar** (vt)	[li'gar]
antenne (de)	**antena** (f)	[ã'tɛna]
handschoenenkastje (het)	**porta-luvas** (m)	['pɔrta-'luvas]
asbak (de)	**cinzeiro** (m)	[sĩ'zejru]

177. Auto's. Motor

motor (de)	**motor** (m)	[mo'tor]
diesel- (abn)	**a diesel**	[a 'dʒizew]
benzine- (~motor)	**a gasolina**	[a gazo'lina]
motorinhoud (de)	**cilindrada** (f)	[silĩ'drada]
vermogen (het)	**potência** (f)	[po'tẽsja]
paardenkracht (de)	**cavalo** (m) **de potência**	[ka'valu de po'tẽsja]
zuiger (de)	**pistão** (m)	[pis'tãw]
cilinder (de)	**cilindro** (m)	[si'lĩdru]
klep (de)	**válvula** (f)	['vawvula]
injectie (de)	**injetor** (m)	[ĩʒɛ'tor]
generator (de)	**gerador** (m)	[ʒera'dor]
carburator (de)	**carburador** (m)	[karbura'dor]
motorolie (de)	**óleo** (m) **de motor**	['ɔlju de mo'tor]
radiator (de)	**radiador** (m)	[hadʒja'dor]
koelvloeistof (de)	**líquido** (m) **de arrefecimento**	['likidu de ahefesi'mẽtu]
ventilator (de)	**ventilador** (m)	[vẽtʃila'dor]
accu (de)	**bateria** (f)	[bate'ria]
starter (de)	**dispositivo** (m) **de arranque**	[dʒispozi'tʃivu de a'hãki]

contact (ontsteking)	**ignição** (f)	[igni'sãw]
bougie (de)	**vela** (f) **de ignição**	['vɛla de igni'sãw]
pool (de)	**terminal** (m)	[termi'naw]
positieve pool (de)	**terminal** (m) **positivo**	[termi'naw pozi'tʃivu]
negatieve pool (de)	**terminal** (m) **negativo**	[termi'naw nega'tʃivu]
zekering (de)	**fusível** (m)	[fu'zivew]
luchtfilter (de)	**filtro** (m) **de ar**	['fiwtru de ar]
oliefilter (de)	**filtro** (m) **de óleo**	['fiwtru de 'ɔlju]
benzinefilter (de)	**filtro** (m) **de combustível**	['fiwtru de kõbus'tʃivew]

178. Auto's. Botsing. Reparatie

auto-ongeval (het)	**acidente** (m) **de carro**	[asi'dẽtʃi de 'kaho]
verkeersongeluk (het)	**acidente** (m) **rodoviário**	[asi'dẽtʃi hodo'vjarju]
aanrijden (tegen een boom, enz.)	**bater ...**	[ba'ter]
verongelukken (ww)	**sofrer um acidente**	[so'frer ũ asi'dẽtʃi]
beschadiging (de)	**dano** (m)	['danu]
heelhuids (bn)	**intato**	[ĩ'tatu]
pech (de)	**pane** (f)	['pani]
kapot gaan (zijn gebroken)	**avariar** (vi)	[ava'rjar]
sleeptouw (het)	**cabo** (m) **de reboque**	['kabu de he'bɔki]
lek (het)	**furo** (m)	['furu]
lekke krijgen (band)	**estar furado**	[is'tar fu'radu]
oppompen (ww)	**encher** (vt)	[ẽ'ʃer]
druk (de)	**pressão** (f)	[pre'sãw]
checken (ww)	**verificar** (vt)	[verifi'kar]
reparatie (de)	**reparo** (m)	[he'paru]
garage (de)	**oficina** (f) **automotiva**	[ɔfi'sina awtɔmo'tʃiva]
wisselstuk (het)	**peça** (f) **de reposição**	['pɛsa de hepozi'sãw]
onderdeel (het)	**peça** (f)	['pɛsa]
bout (de)	**parafuso** (m)	[para'fuzu]
schroef (de)	**parafuso** (m)	[para'fuzu]
moer (de)	**porca** (f)	['pɔrka]
sluitring (de)	**arruela** (f)	[a'hwɛla]
kogellager (de/het)	**rolamento** (m)	[hola'mẽtu]
pijp (de)	**tubo** (m)	['tubu]
pakking (de)	**junta, gaxeta** (f)	['ʒũta], [ga'ʃɛta]
kabel (de)	**fio, cabo** (m)	['fiu], ['kabu]
dommekracht (de)	**macaco** (m)	[ma'kaku]
moersleutel (de)	**chave** (f) **de boca**	['ʃavi de 'boka]
hamer (de)	**martelo** (m)	[mar'tɛlu]
pomp (de)	**bomba** (f)	['bõba]
schroevendraaier (de)	**chave** (f) **de fenda**	['ʃavi de 'fẽda]
brandblusser (de)	**extintor** (m)	[istĩ'tor]
gevarendriehoek (de)	**triângulo** (m) **de emergência**	['trjãgulu de imer'ʒẽsja]

afslaan (ophouden te werken)	**morrer** (vi)	[mo'her]
uitvallen (het)	**paragem** (f)	[pa'raʒẽ]
zijn gebroken	**estar quebrado**	[is'tar ke'bradu]
oververhitten (ww)	**superaquecer-se** (vr)	[superake'sersi]
verstopt raken (ww)	**entupir-se** (vr)	[ẽtu'pirsi]
bevriezen (autodeur, enz.)	**congelar-se** (vr)	[kõʒe'larsi]
barsten (leidingen, enz.)	**rebentar** (vi)	[hebẽ'tar]
druk (de)	**pressão** (f)	[pre'sãw]
niveau (bijv. olieniveau)	**nível** (m)	['nivew]
slap (de drijfriem is ~)	**frouxo**	['froʃu]
deuk (de)	**batida** (f)	[ba'tʃida]
geklop (vreemde geluiden)	**ruído** (m)	['hwidu]
barst (de)	**fissura** (f)	[fi'sura]
kras (de)	**arranhão** (m)	[aha'ɲãw]

179. Auto's. Weg

weg (de)	**estrada** (f)	[is'trada]
snelweg (de)	**autoestrada** (f)	[awtois'trada]
autoweg (de)	**rodovia** (f)	[hodo'via]
richting (de)	**direção** (f)	[dʒire'sãw]
afstand (de)	**distância** (f)	[dʒis'tãsja]
brug (de)	**ponte** (f)	['põtʃi]
parking (de)	**parque** (m) **de estacionamento**	['parki de istasjona'mẽtu]
plein (het)	**praça** (f)	['prasa]
verkeersknooppunt (het)	**nó** (m) **rodoviário**	[nɔ hodo'vjarju]
tunnel (de)	**túnel** (m)	['tunew]
benzinestation (het)	**posto** (m) **de gasolina**	['postu de gazo'lina]
parking (de)	**parque** (m) **de estacionamento**	['parki de istasjona'mẽtu]
benzinepomp (de)	**bomba** (f) **de gasolina**	['bõba de gazo'lina]
garage (de)	**oficina** (f) **automotiva**	[ɔfi'sina awtɔmo'tʃiva]
tanken (ww)	**abastecer** (vt)	[abaste'ser]
brandstof (de)	**combustível** (m)	[kõbus'tʃivew]
jerrycan (de)	**galão** (m) **de gasolina**	[ga'lãw de gazo'lina]
asfalt (het)	**asfalto** (m)	[as'fawtu]
markering (de)	**marcação** (f) **de estradas**	[marka'sãw de is'tradas]
trottoirband (de)	**meio-fio** (m)	['meju-'fiu]
geleiderail (de)	**guard-rail** (m)	[gward-'hejl]
greppel (de)	**valeta** (f)	[va'leta]
vluchtstrook (de)	**acostamento** (m)	[akosta'mẽtu]
lichtmast (de)	**poste** (m) **de luz**	['pɔstʃi de luz]
besturen (een auto ~)	**dirigir** (vt)	[dʒiri'ʒir]
afslaan (naar rechts ~)	**virar** (vi)	[vi'rar]
U-bocht maken (ww)	**dar retorno**	[dar he'tornu]

achteruit (de)	**ré** (f)	[hɛ]
toeteren (ww)	**buzinar** (vi)	[buzi'nar]
toeter (de)	**buzina** (f)	[bu'zina]
vastzitten (in modder)	**atolar-se** (vr)	[ato'larsi]
spinnen (wielen gaan ~)	**patinar** (vi)	[patʃi'nar]
uitzetten (ww)	**desligar** (vt)	[dʒizli'gar]
snelheid (de)	**velocidade** (f)	[velosi'dadʒi]
een snelheidsovertreding maken	**exceder a velocidade**	[ese'der a velosi'dadʒi]
bekeuren (ww)	**multar** (vt)	[muw'tar]
verkeerslicht (het)	**semáforo** (m)	[se'maforu]
rijbewijs (het)	**carteira** (f) **de motorista**	[kar'tejra de moto'rista]
overgang (de)	**passagem** (f) **de nível**	[pa'saʒẽ de 'nivew]
kruispunt (het)	**cruzamento** (m)	[kruza'mẽtu]
zebrapad (oversteekplaats)	**faixa** (f)	['fajʃa]
bocht (de)	**curva** (f)	['kurva]
voetgangerszone (de)	**zona** (f) **de pedestres**	['zɔna de pe'dɛstris]

180. Verkeersborden

verkeersregels (mv.)	**código** (m) **de trânsito**	['kɔdʒigu de 'trãzitu]
verkeersbord (het)	**sinal** (m) **de trânsito**	[si'naw de 'trãzitu]
inhalen (het)	**ultrapassagem** (f)	[uwtrapa'saʒẽ]
bocht (de)	**curva** (f)	['kurva]
U-bocht, kering (de)	**retorno** (m)	[he'tornu]
Rotonde (de)	**rotatória** (f)	['hota'tɔrja]
Verboden richting	**sentido proibido**	[sẽ'tʃidu proi'bidu]
Verboden toegang	**trânsito proibido**	['trãzitu proi'bidu]
Inhalen verboden	**proibido de ultrapassar**	[proi'bidu de uwtrapa'sar]
Parkeerverbod	**estacionamento proibido**	[istasjona'mẽtu proi'bidu]
Verbod stil te staan	**paragem proibida**	[pa'raʒẽ proi'bida]
Gevaarlijke bocht	**curva** (f) **perigosa**	['kurva peri'gɔza]
Gevaarlijke daling	**descida** (f) **perigosa**	[de'sida peri'gɔza]
Eenrichtingsweg	**trânsito de sentido único**	['trãzitu de sẽ'tʃidu 'uniku]
Voetgangers	**faixa** (f)	['fajʃa]
Slipgevaar	**pavimento** (m) **escorregadio**	[pavi'mẽtu iskohega'dʒiu]
Voorrang verlenen	**conceder passagem**	[kõse'der pa'saʒẽ]

MENSEN. GEBEURTENISSEN IN HET LEVEN

181. Vakanties. Evenement

feest (het)	**festa** (f)	['fɛsta]
nationale feestdag (de)	**feriado** (m) **nacional**	[fe'rjadu nasjo'naw]
feestdag (de)	**feriado** (m)	[fe'rjadu]
herdenken (ww)	**festejar** (vt)	[feste'ʒar]
gebeurtenis (de)	**evento** (m)	[e'vẽtu]
evenement (het)	**evento** (m)	[e'vẽtu]
banket (het)	**banquete** (m)	[bã'ketʃi]
receptie (de)	**recepção** (f)	[hesep'sãw]
feestmaal (het)	**festim** (m)	[fes'tʃĩ]
verjaardag (de)	**aniversário** (m)	[aniver'sarju]
jubileum (het)	**jubileu** (m)	[ʒubi'lew]
vieren (ww)	**celebrar** (vt)	[sele'brar]
Nieuwjaar (het)	**Ano** (m) **Novo**	['anu 'novu]
Gelukkig Nieuwjaar!	**Feliz Ano Novo!**	[fe'liz 'anu 'novu]
Sinterklaas (de)	**Papai Noel** (m)	[pa'paj nɔ'ɛl]
Kerstfeest (het)	**Natal** (m)	[na'taw]
Vrolijk kerstfeest!	**Feliz Natal!**	[fe'liz na'taw]
kerstboom (de)	**árvore** (f) **de Natal**	['arvori de na'taw]
vuurwerk (het)	**fogos** (m pl) **de artifício**	['fogus de artʃi'fisju]
bruiloft (de)	**casamento** (m)	[kaza'mẽtu]
bruidegom (de)	**noivo** (m)	['nojvu]
bruid (de)	**noiva** (f)	['nojva]
uitnodigen (ww)	**convidar** (vt)	[kõvi'dar]
uitnodigingskaart (de)	**convite** (m)	[kõ'vitʃi]
gast (de)	**convidado** (m)	[kõvi'dadu]
op bezoek gaan	**visitar** (vt)	[vizi'tar]
gasten verwelkomen	**receber os convidados**	[hese'ber us kõvi'dadus]
geschenk, cadeau (het)	**presente** (m)	[pre'zẽtʃi]
geven (iets cadeau ~)	**oferecer, dar** (vt)	[ofere'ser], [dar]
geschenken ontvangen	**receber presentes**	[hese'ber pre'zẽtʃis]
boeket (het)	**buquê** (m) **de flores**	[bu'ke de 'floris]
felicitaties (mv.)	**felicitações** (f pl)	[felisita'sõjs]
feliciteren (ww)	**felicitar** (vt)	[felisi'tar]
wenskaart (de)	**cartão** (m) **de parabéns**	[kar'tãw de para'bẽjs]
een kaartje versturen	**enviar um cartão postal**	[ẽ'vjar ũ kart'ãw pos'taw]
een kaartje ontvangen	**receber um cartão postal**	[hese'ber ũ kart'ãw pos'taw]

toast (de)	**brinde** (m)	['brĩdʒi]
aanbieden (een drankje ~)	**oferecer** (vt)	[ofere'ser]
champagne (de)	**champanhe** (m)	[ʃã'paɲi]
plezier hebben (ww)	**divertir-se** (vr)	[dʒiver'tʃirsi]
plezier (het)	**diversão** (f)	[dʒiver'sãw]
vreugde (de)	**alegria** (f)	[ale'gria]
dans (de)	**dança** (f)	['dãsa]
dansen (ww)	**dançar** (vi)	[dã'sar]
wals (de)	**valsa** (f)	['vawsa]
tango (de)	**tango** (m)	['tãgu]

182. Begrafenissen. Begrafenis

kerkhof (het)	**cemitério** (m)	[semi'tɛrju]
graf (het)	**sepultura** (f), **túmulo** (m)	[sepuw'tura], ['tumulu]
kruis (het)	**cruz** (f)	[kruz]
grafsteen (de)	**lápide** (f)	['lapidʒi]
omheining (de)	**cerca** (f)	['serka]
kapel (de)	**capela** (f)	[ka'pɛla]
dood (de)	**morte** (f)	['mɔrtʃi]
sterven (ww)	**morrer** (vi)	[mo'her]
overledene (de)	**defunto** (m)	[de'fũtu]
rouw (de)	**luto** (m)	['lutu]
begraven (ww)	**enterrar, sepultar** (vt)	[ẽte'har], [sepuw'tar]
begrafenisonderneming (de)	**casa** (f) **funerária**	['kaza fune'raria]
begrafenis (de)	**funeral** (m)	[fune'raw]
krans (de)	**coroa** (f) **de flores**	[ko'roa de 'flɔris]
doodskist (de)	**caixão** (m)	[kaɪ'ʃãw]
lijkwagen (de)	**carro** (m) **funerário**	['kaho fune'rarju]
lijkkleed (de)	**mortalha** (f)	[mor'taʎa]
begrafenisstoet (de)	**procissão** (f) **funerária**	[prosi'sãw fune'rarja]
urn (de)	**urna** (f) **funerária**	['urna fune'rarja]
crematorium (het)	**crematório** (m)	[krema'tɔrju]
overlijdensbericht (het)	**obituário** (m), **necrologia** (f)	[obi'twarju], [nekrolo'ʒia]
huilen (wenen)	**chorar** (vi)	[ʃo'rar]
snikken (huilen)	**soluçar** (vi)	[solu'sar]

183. Oorlog. Soldaten

peloton (het)	**pelotão** (m)	[pelo'tãw]
compagnie (de)	**companhia** (f)	[kõpa'ɲia]
regiment (het)	**regimento** (m)	[heʒi'mẽtu]
leger (armee)	**exército** (m)	[e'zɛrsitu]
divisie (de)	**divisão** (f)	[dʒivi'zãw]

sectie (de)	**esquadrão** (m)	[iskwa'drãw]
troep (de)	**hoste** (f)	['ɔste]
soldaat (militair)	**soldado** (m)	[sow'dadu]
officier (de)	**oficial** (m)	[ofi'sjaw]
soldaat (rang)	**soldado** (m) **raso**	[sow'dadu 'hazu]
sergeant (de)	**sargento** (m)	[sar'ʒẽtu]
luitenant (de)	**tenente** (m)	[te'nẽtʃi]
kapitein (de)	**capitão** (m)	[kapi'tãw]
majoor (de)	**major** (m)	[ma'ʒɔr]
kolonel (de)	**coronel** (m)	[koro'nɛw]
generaal (de)	**general** (m)	[ʒene'raw]
matroos (de)	**marujo** (m)	[ma'ruʒu]
kapitein (de)	**capitão** (m)	[kapi'tãw]
bootsman (de)	**contramestre** (m)	[kõtra'mɛstri]
artillerist (de)	**artilheiro** (m)	[artʃi'ʎejru]
valschermjager (de)	**soldado** (m) **paraquedista**	[sow'dadu parake'ʤista]
piloot (de)	**piloto** (m)	[pi'lotu]
stuurman (de)	**navegador** (m)	[navega'dor]
mecanicien (de)	**mecânico** (m)	[me'kaniku]
sappeur (de)	**sapador-mineiro** (m)	[sapa'dor-mi'nejru]
parachutist (de)	**paraquedista** (m)	[parake'ʤista]
verkenner (de)	**explorador** (m)	[isplora'dor]
scherpschutter (de)	**atirador** (m) **de tocaia**	[atʃira'dor de to'kaja]
patrouille (de)	**patrulha** (f)	[pa'truʎa]
patrouilleren (ww)	**patrulhar** (vt)	[patru'ʎar]
wacht (de)	**sentinela** (f)	[sẽtʃi'nɛla]
krijger (de)	**guerreiro** (m)	[ge'hejru]
patriot (de)	**patriota** (m)	[pa'trjɔta]
held (de)	**herói** (m)	[e'rɔj]
heldin (de)	**heroína** (f)	[ero'ina]
verrader (de)	**traidor** (m)	[traj'dor]
verraden (ww)	**trair** (vt)	[tra'ir]
deserteur (de)	**desertor** (m)	[dezer'tor]
deserteren (ww)	**desertar** (vt)	[deser'tar]
huurling (de)	**mercenário** (m)	[merse'narju]
rekruut (de)	**recruta** (m)	[he'kruta]
vrijwilliger (de)	**voluntário** (m)	[volũ'tarju]
gedode (de)	**morto** (m)	['mortu]
gewonde (de)	**ferido** (m)	[fe'ridu]
krijgsgevangene (de)	**prisioneiro** (m) **de guerra**	[prizjo'nejru de 'gɛha]

184. Oorlog. Militaire acties. Deel 1

oorlog (de)	**guerra** (f)	['gɛha]
oorlog voeren (ww)	**guerrear** (vt)	[ge'hjar]

burgeroorlog (de)	**guerra** (f) **civil**	['gɛha si'viw]
achterbaks (bw)	**perfidamente**	[perfida'mẽtʃi]
oorlogsverklaring (de)	**declaração** (f) **de guerra**	[deklara'sãw de 'gɛha]
verklaren (de oorlog ~)	**declarar guerra**	[dekla'rar 'gɛha]
agressie (de)	**agressão** (f)	[agre'sãw]
aanvallen (binnenvallen)	**atacar** (vt)	[ata'kar]
binnenvallen (ww)	**invadir** (vt)	[ĩva'dʒir]
invaller (de)	**invasor** (m)	[ĩva'zor]
veroveraar (de)	**conquistador** (m)	[kõkista'dor]
verdediging (de)	**defesa** (f)	[de'feza]
verdedigen (je land ~)	**defender** (vt)	[defẽ'der]
zich verdedigen (ww)	**defender-se** (vr)	[defẽ'dersi]
vijand (de)	**inimigo** (m)	[ini'migu]
tegenstander (de)	**adversário** (m)	[adʒiver'sarju]
vijandelijk (bn)	**inimigo**	[ini'migu]
strategie (de)	**estratégia** (f)	[istra'tɛʒa]
tactiek (de)	**tática** (f)	['tatʃika]
order (de)	**ordem** (f)	['ordẽ]
bevel (het)	**comando** (m)	[ko'mãdu]
bevelen (ww)	**ordenar** (vt)	[orde'nar]
opdracht (de)	**missão** (f)	[mi'sãw]
geheim (bn)	**secreto**	[se'krɛtu]
veldslag (de)	**batalha** (f)	[ba'taʎa]
strijd (de)	**combate** (m)	[kõ'batʃi]
aanval (de)	**ataque** (m)	[a'taki]
bestorming (de)	**assalto** (m)	[a'sawtu]
bestormen (ww)	**assaltar** (vt)	[asaw'tar]
bezetting (de)	**assédio, sítio** (m)	[a'sɛdʒu], ['sitʃju]
aanval (de)	**ofensiva** (f)	[ɔfẽ'siva]
in het offensief te gaan	**tomar à ofensiva**	[to'mar a ofẽ'siva]
terugtrekking (de)	**retirada** (f)	[hetʃi'rada]
zich terugtrekken (ww)	**retirar-se** (vr)	[hetʃi'rarse]
omsingeling (de)	**cerco** (m)	['serku]
omsingelen (ww)	**cercar** (vt)	[ser'kar]
bombardement (het)	**bombardeio** (m)	[bõbar'deju]
een bom gooien	**lançar uma bomba**	[lã'sar 'uma 'bõba]
bombarderen (ww)	**bombardear** (vt)	[bõbar'dʒjar]
ontploffing (de)	**explosão** (f)	[isplo'zãw]
schot (het)	**tiro** (m)	['tʃiru]
een schot lossen	**dar um tiro**	[dar ũ 'tʃiru]
schieten (het)	**tiroteio** (m)	[tʃiro'teju]
mikken op (ww)	**apontar para ...**	[apõ'tar 'para]
aanleggen (een wapen ~)	**apontar** (vt)	[apõ'tar]

treffen (doelwit ~)	**acertar** (vt)	[aser'tar]
zinken (tot zinken brengen)	**afundar** (vt)	[afũ'dar]
kogelgat (het)	**brecha** (f)	['brɛʃa]
zinken (gezonken zijn)	**afundar-se** (vr)	[afũ'darse]
front (het)	**frente** (m)	['frẽtʃi]
evacuatie (de)	**evacuação** (f)	[evakwa'sãw]
evacueren (ww)	**evacuar** (vt)	[eva'kwar]
loopgraaf (de)	**trincheira** (f)	[trĩ'ʃejra]
prikkeldraad (de)	**arame** (m) **enfarpado**	[a'rami ẽfar'padu]
verdedigingsobstakel (het)	**barreira** (f) **anti-tanque**	[ba'hejra ãtʃi-'tãki]
wachttoren (de)	**torre** (f) **de vigia**	['tohi de vi'ʒia]
hospitaal (het)	**hospital** (m) **militar**	[ospi'taw mili'tar]
verwonden (ww)	**ferir** (vt)	[fe'rir]
wond (de)	**ferida** (f)	[fe'rida]
gewonde (de)	**ferido** (m)	[fe'ridu]
gewond raken (ww)	**ficar ferido**	[fi'kar fe'ridu]
ernstig (~e wond)	**grave**	['gravi]

185. Oorlog. Militaire acties. Deel 2

krijgsgevangenschap (de)	**cativeiro** (m)	[katʃi'vejru]
krijgsgevangen nemen	**capturar** (vt)	[kaptu'rar]
krijgsgevangene zijn	**estar em cativeiro**	[is'tar ẽ katʃi'vejru]
krijgsgevangen genomen worden	**ser aprisionado**	[ser aprizjo'nadu]
concentratiekamp (het)	**campo** (m) **de concentração**	['kãpu de kõsẽtra'sãw]
krijgsgevangene (de)	**prisioneiro** (m) **de guerra**	[prizjo'nejru de 'gɛha]
vluchten (ww)	**escapar** (vi)	[iska'par]
verraden (ww)	**trair** (vt)	[tra'ir]
verrader (de)	**traidor** (m)	[traj'dor]
verraad (het)	**traição** (f)	[traj'sãw]
fusilleren (executeren)	**fuzilar, executar** (vt)	[fuzi'lar], [ezeku'tar]
executie (de)	**fuzilamento** (m)	[fuzila'mẽtu]
uitrusting (de)	**equipamento** (m)	[ekipa'mẽtu]
schouderstuk (het)	**insígnia** (f) **de ombro**	[ĩ'signia de 'õbru]
gasmasker (het)	**máscara** (f) **de gás**	['maskara de gajs]
portofoon (de)	**rádio** (m)	['hadʒju]
geheime code (de)	**cifra** (f), **código** (m)	['sifra], ['kɔdʒigu]
samenzwering (de)	**conspiração** (f)	[kõspira'sãw]
wachtwoord (het)	**senha** (f)	['sɛɲa]
mijn (landmijn)	**mina** (f)	['mina]
ondermijnen (legden mijnen)	**minar** (vt)	[mi'nar]
mijnenveld (het)	**campo** (m) **minado**	['kãpu mi'nadu]
luchtalarm (het)	**alarme** (m) **aéreo**	[a'larmi a'erju]
alarm (het)	**alarme** (m)	[a'larmi]

signaal (het)	**sinal** (m)	[si'naw]
vuurpijl (de)	**sinalizador** (m)	[sinaliza'dor]
staf (generale ~)	**quartel-general** (m)	[kwar'tɛw ʒene'raw]
verkenning (de)	**reconhecimento** (m)	[hekoɲesi'mẽtu]
toestand (de)	**situação** (f)	[sitwa'sãw]
rapport (het)	**relatório** (m)	[hela'tɔrju]
hinderlaag (de)	**emboscada** (f)	[ẽbos'kada]
versterking (de)	**reforço** (m)	[he'forsu]
doel (bewegend ~)	**alvo** (m)	['awvu]
proefterrein (het)	**campo** (m) **de tiro**	['kãpu de 'tʃiru]
manoeuvres (mv.)	**manobras** (f pl)	[ma'nɔbras]
paniek (de)	**pânico** (m)	['paniku]
verwoesting (de)	**devastação** (f)	[devasta'sãw]
verwoestingen (mv.)	**ruínas** (f pl)	['hwinas]
verwoesten (ww)	**destruir** (vt)	[dʒis'trwir]
overleven (ww)	**sobreviver** (vi)	[sobrivi'ver]
ontwapenen (ww)	**desarmar** (vt)	[dʒizar'mar]
behandelen (een pistool ~)	**manusear** (vt)	[manu'zjar]
Geeft acht!	**Sentido!**	[sẽ'tʃidu]
Op de plaats rust!	**Descansar!**	[dʒiskã'sar]
heldendaad (de)	**façanha** (f)	[fa'saɲa]
eed (de)	**juramento** (m)	[ʒura'mẽtu]
zweren (een eed doen)	**jurar** (vi)	[ʒu'rar]
decoratie (de)	**condecoração** (f)	[kõdekora'sãw]
onderscheiden (een ereteken geven)	**condecorar** (vt)	[kõdeko'rar]
medaille (de)	**medalha** (f)	[me'daʎa]
orde (de)	**ordem** (f)	['ordẽ]
overwinning (de)	**vitória** (f)	[vi'tɔrja]
verlies (het)	**derrota** (f)	[de'hɔta]
wapenstilstand (de)	**armistício** (m)	[armis'tʃisju]
wimpel (vaandel)	**bandeira** (f)	[bã'dejra]
roem (de)	**glória** (f)	['glɔrja]
parade (de)	**parada** (f)	[pa'rada]
marcheren (ww)	**marchar** (vi)	[mar'ʃar]

186. Wapens

wapens (mv.)	**arma** (f)	['arma]
vuurwapens (mv.)	**arma** (f) **de fogo**	['arma de 'fogu]
koude wapens (mv.)	**arma** (f) **branca**	['arma 'brãka]
chemische wapens (mv.)	**arma** (f) **química**	['arma 'kimika]
kern-, nucleair (bn)	**nuclear**	[nu'kljar]
kernwapens (mv.)	**arma** (f) **nuclear**	['arma nu'kljar]

bom (de)	**bomba** (f)	['bõba]
atoombom (de)	**bomba** (f) **atômica**	['bõba a'tomika]
pistool (het)	**pistola** (f)	[pis'tɔla]
geweer (het)	**rifle** (m)	['hifli]
machinepistool (het)	**semi-automática** (f)	[semi-awto'matʃika]
machinegeweer (het)	**metralhadora** (f)	[metraʎa'dora]
loop (schietbuis)	**boca** (f)	['boka]
loop (bijv. geweer met kortere ~)	**cano** (m)	['kanu]
kaliber (het)	**calibre** (m)	[ka'libri]
trekker (de)	**gatilho** (m)	[ga'tʃiʎu]
korrel (de)	**mira** (f)	['mira]
magazijn (het)	**carregador** (m)	[kahega'dor]
geweerkolf (de)	**coronha** (f)	[ko'rɔɲa]
granaat (handgranaat)	**granada** (f) **de mão**	[gra'nada de mãw]
explosieven (mv.)	**explosivo** (m)	[isplo'zivu]
kogel (de)	**bala** (f)	['bala]
patroon (de)	**cartucho** (m)	[kar'tuʃu]
lading (de)	**carga** (f)	['karga]
ammunitie (de)	**munições** (f pl)	[muni'sõjs]
bommenwerper (de)	**bombardeiro** (m)	[bõbar'dejru]
straaljager (de)	**avião** (m) **de caça**	[a'vjãw de 'kasa]
helikopter (de)	**helicóptero** (m)	[eli'kɔpteru]
afweergeschut (het)	**canhão** (m) **antiaéreo**	[ka'ɲãw ãtʃja'ɛrju]
tank (de)	**tanque** (m)	['tãki]
kanon (tank met een ~ van 76 mm)	**canhão** (m)	[ka'ɲãw]
artillerie (de)	**artilharia** (f)	[artʃiʎa'ria]
kanon (het)	**canhão** (m)	[ka'ɲãw]
aanleggen (een wapen ~)	**fazer a pontaria**	[fa'zer a põta'ria]
projectiel (het)	**projétil** (m)	[pro'ʒɛtʃiw]
mortiergranaat (de)	**granada** (f) **de morteiro**	[gra'nada de mor'tejru]
mortier (de)	**morteiro** (m)	[mor'tejru]
granaatscherf (de)	**estilhaço** (m)	[istʃi'ʎasu]
duikboot (de)	**submarino** (m)	[subma'rinu]
torpedo (de)	**torpedo** (m)	[tor'pedu]
raket (de)	**míssil** (m)	['misiw]
laden (geweer, kanon)	**carregar** (vt)	[kahe'gar]
schieten (ww)	**disparar, atirar** (vi)	[dʒispa'rar], [atʃi'rar]
richten op (mikken)	**apontar para ...**	[apõ'tar 'para]
bajonet (de)	**baioneta** (f)	[bajo'neta]
degen (de)	**espada** (f)	[is'pada]
sabel (de)	**sabre** (m)	['sabri]
speer (de)	**lança** (f)	['lãsa]

boog (de)	**arco** (m)	['arku]
pijl (de)	**flecha** (f)	['flɛʃa]
musket (de)	**mosquete** (m)	[mos'ketʃi]
kruisboog (de)	**besta** (f)	['besta]

187. Oude mensen

primitief (bn)	**primitivo**	[primi'tʃivu]
voorhistorisch (bn)	**pré-histórico**	[prɛ-is'tɔriku]
eeuwenoude (~ beschaving)	**antigo**	[ã'tʃigu]
Steentijd (de)	**Idade** (f) **da Pedra**	[i'dadʒi da 'pɛdra]
Bronstijd (de)	**Idade** (f) **do Bronze**	[i'dadʒi du 'brõzi]
IJstijd (de)	**Era** (f) **do Gelo**	['ɛra du 'ʒelu]
stam (de)	**tribo** (f)	['tribu]
menseneter (de)	**canibal** (m)	[kani'baw]
jager (de)	**caçador** (m)	[kasa'dor]
jagen (ww)	**caçar** (vi)	[ka'sar]
mammoet (de)	**mamute** (m)	[ma'mutʃi]
grot (de)	**caverna** (f)	[ka'vɛrna]
vuur (het)	**fogo** (m)	['fogu]
kampvuur (het)	**fogueira** (f)	[fo'gejra]
rotstekening (de)	**pintura** (f) **rupestre**	[pĩ'tura hu'pɛstri]
werkinstrument (het)	**ferramenta** (f)	[feha'mẽta]
speer (de)	**lança** (f)	['lãsa]
stenen bijl (de)	**machado** (m) **de pedra**	[ma'ʃadu de 'pɛdra]
oorlog voeren (ww)	**guerrear** (vt)	[ge'hjar]
temmen (bijv. wolf ~)	**domesticar** (vt)	[domestʃi'kar]
idool (het)	**ídolo** (m)	['idolu]
aanbidden (ww)	**adorar, venerar** (vt)	[ado'rar], [vene'rar]
bijgeloof (het)	**superstição** (f)	[superstʃi'sãw]
ritueel (het)	**ritual** (m)	[hi'twaw]
evolutie (de)	**evolução** (f)	[evolu'sãw]
ontwikkeling (de)	**desenvolvimento** (m)	[dʒizẽvowvi'mẽtu]
verdwijning (de)	**extinção** (f)	[istʃĩ'sãw]
zich aanpassen (ww)	**adaptar-se** (vr)	[adap'tarse]
archeologie (de)	**arqueologia** (f)	[arkjolo'ʒia]
archeoloog (de)	**arqueólogo** (m)	[ar'kjɔlogu]
archeologisch (bn)	**arqueológico**	[arkjo'lɔʒiku]
opgravingsplaats (de)	**escavação** (f)	[iskava'sãw]
opgravingen (mv.)	**escavações** (f pl)	[iskava'sõjs]
vondst (de)	**achado** (m)	[a'ʃadu]
fragment (het)	**fragmento** (m)	[frag'mẽtu]

188. Middeleeuwen

volk (het)	**povo** (m)	['povu]
volkeren (mv.)	**povos** (m pl)	['pɔvus]
stam (de)	**tribo** (f)	['tribu]
stammen (mv.)	**tribos** (f pl)	['tribus]
barbaren (mv.)	**bárbaros** (pl)	['barbarus]
Galliërs (mv.)	**gauleses** (pl)	[gaw'lezes]
Goten (mv.)	**godos** (pl)	['godus]
Slaven (mv.)	**eslavos** (pl)	[iʃ'lavus]
Vikings (mv.)	**viquingues** (pl)	['vikĩgis]
Romeinen (mv.)	**romanos** (pl)	[ho'manus]
Romeins (bn)	**romano**	[ho'manu]
Byzantijnen (mv.)	**bizantinos** (pl)	[bizã'tʃinus]
Byzantium (het)	**Bizâncio**	[bi'zãsju]
Byzantijns (bn)	**bizantino**	[bizã'tʃinu]
keizer (bijv. Romeinse ~)	**imperador** (m)	[ĩpera'dor]
opperhoofd (het)	**líder** (m)	['lider]
machtig (bn)	**poderoso**	[pode'rozu]
koning (de)	**rei** (m)	[hej]
heerser (de)	**governante** (m)	[gover'nãtʃi]
ridder (de)	**cavaleiro** (m)	[kava'lejru]
feodaal (de)	**senhor feudal** (m)	[se'ɲor few'daw]
feodaal (bn)	**feudal**	[few'daw]
vazal (de)	**vassalo** (m)	[va'salu]
hertog (de)	**duque** (m)	['duki]
graaf (de)	**conde** (m)	['kõdʒi]
baron (de)	**barão** (m)	[ba'rãw]
bisschop (de)	**bispo** (m)	['bispu]
harnas (het)	**armadura** (f)	[arma'dura]
schild (het)	**escudo** (m)	[is'kudu]
zwaard (het)	**espada** (f)	[is'pada]
vizier (het)	**viseira** (f)	[vi'zejra]
maliënkolder (de)	**cota** (f) **de malha**	['kɔta de 'maʎa]
kruistocht (de)	**cruzada** (f)	[kru'zada]
kruisvaarder (de)	**cruzado** (m)	[kru'zadu]
gebied (bijv. bezette ~en)	**território** (m)	[tehi'tɔrju]
aanvallen (binnenvallen)	**atacar** (vt)	[ata'kar]
veroveren (ww)	**conquistar** (vt)	[kõkis'tar]
innemen (binnenvallen)	**ocupar, invadir** (vt)	[oku'parsi], [ĩva'dʒir]
bezetting (de)	**assédio, sítio** (m)	[a'sɛdʒu], ['sitʃju]
belegerd (bn)	**sitiado**	[si'tʃjadu]
belegeren (ww)	**assediar, sitiar** (vt)	[ase'dʒjar], [si'tʃjar]
inquisitie (de)	**inquisição** (f)	[ĩkizi'sãw]
inquisiteur (de)	**inquisidor** (m)	[ĩkizi'dor]

foltering (de)	**tortura** (f)	[tor'tura]
wreed (bn)	**cruel**	[kru'ɛw]
ketter (de)	**herege** (m)	[e'reʒi]
ketterij (de)	**heresia** (f)	[ere'zia]
zeevaart (de)	**navegação** (f) **marítima**	[navega'sãu ma'ritʃima]
piraat (de)	**pirata** (m)	[pi'rata]
piraterij (de)	**pirataria** (f)	[pirata'ria]
enteren (het)	**abordagem** (f)	[abor'daʒẽ]
buit (de)	**presa** (f), **butim** (m)	['preza], [bu'tĩ]
schatten (mv.)	**tesouros** (m pl)	[te'zorus]
ontdekking (de)	**descobrimento** (m)	[dʒiskobri'mẽtu]
ontdekken (bijv. nieuw land)	**descobrir** (vt)	[dʒisko'brir]
expeditie (de)	**expedição** (f)	[ispedʒi'sãw]
musketier (de)	**mosqueteiro** (m)	[moske'tejru]
kardinaal (de)	**cardeal** (m)	[kar'dʒjaw]
heraldiek (de)	**heráldica** (f)	[e'rawdʒika]
heraldisch (bn)	**heráldico**	[e'rawdʒiku]

189. Leider. Baas. Autoriteiten

koning (de)	**rei** (m)	[hej]
koningin (de)	**rainha** (f)	[ha'iɲa]
koninklijk (bn)	**real**	[he'aw]
koninkrijk (het)	**reino** (m)	['hejnu]
prins (de)	**príncipe** (m)	['prĩsipi]
prinses (de)	**princesa** (f)	[prĩ'seza]
president (de)	**presidente** (m)	[prezi'dẽtʃi]
vicepresident (de)	**vice-presidente** (m)	['visi-prezi'dẽtʃi]
senator (de)	**senador** (m)	[sena'dor]
monarch (de)	**monarca** (m)	[mo'narka]
heerser (de)	**governante** (m)	[gover'nãtʃi]
dictator (de)	**ditador** (m)	[dʒita'dor]
tiran (de)	**tirano** (m)	[tʃi'ranu]
magnaat (de)	**magnata** (m)	[mag'nata]
directeur (de)	**diretor** (m)	[dʒire'tor]
chef (de)	**chefe** (m)	['ʃɛfi]
beheerder (de)	**gerente** (m)	[ʒe'rẽtʃi]
baas (de)	**patrão** (m)	[pa'trãw]
eigenaar (de)	**dono** (m)	['donu]
hoofd (bijv. ~ van de delegatie)	**chefe** (m)	['ʃɛfi]
autoriteiten (mv.)	**autoridades** (f pl)	[awtori'dadʒis]
superieuren (mv.)	**superiores** (m pl)	[supe'rjores]
gouverneur (de)	**governador** (m)	[governa'dor]
consul (de)	**cônsul** (m)	['kõsuw]

diplomaat (de)	**diplomata** (m)	[dʒiplo'mata]
burgemeester (de)	**Presidente** (m) **da Câmara**	[prezi'dẽtʃi da 'kamara]
sheriff (de)	**xerife** (m)	[ʃe'rifi]
keizer (bijv. Romeinse ~)	**imperador** (m)	[ĩpera'dor]
tsaar (de)	**czar** (m)	['kzar]
farao (de)	**faraó** (m)	[fara'ɔ]
kan (de)	**cã, khan** (m)	[kã]

190. Weg. Weg. Routebeschrijving

weg (de)	**estrada** (f)	[is'trada]
route (de kortste ~)	**via** (f)	['via]
autoweg (de)	**rodovia** (f)	[hodo'via]
snelweg (de)	**autoestrada** (f)	[awtois'trada]
rijksweg (de)	**estrada** (f) **nacional**	[is'trada nasjo'naw]
hoofdweg (de)	**estrada** (f) **principal**	[is'trada prĩsi'paw]
landweg (de)	**estrada** (f) **de terra**	[is'trada de 'tɛha]
pad (het)	**trilha** (f)	['triʎa]
paadje (het)	**vereda** (f)	[ve'reda]
Waar?	**Onde?**	['õdʒi]
Waarheen?	**Para onde?**	['para 'õdʒi]
Waarvandaan?	**De onde?**	[de 'õdʒi]
richting (de)	**direção** (f)	[dʒire'sãw]
aanwijzen (de weg ~)	**indicar** (vt)	[ĩdʒi'kar]
naar links (bw)	**para a esquerda**	['para a is'kerda]
naar rechts (bw)	**para a direita**	['para a dʒi'rejta]
rechtdoor (bw)	**em frente**	[ẽ 'frẽtʃi]
terug (bijv. ~ keren)	**para trás**	['para trajs]
bocht (de)	**curva** (f)	['kurva]
afslaan (naar rechts ~)	**virar** (vi)	[vi'rar]
U-bocht maken (ww)	**dar retorno**	[dar he'tornu]
zichtbaar worden (ww)	**estar visível**	[is'tar vi'zivew]
verschijnen (in zicht komen)	**aparecer** (vi)	[apare'ser]
stop (korte onderbreking)	**paragem** (f)	[pa'raʒẽ]
zich verpozen (uitrusten)	**descansar** (vi)	[dʒiskã'sar]
rust (de)	**descanso, repouso** (m)	[dʒis'kãsu], [he'pozu]
verdwalen (de weg kwijt zijn)	**perder-se** (vr)	[per'dersi]
leiden naar … (de weg)	**conduzir a …**	[kõdu'zir a]
bereiken (ergens aankomen)	**chegar a …**	[ʃe'gar a]
deel (~ van de weg)	**trecho** (m)	['treʃu]
asfalt (het)	**asfalto** (m)	[as'fawtu]
trottoirband (de)	**meio-fio** (m)	['meju-'fiu]

greppel (de)	**valeta** (f)	[va'leta]
putdeksel (het)	**tampa** (f) **de esgoto**	['tãpa de iz'gotu]
vluchtstrook (de)	**acostamento** (m)	[akosta'mẽtu]
kuil (de)	**buraco** (m)	[bu'raku]
gaan (te voet)	**ir** (vi)	[ir]
inhalen (voorbijgaan)	**ultrapassar** (vt)	[uwtrapa'sar]
stap (de)	**passo** (m)	['pasu]
te voet (bw)	**a pé**	[a pɛ]
blokkeren (de weg ~)	**bloquear** (vt)	[blo'kjar]
slagboom (de)	**cancela** (f)	[kã'sɛla]
doodlopende straat (de)	**beco** (m) **sem saída**	['beku sẽ sa'ida]

191. De wet overtreden. Criminelen. Deel 1

bandiet (de)	**bandido** (m)	[bã'dʒidu]
misdaad (de)	**crime** (m)	['krimi]
misdadiger (de)	**criminoso** (m)	[krimi'nozu]
dief (de)	**ladrão** (m)	[la'drãw]
stelen (ww)	**roubar** (vt)	[ho'bar]
stelen (de)	**furto** (m)	['furtu]
diefstal (de)	**furto** (m)	['furtu]
kidnappen (ww)	**raptar, sequestrar** (vt)	[hap'tar], [sekwes'trar]
kidnapping (de)	**sequestro** (m)	[se'kwɛstru]
kidnapper (de)	**sequestrador** (m)	[sekwestra'dor]
losgeld (het)	**resgate** (m)	[hez'gatʃi]
eisen losgeld (ww)	**pedir resgate**	[pe'dʒir hez'gatʃi]
overvallen (ww)	**roubar** (vt)	[ho'bar]
overval (de)	**assalto, roubo** (m)	[a'sawtu], ['hobu]
overvaller (de)	**assaltante** (m)	[asaw'tãtʃi]
afpersen (ww)	**extorquir** (vt)	[istor'kir]
afperser (de)	**extorsionário** (m)	[istorsjo'narju]
afpersing (de)	**extorsão** (f)	[istor'sãw]
vermoorden (ww)	**matar, assassinar** (vt)	[ma'tar], [asasi'nar]
moord (de)	**homicídio** (m)	[omi'sidʒju]
moordenaar (de)	**homicida, assassino** (m)	[ɔmi'sida], [asa'sinu]
schot (het)	**tiro** (m)	['tʃiru]
een schot lossen	**dar um tiro**	[dar ũ 'tʃiru]
neerschieten (ww)	**matar a tiro**	[ma'tar a 'tʃiru]
schieten (ww)	**disparar, atirar** (vi)	[dʒispa'rar], [atʃi'rar]
schieten (het)	**tiroteio** (m)	[tʃiro'teju]
ongeluk (gevecht, enz.)	**incidente** (m)	[ĩsi'dẽtʃi]
gevecht (het)	**briga** (f)	['briga]
Help!	**Socorro!**	[so'kohu]

slachtoffer (het)	**vítima** (f)	['vitʃima]
beschadigen (ww)	**danificar** (vt)	[danifi'kar]
schade (de)	**dano** (m)	['danu]
lijk (het)	**cadáver** (m)	[ka'daver]
zwaar (~ misdrijf)	**grave**	['gravi]
aanvallen (ww)	**atacar** (vt)	[ata'kar]
slaan (iemand ~)	**bater** (vt)	[ba'ter]
in elkaar slaan (toetakelen)	**espancar** (vt)	[ispã'kar]
ontnemen (beroven)	**tirar** (vt)	[tʃi'rar]
steken (met een mes)	**esfaquear** (vt)	[isfaki'ar]
verminken (ww)	**mutilar** (vt)	[mutʃi'lar]
verwonden (ww)	**ferir** (vt)	[fe'rir]
chantage (de)	**chantagem** (f)	[ʃã'taʒẽ]
chanteren (ww)	**chantagear** (vt)	[ʃãta'ʒjar]
chanteur (de)	**chantagista** (m)	[ʃãta'ʒista]
afpersing (de)	**extorsão** (f)	[istor'sãw]
afperser (de)	**extorsionário** (m)	[istorsjo'narju]
gangster (de)	**gângster** (m)	['gãŋster]
maffia (de)	**máfia** (f)	['mafja]
kruimeldief (de)	**punguista** (m)	[pũ'gista]
inbreker (de)	**assaltante, ladrão** (m)	[asaw'tãtʃi], [la'drãw]
smokkelen (het)	**contrabando** (m)	[kõtra'bãdu]
smokkelaar (de)	**contrabandista** (m)	[kõtrabã'dʒista]
namaak (de)	**falsificação** (f)	[fawsifika'sãw]
namaken (ww)	**falsificar** (vt)	[fawsifi'kar]
namaak-, vals (bn)	**falsificado**	[fawsifi'kadu]

192. De wet overtreden. Criminelen. Deel 2

verkrachting (de)	**estupro** (m)	[is'tupru]
verkrachten (ww)	**estuprar** (vt)	[istu'prar]
verkrachter (de)	**estuprador** (m)	[istupra'dor]
maniak (de)	**maníaco** (m)	[ma'niaku]
prostituee (de)	**prostituta** (f)	[prostʃi'tuta]
prostitutie (de)	**prostituição** (f)	[prostʃitwi'sãw]
pooier (de)	**cafetão** (m)	[kafe'tãw]
drugsverslaafde (de)	**drogado** (m)	[dro'gadu]
drugshandelaar (de)	**traficante** (m)	[trafi'kãtʃi]
opblazen (ww)	**explodir** (vt)	[isplo'dʒir]
explosie (de)	**explosão** (f)	[isplo'zãw]
in brand steken (ww)	**incendiar** (vt)	[ĩsẽ'dʒjar]
brandstichter (de)	**incendiário** (m)	[ĩsẽ'dʒjarju]
terrorisme (het)	**terrorismo** (m)	[teho'rizmu]
terrorist (de)	**terrorista** (m)	[teho'rista]
gijzelaar (de)	**refém** (m)	[he'fẽ]

bedriegen (ww)	**enganar** (vt)	[ẽga'nar]
bedrog (het)	**engano** (m)	[ẽ'gãnu]
oplichter (de)	**vigarista** (m)	[viga'rista]
omkopen (ww)	**subornar** (vt)	[subor'nar]
omkoperij (de)	**suborno** (m)	[su'bornu]
smeergeld (het)	**suborno** (m)	[su'bornu]
vergif (het)	**veneno** (m)	[ve'nɛnu]
vergiftigen (ww)	**envenenar** (vt)	[ẽvene'nar]
vergif innemen (ww)	**envenenar-se** (vr)	[ẽvene'narsi]
zelfmoord (de)	**suicídio** (m)	[swi'sidʒju]
zelfmoordenaar (de)	**suicida** (m)	[swi'sida]
bedreigen (bijv. met een pistool)	**ameaçar** (vt)	[amea'sar]
bedreiging (de)	**ameaça** (f)	[ame'asa]
een aanslag plegen	**atentar contra a vida de ...**	[atẽ'tar 'kõtra a 'vida de]
aanslag (de)	**atentado** (m)	[atẽ'tadu]
stelen (een auto)	**roubar** (vt)	[ho'bar]
kapen (een vliegtuig)	**sequestrar** (vt)	[sekwes'trar]
wraak (de)	**vingança** (f)	[vĩ'gãsa]
wreken (ww)	**vingar** (vt)	[vĩ'gar]
martelen (gevangenen)	**torturar** (vt)	[tortu'rar]
foltering (de)	**tortura** (f)	[tor'tura]
folteren (ww)	**atormentar** (vt)	[atormẽ'tar]
piraat (de)	**pirata** (m)	[pi'rata]
straatschender (de)	**desordeiro** (m)	[dʒizor'dejru]
gewapend (bn)	**armado**	[ar'madu]
geweld (het)	**violência** (f)	[vjo'lẽsja]
onwettig (strafbaar)	**ilegal**	[ile'gaw]
spionage (de)	**espionagem** (f)	[ispio'naʒẽ]
spioneren (ww)	**espionar** (vi)	[ispjo'nar]

193. Politie. Wet. Deel 1

justitie (de)	**justiça** (f)	[ʒus'tʃisa]
gerechtshof (het)	**tribunal** (m)	[tribu'naw]
rechter (de)	**juiz** (m)	[ʒwiz]
jury (de)	**jurados** (m pl)	[ʒu'radus]
juryrechtspraak (de)	**tribunal** (m) **do júri**	[tribu'naw du 'ʒuri]
berechten (ww)	**julgar** (vt)	[ʒuw'gar]
advocaat (de)	**advogado** (m)	[adʒivo'gadu]
beklaagde (de)	**réu** (m)	['hɛw]
beklaagdenbank (de)	**banco** (m) **dos réus**	['bãku dus hɛws]
beschuldiging (de)	**acusação** (f)	[akuza'sãw]

beschuldigde (de)	**acusado** (m)	[aku'zadu]
vonnis (het)	**sentença** (f)	[sẽ'tẽsa]
veroordelen (in een rechtszaak)	**sentenciar** (vt)	[sẽtẽ'sjar]
schuldige (de)	**culpado** (m)	[kuw'padu]
straffen (ww)	**punir** (vt)	[pu'nir]
bestraffing (de)	**punição** (f)	[puni'sãw]
boete (de)	**multa** (f)	['muwta]
levenslange opsluiting (de)	**prisão** (f) **perpétua**	[pri'zãw per'pɛtwa]
doodstraf (de)	**pena** (f) **de morte**	['pena de 'mɔrtʃi]
elektrische stoel (de)	**cadeira** (f) **elétrica**	[ka'dejra e'lɛtrika]
schavot (het)	**forca** (f)	['forka]
executeren (ww)	**executar** (vt)	[ezeku'tar]
executie (de)	**execução** (f)	[ezeku'sãw]
gevangenis (de)	**prisão** (f)	[pri'zãw]
cel (de)	**cela** (f) **de prisão**	['sɛla de pri'zãw]
konvooi (het)	**escolta** (f)	[is'kɔwta]
gevangenisbewaker (de)	**guarda** (m) **prisional**	['gwarda prizjo'naw]
gedetineerde (de)	**preso** (m)	['prezu]
handboeien (mv.)	**algemas** (f pl)	[aw'ʒɛmas]
handboeien omdoen	**algemar** (vt)	[awʒe'mar]
ontsnapping (de)	**fuga, evasão** (f)	['fuga], [eva'zãw]
ontsnappen (ww)	**fugir** (vi)	[fu'ʒir]
verdwijnen (ww)	**desaparecer** (vi)	[dʒizapare'ser]
vrijlaten (uit de gevangenis)	**soltar, libertar** (vt)	[sow'tar], [liber'tar]
amnestie (de)	**anistia** (f)	[anis'tʃia]
politie (de)	**polícia** (f)	[po'lisja]
politieagent (de)	**polícia** (m)	[po'lisja]
politiebureau (het)	**delegacia** (f) **de polícia**	[delega'sia de po'lisja]
knuppel (de)	**cassetete** (m)	[kase'tɛtʃi]
megafoon (de)	**megafone** (m)	[mega'fɔni]
patrouilleerwagen (de)	**carro** (m) **de patrulha**	['kaho de pa'truʎa]
sirene (de)	**sirene** (f)	[si'rɛni]
de sirene aansteken	**ligar a sirene**	[li'gar a si'rɛni]
geloei (het) van de sirene	**toque** (m) **da sirene**	['tɔki da si'rɛni]
plaats delict (de)	**cena** (f) **do crime**	['sɛna du 'krimi]
getuige (de)	**testemunha** (f)	[teste'muɲa]
vrijheid (de)	**liberdade** (f)	[liber'dadʒi]
handlanger (de)	**cúmplice** (m)	['kũplisi]
ontvluchten (ww)	**escapar** (vi)	[iska'par]
spoor (het)	**traço** (m)	['trasu]

194. Politie. Wet. Deel 2

opsporing (de)	**procura** (f)	[pro'kura]
opsporen (ww)	**procurar** (vt)	[proku'rar]

verdenking (de)	**suspeita** (f)	[sus'pejta]
verdacht (bn)	**suspeito**	[sus'pejtu]
aanhouden (stoppen)	**parar** (vt)	[pa'rar]
tegenhouden (ww)	**deter** (vt)	[de'ter]
strafzaak (de)	**caso** (m)	['kazu]
onderzoek (het)	**investigação** (f)	[ĩvestʃiga'sãw]
detective (de)	**detetive** (m)	[dete'tʃivi]
onderzoeksrechter (de)	**investigador** (m)	[ĩvestʃiga'dor]
versie (de)	**versão** (f)	[ver'sãw]
motief (het)	**motivo** (m)	[mo'tʃivu]
verhoor (het)	**interrogatório** (m)	[ĩtehoga'tɔrju]
ondervragen (door de politie)	**interrogar** (vt)	[ĩteho'gar]
ondervragen (omstanders ~)	**questionar** (vt)	[kestʃjo'nar]
controle (de)	**verificação** (f)	[verifika'sãw]
razzia (de)	**batida** (f) **policial**	[ba'tʃida poli'sjaw]
huiszoeking (de)	**busca** (f)	['buska]
achtervolging (de)	**perseguição** (f)	[persegi'sãw]
achtervolgen (ww)	**perseguir** (vt)	[perse'gir]
opsporen (ww)	**seguir, rastrear** (vt)	[se'gir], [has'trjar]
arrest (het)	**prisão** (f)	[pri'zãw]
arresteren (ww)	**prender** (vt)	[prẽ'der]
vangen, aanhouden (een dief, enz.)	**pegar, capturar** (vt)	[pe'gar], [kaptu'rar]
aanhouding (de)	**captura** (f)	[kap'tura]
document (het)	**documento** (m)	[doku'mẽtu]
bewijs (het)	**prova** (f)	['prɔva]
bewijzen (ww)	**provar** (vt)	[pro'var]
voetspoor (het)	**pegada** (f)	[pe'gada]
vingerafdrukken (mv.)	**impressões** (f pl) **digitais**	[impre'sõjs dʒiʒi'tajs]
bewijs (het)	**prova** (f)	['prɔva]
alibi (het)	**álibi** (m)	['alibi]
onschuldig (bn)	**inocente**	[ino'sẽtʃi]
onrecht (het)	**injustiça** (f)	[ĩʒus'tʃisa]
onrechtvaardig (bn)	**injusto**	[ĩ'ʒustu]
crimineel (bn)	**criminal**	[krimi'naw]
confisqueren (in beslag nemen)	**confiscar** (vt)	[kõfis'kar]
drug (de)	**droga** (f)	['drɔga]
wapen (het)	**arma** (f)	['arma]
ontwapenen (ww)	**desarmar** (vt)	[dʒizar'mar]
bevelen (ww)	**ordenar** (vt)	[orde'nar]
verdwijnen (ww)	**desaparecer** (vi)	[dʒizapare'ser]
wet (de)	**lei** (f)	[lej]
wettelijk (bn)	**legal**	[le'gaw]
onwettelijk (bn)	**ilegal**	[ile'gaw]
verantwoordelijkheid (de)	**responsabilidade** (f)	[hespõsabili'dadʒi]
verantwoordelijk (bn)	**responsável**	[hespõ'savew]

NATUUR

De Aarde. Deel 1

195. De kosmische ruimte

kosmos (de)	**espaço, cosmo** (m)	[is'pasu], ['kɔzmu]
kosmisch (bn)	**espacial, cósmico**	[ispa'sjaw], ['kɔzmiku]
kosmische ruimte (de)	**espaço** (m) **cósmico**	[is'pasu 'kɔzmiku]
wereld (de)	**mundo** (m)	['mũdu]
heelal (het)	**universo** (m)	[uni'vɛrsu]
sterrenstelsel (het)	**galáxia** (f)	[ga'laksja]
ster (de)	**estrela** (f)	[is'trela]
sterrenbeeld (het)	**constelação** (f)	[kõstela'sãw]
planeet (de)	**planeta** (m)	[pla'neta]
satelliet (de)	**satélite** (m)	[sa'tɛlitʃi]
meteoriet (de)	**meteorito** (m)	[meteo'ritu]
komeet (de)	**cometa** (m)	[ko'meta]
asteroïde (de)	**asteroide** (m)	[aste'rɔjʤi]
baan (de)	**órbita** (f)	['ɔrbita]
draaien (om de zon, enz.)	**girar** (vi)	[ʒi'rar]
atmosfeer (de)	**atmosfera** (f)	[atmos'fɛra]
Zon (de)	**Sol** (m)	[sɔw]
zonnestelsel (het)	**Sistema** (m) **Solar**	[sis'tɛma so'lar]
zonsverduistering (de)	**eclipse** (m) **solar**	[e'klipsi so'lar]
Aarde (de)	**Terra** (f)	['tɛha]
Maan (de)	**Lua** (f)	['lua]
Mars (de)	**Marte** (m)	['martʃi]
Venus (de)	**Vênus** (f)	['venus]
Jupiter (de)	**Júpiter** (m)	['ʒupiter]
Saturnus (de)	**Saturno** (m)	[sa'turnu]
Mercurius (de)	**Mercúrio** (m)	[mer'kurju]
Uranus (de)	**Urano** (m)	[u'ranu]
Neptunus (de)	**Netuno** (m)	[ne'tunu]
Pluto (de)	**Plutão** (m)	[plu'tãw]
Melkweg (de)	**Via Láctea** (f)	['via 'laktja]
Grote Beer (de)	**Ursa Maior** (f)	[ursa ma'jɔr]
Poolster (de)	**Estrela Polar** (f)	[is'trela po'lar]
marsmannetje (het)	**marciano** (m)	[mar'sjanu]
buitenaards wezen (het)	**extraterrestre** (m)	[estrate'hɛstri]

bovenaards (het)	**alienígena** (m)	[alje'niʒena]
vliegende schotel (de)	**disco** (m) **voador**	['ʤisku vwa'dor]
ruimtevaartuig (het)	**nave** (f) **espacial**	['navi ispa'sjaw]
ruimtestation (het)	**estação** (f) **orbital**	[eʃta'sãw orbi'taw]
start (de)	**lançamento** (m)	[lãsa'mẽtu]
motor (de)	**motor** (m)	[mo'tor]
straalpijp (de)	**bocal** (m)	[bo'kaw]
brandstof (de)	**combustível** (m)	[kõbus'tʃivew]
cabine (de)	**cabine** (f)	[ka'bini]
antenne (de)	**antena** (f)	[ã'tɛna]
patrijspoort (de)	**vigia** (f)	[vi'ʒia]
zonnebatterij (de)	**bateria** (f) **solar**	[bate'ria so'lar]
ruimtepak (het)	**traje** (m) **espacial**	['traʒi ispa'sjaw]
gewichtloosheid (de)	**imponderabilidade** (f)	[ĩpõderabili'daʤi]
zuurstof (de)	**oxigênio** (m)	[oksi'ʒenju]
koppeling (de)	**acoplagem** (f)	[ako'plaʒẽ]
koppeling maken	**fazer uma acoplagem**	[fa'zer 'uma ako'plaʒẽ]
observatorium (het)	**observatório** (m)	[observa'tɔrju]
telescoop (de)	**telescópio** (m)	[tele'skɔpju]
waarnemen (ww)	**observar** (vt)	[obser'var]
exploreren (ww)	**explorar** (vt)	[isplo'rar]

196. De Aarde

Aarde (de)	**Terra** (f)	['tɛha]
aardbol (de)	**globo** (m) **terrestre**	['globu te'hɛstri]
planeet (de)	**planeta** (m)	[pla'neta]
atmosfeer (de)	**atmosfera** (f)	[atmos'fɛra]
aardrijkskunde (de)	**geografia** (f)	[ʒeogra'fia]
natuur (de)	**natureza** (f)	[natu'reza]
wereldbol (de)	**globo** (m)	['globu]
kaart (de)	**mapa** (m)	['mapa]
atlas (de)	**atlas** (m)	['atlas]
Europa (het)	**Europa** (f)	[ew'rɔpa]
Azië (het)	**Ásia** (f)	['azja]
Afrika (het)	**África** (f)	['afrika]
Australië (het)	**Austrália** (f)	[aws'tralja]
Amerika (het)	**América** (f)	[a'mɛrika]
Noord-Amerika (het)	**América** (f) **do Norte**	[a'mɛrika du 'nɔrtʃi]
Zuid-Amerika (het)	**América** (f) **do Sul**	[a'mɛrika du suw]
Antarctica (het)	**Antártida** (f)	[ã'tartʃida]
Arctis (de)	**Ártico** (m)	['artʃiku]

197. Windrichtingen

noorden (het)	**norte** (m)	['nɔrtʃi]
naar het noorden	**para norte**	['para 'nɔrtʃi]
in het noorden	**no norte**	[nu 'nɔrtʃi]
noordelijk (bn)	**do norte**	[du 'nɔrtʃi]
zuiden (het)	**sul** (m)	[suw]
naar het zuiden	**para sul**	['para suw]
in het zuiden	**no sul**	[nu suw]
zuidelijk (bn)	**do sul**	[du suw]
westen (het)	**oeste, ocidente** (m)	['wɛstʃi], [osi'dẽtʃi]
naar het westen	**para oeste**	['para 'wɛstʃi]
in het westen	**no oeste**	[nu 'wɛstʃi]
westelijk (bn)	**ocidental**	[osidẽ'taw]
oosten (het)	**leste, oriente** (m)	['lɛstʃi], [o'rjẽtʃi]
naar het oosten	**para leste**	['para 'lɛstʃi]
in het oosten	**no leste**	[nu 'lɛstʃi]
oostelijk (bn)	**oriental**	[orjẽ'taw]

198. Zee. Oceaan

zee (de)	**mar** (m)	[mah]
oceaan (de)	**oceano** (m)	[o'sjanu]
golf (baai)	**golfo** (m)	['gowfu]
straat (de)	**estreito** (m)	[is'trejtu]
grond (vaste grond)	**terra** (f) **firme**	['tɛha 'firmi]
continent (het)	**continente** (m)	[kõtʃi'nẽtʃi]
eiland (het)	**ilha** (f)	['iʎa]
schiereiland (het)	**península** (f)	[pe'nĩsula]
archipel (de)	**arquipélago** (m)	[arki'pɛlagu]
baai, bocht (de)	**baía** (f)	[ba'ia]
haven (de)	**porto** (m)	['portu]
lagune (de)	**lagoa** (f)	[la'goa]
kaap (de)	**cabo** (m)	['kabu]
atol (de)	**atol** (m)	[a'tɔw]
rif (het)	**recife** (m)	[he'sifi]
koraal (het)	**coral** (m)	[ko'raw]
koraalrif (het)	**recife** (m) **de coral**	[he'sifi de ko'raw]
diep (bn)	**profundo**	[pro'fũdu]
diepte (de)	**profundidade** (f)	[profũdʒi'dadʒi]
diepzee (de)	**abismo** (m)	[a'bizmu]
trog (bijv. Marianentrog)	**fossa** (f) **oceânica**	['fɔsa o'sjanika]
stroming (de)	**corrente** (f)	[ko'hẽtʃi]
omspoelen (ww)	**banhar** (vt)	[ba'ɲar]
oever (de)	**litoral** (m)	lito'raw]

kust (de)	**costa** (f)	['kɔsta]
vloed (de)	**maré** (f) **alta**	[ma'rɛ 'awta]
eb (de)	**refluxo** (m)	[he'fluksu]
ondiepte (ondiep water)	**restinga** (f)	[hes'tʃĩga]
bodem (de)	**fundo** (m)	['fũdu]
golf (hoge ~)	**onda** (f)	['õda]
golfkam (de)	**crista** (f) **da onda**	['krista da 'õda]
schuim (het)	**espuma** (f)	[is'puma]
storm (de)	**tempestade** (f)	[tẽpes'tadʒi]
orkaan (de)	**furacão** (m)	[fura'kãw]
tsunami (de)	**tsunami** (m)	[tɛu'nami]
windstilte (de)	**calmaria** (f)	[kawma'ria]
kalm (bijv. ~e zee)	**calmo**	['kawmu]
pool (de)	**polo** (m)	['pɔlu]
polair (bn)	**polar**	[po'lar]
breedtegraad (de)	**latitude** (f)	[latʃi'tudʒi]
lengtegraad (de)	**longitude** (f)	[lõʒi'tudʒi]
parallel (de)	**paralela** (f)	[para'lɛla]
evenaar (de)	**equador** (m)	[ekwa'dor]
hemel (de)	**céu** (m)	[sɛw]
horizon (de)	**horizonte** (m)	[ori'zõtʃi]
lucht (de)	**ar** (m)	[ar]
vuurtoren (de)	**farol** (m)	[fa'rɔw]
duiken (ww)	**mergulhar** (vi)	[mergu'ʎar]
zinken (ov. een boot)	**afundar-se** (vr)	[afũ'darse]
schatten (mv.)	**tesouros** (m pl)	[te'zorus]

199. Namen van zeeën en oceanen

Atlantische Oceaan (de)	**Oceano** (m) **Atlântico**	[o'sjanu at'lãtʃiku]
Indische Oceaan (de)	**Oceano** (m) **Índico**	[o'sjanu 'ĩdiku]
Stille Oceaan (de)	**Oceano** (m) **Pacífico**	[o'sjanu pa'sifiku]
Noordelijke IJszee (de)	**Oceano** (m) **Ártico**	[o'sjanu 'artʃiku]
Zwarte Zee (de)	**Mar** (m) **Negro**	[mah 'negru]
Rode Zee (de)	**Mar** (m) **Vermelho**	[mah ver'meʎu]
Gele Zee (de)	**Mar** (m) **Amarelo**	[mah ama'rɛlu]
Witte Zee (de)	**Mar** (m) **Branco**	[mah 'brãku]
Kaspische Zee (de)	**Mar** (m) **Cáspio**	[mah 'kaspju]
Dode Zee (de)	**Mar** (m) **Morto**	[mah 'mortu]
Middellandse Zee (de)	**Mar** (m) **Mediterrâneo**	[mah medʒite'hanju]
Egeïsche Zee (de)	**Mar** (m) **Egeu**	[mah e'ʒew]
Adriatische Zee (de)	**Mar** (m) **Adriático**	[mah a'drjatʃiku]
Arabische Zee (de)	**Mar** (m) **Arábico**	[mah a'rabiku]
Japanse Zee (de)	**Mar** (m) **do Japão**	[mah du ʒa'pãw]

Beringzee (de)	**Mar** (m) **de Bering**	[mah de berĩgi]
Zuid-Chinese Zee (de)	**Mar** (m) **da China Meridional**	[mah da 'ʃina meriʤjo'naw]
Koraalzee (de)	**Mar** (m) **de Coral**	[mah de ko'raw]
Tasmanzee (de)	**Mar** (m) **de Tasman**	[mah de tazman]
Caribische Zee (de)	**Mar** (m) **do Caribe**	[mah du ka'ribi]
Barentszzee (de)	**Mar** (m) **de Barents**	[mah de barẽts]
Karische Zee (de)	**Mar** (m) **de Kara**	[mah de 'kara]
Noordzee (de)	**Mar** (m) **do Norte**	[mah du 'nɔrtʃi]
Baltische Zee (de)	**Mar** (m) **Báltico**	[mah 'bawtʃiku]
Noorse Zee (de)	**Mar** (m) **da Noruega**	[mah da nor'wɛga]

200. Bergen

berg (de)	**montanha** (f)	[mõ'taɲa]
bergketen (de)	**cordilheira** (f)	[korʤi'ʎejra]
gebergte (het)	**serra** (f)	['sɛha]
bergtop (de)	**cume** (m)	['kumi]
bergpiek (de)	**pico** (m)	['piku]
voet (ov. de berg)	**pé** (m)	[pɛ]
helling (de)	**declive** (m)	[de'klivi]
vulkaan (de)	**vulcão** (m)	[vuw'kãw]
actieve vulkaan (de)	**vulcão** (m) **ativo**	[vuw'kãw a'tʃivu]
uitgedoofde vulkaan (de)	**vulcão** (m) **extinto**	[vuw'kãw is'tʃĩtu]
uitbarsting (de)	**erupção** (f)	[erup'sãw]
krater (de)	**cratera** (f)	[kra'tɛra]
magma (het)	**magma** (m)	['magma]
lava (de)	**lava** (f)	['lava]
gloeiend (~e lava)	**fundido**	[fũ'ʤidu]
kloof (canyon)	**cânion, desfiladeiro** (m)	['kanjon], [ʤisfila'dejru]
bergkloof (de)	**garganta** (f)	[gar'gãta]
spleet (de)	**fenda** (f)	['fẽda]
afgrond (de)	**precipício** (m)	[presi'pisju]
bergpas (de)	**passo, colo** (m)	['pasu], ['kɔlu]
plateau (het)	**planalto** (m)	[pla'nawtu]
klip (de)	**falésia** (f)	[fa'lɛzja]
heuvel (de)	**colina** (f)	[ko'lina]
gletsjer (de)	**geleira** (f)	[ʒe'lejra]
waterval (de)	**cachoeira** (f)	[kaʃ'wejra]
geiser (de)	**gêiser** (m)	['ʒɛjzer]
meer (het)	**lago** (m)	['lagu]
vlakte (de)	**planície** (f)	[pla'nisi]
landschap (het)	**paisagem** (f)	[paj'zaʒẽ]
echo (de)	**eco** (m)	['ɛku]
alpinist (de)	**alpinista** (m)	[awpi'nista]

bergbeklimmer (de)	**escalador** (m)	[iskala'dor]
trotseren (berg ~)	**conquistar** (vt)	[kõkis'tar]
beklimming (de)	**subida, escalada** (f)	[su'bida], [iska'lada]

201. Bergen namen

Alpen (de)	**Alpes** (m pl)	['awpis]
Mont Blanc (de)	**Monte Branco** (m)	['mõtʃi 'brãku]
Pyreneeën (de)	**Pirineus** (m pl)	[piri'news]
Karpaten (de)	**Cárpatos** (m pl)	['karpatus]
Oeralgebergte (het)	**Urais** (m pl)	[u'rajs]
Kaukasus (de)	**Cáucaso** (m)	['kawkazu]
Elbroes (de)	**Elbrus** (m)	[el'brus]
Altaj (de)	**Altai** (m)	[al'taj]
Tiensjan (de)	**Tian Shan** (m)	[tjan ʃan]
Pamir (de)	**Pamir** (m)	[pa'mir]
Himalaya (de)	**Himalaia** (m)	[ima'laja]
Everest (de)	**monte Everest** (m)	['mõtʃi eve'rest]
Andes (de)	**Cordilheira** (f) **dos Andes**	[kordʒi'ʎejra dus 'ãdʒis]
Kilimanjaro (de)	**Kilimanjaro** (m)	[kilimã'ʒaru]

202. Rivieren

rivier (de)	**rio** (m)	['hiu]
bron (~ van een rivier)	**fonte, nascente** (f)	['fõtʃi], [na'sẽtʃi]
rivierbedding (de)	**leito** (m) **de rio**	['lejtu de 'hiu]
rivierbekken (het)	**bacia** (f)	[ba'sia]
uitmonden in ...	**desaguar no ...**	[dʒiza'gwar nu]
zijrivier (de)	**afluente** (m)	[a'flwẽtʃi]
oever (de)	**margem** (f)	['marʒẽ]
stroming (de)	**corrente** (f)	[ko'hẽtʃi]
stroomafwaarts (bw)	**rio abaixo**	['hiu a'baɪʃu]
stroomopwaarts (bw)	**rio acima**	['hiu a'sima]
overstroming (de)	**inundação** (f)	[ĩtrodu'sãw]
overstroming (de)	**cheia** (f)	['ʃeja]
buiten zijn oevers treden	**transbordar** (vi)	[trãzbor'dar]
overstromen (ww)	**inundar** (vt)	[inũ'dar]
zandbank (de)	**banco** (m) **de areia**	['bãku de a'reja]
stroomversnelling (de)	**corredeira** (f)	[kohe'dejra]
dam (de)	**barragem** (f)	[ba'haʒẽ]
kanaal (het)	**canal** (m)	[ka'naw]
spaarbekken (het)	**reservatório** (m) **de água**	[hezerva'tɔrju de 'agwa]
sluis (de)	**eclusa** (f)	[e'kluza]
waterlichaam (het)	**corpo** (m) **de água**	['korpu de 'agwa]

moeras (het)	**pântano** (m)	['pãtanu]
broek (het)	**lamaçal** (m)	[lama'saw]
draaikolk (de)	**rodamoinho** (m)	[hodamo'iɲu]
stroom (de)	**riacho** (m)	['hjaʃu]
drink- (abn)	**potável**	[po'tavew]
zoet (~ water)	**doce**	['dosi]
ijs (het)	**gelo** (m)	['ʒelu]
bevriezen (rivier, enz.)	**congelar-se** (vr)	[kõʒe'larsi]

203. Namen van rivieren

Seine (de)	**rio Sena** (m)	['hiu 'sɛna]
Loire (de)	**rio Loire** (m)	['hiu lu'ar]
Theems (de)	**rio Tâmisa** (m)	['hiu 'tamiza]
Rijn (de)	**rio Reno** (m)	['hiu 'henu]
Donau (de)	**rio Danúbio** (m)	['hiu da'nubju]
Wolga (de)	**rio Volga** (m)	['hiu 'vɔlga]
Don (de)	**rio Don** (m)	['hiu dɔn]
Lena (de)	**rio Lena** (m)	['hiu 'lena]
Gele Rivier (de)	**rio Amarelo** (m)	['hiu ama'rɛlu]
Blauwe Rivier (de)	**rio Yangtzé** (m)	['hiu jã'gtzɛ]
Mekong (de)	**rio Mekong** (m)	['hiu mi'kõg]
Ganges (de)	**rio Ganges** (m)	['hiu 'gændʒi:z]
Nijl (de)	**rio Nilo** (m)	['hiu 'nilu]
Kongo (de)	**rio Congo** (m)	['hiu 'kõgu]
Okavango (de)	**rio Cubango** (m)	['hiu ku'bãgu]
Zambezi (de)	**rio Zambeze** (m)	['hiu zã'bezi]
Limpopo (de)	**rio Limpopo** (m)	['hiu lĩ'popu]
Mississippi (de)	**rio Mississippi** (m)	['hiu misi'sipi]

204. Bos

bos (het)	**floresta** (f), **bosque** (m)	[flo'rɛsta], ['bɔski]
bos- (abn)	**florestal**	[flores'taw]
oerwoud (dicht bos)	**mata** (f) **fechada**	['mata fe'ʃada]
bosje (klein bos)	**arvoredo** (m)	[arvo'redu]
open plek (de)	**clareira** (f)	[kla'rejra]
struikgewas (het)	**matagal** (m)	[mata'gaw]
struiken (mv.)	**mato** (m), **caatinga** (f)	['matu], [ka'tʃĩga]
paadje (het)	**trilha, vereda** (f)	['triʎa], [ve'reda]
ravijn (het)	**ravina** (f)	[ha'vina]
boom (de)	**árvore** (f)	['arvori]
blad (het)	**folha** (f)	['foʎa]

gebladerte (het)	**folhagem** (f)	[fo'ʎaʒẽ]
vallende bladeren (mv.)	**queda** (f) **das folhas**	['kɛda das 'foʎas]
vallen (ov. de bladeren)	**cair** (vi)	[ka'ir]
boomtop (de)	**topo** (m)	['topu]
tak (de)	**ramo** (m)	['hamu]
ent (de)	**galho** (m)	['gaʎu]
knop (de)	**botão** (m)	[bo'tãw]
naald (de)	**agulha** (f)	[a'guʎa]
dennenappel (de)	**pinha** (f)	['piɲa]
boom holte (de)	**buraco** (m) **de árvore**	[bu'raku de 'arvori]
nest (het)	**ninho** (m)	['niɲu]
hol (het)	**toca** (f)	['tɔka]
stam (de)	**tronco** (m)	['trõku]
wortel (bijv. boom~s)	**raiz** (f)	[ha'iz]
schors (de)	**casca** (f) **de árvore**	['kaska de 'arvori]
mos (het)	**musgo** (m)	['muzgu]
ontwortelen (een boom)	**arrancar pela raiz**	[ahã'kar 'pɛla ha'iz]
kappen (een boom ~)	**cortar** (vt)	[kor'tar]
ontbossen (ww)	**desflorestar** (vt)	[dʒisflores'tar]
stronk (de)	**toco, cepo** (m)	['toku], ['sepu]
kampvuur (het)	**fogueira** (f)	[fo'gejra]
bosbrand (de)	**incêndio** (m) **florestal**	[ĩ'sẽdʒju flores'taw]
blussen (ww)	**apagar** (vt)	[apa'gar]
boswachter (de)	**guarda-parque** (m)	['gwarda 'parki]
bescherming (de)	**proteção** (f)	[prote'sãw]
beschermen (bijv. de natuur ~)	**proteger** (vt)	[prote'ʒer]
stroper (de)	**caçador** (m) **furtivo**	[kasa'dor fur'tʃivu]
val (de)	**armadilha** (f)	arma'dʒiʎa]
plukken (vruchten, enz.)	**colher** (vt)	[ko'ʎer]
verdwalen (de weg kwijt zijn)	**perder-se** (vr)	[per'dersi]

205. Natuurlijke hulpbronnen

natuurlijke rijkdommen (mv.)	**recursos** (m pl) **naturais**	[he'kursus natu'rajs]
delfstoffen (mv.)	**minerais** (m pl)	[mine'rajs]
lagen (mv.)	**depósitos** (m pl)	[de'pɔzitus]
veld (bijv. olie~)	**jazida** (f)	[ʒa'zida]
winnen (uit erts ~)	**extrair** (vt)	[istra'jir]
winning (de)	**extração** (f)	[istra'sãw]
erts (het)	**minério** (m)	[mi'nɛrju]
mijn (bijv. kolenmijn)	**mina** (f)	['mina]
mijnschacht (de)	**poço** (m) **de mina**	['posu de 'mina]
mijnwerker (de)	**mineiro** (m)	[mi'nejru]
gas (het)	**gás** (m)	[gajs]
gasleiding (de)	**gasoduto** (m)	[gazo'dutu]

olie (aardolie)	**petróleo** (m)	[pe'trɔlju]
olieleiding (de)	**oleoduto** (m)	[oljo'dutu]
oliebron (de)	**poço** (m) **de petróleo**	['posu de pe'trɔlju]
boortoren (de)	**torre** (f) **petrolífera**	['tohi petro'lifera]
tanker (de)	**petroleiro** (m)	[petro'lejru]
zand (het)	**areia** (f)	[a'reja]
kalksteen (de)	**calcário** (m)	[kaw'karju]
grind (het)	**cascalho** (m)	[kas'kaʎu]
veen (het)	**turfa** (f)	['turfa]
klei (de)	**argila** (f)	[ar'ʒila]
steenkool (de)	**carvão** (m)	[kar'vãw]
ijzer (het)	**ferro** (m)	['fɛhu]
goud (het)	**ouro** (m)	['oru]
zilver (het)	**prata** (f)	['prata]
nikkel (het)	**níquel** (m)	['nikew]
koper (het)	**cobre** (m)	['kɔbri]
zink (het)	**zinco** (m)	['zĩku]
mangaan (het)	**manganês** (m)	[mãga'nes]
kwik (het)	**mercúrio** (m)	[mer'kurju]
lood (het)	**chumbo** (m)	['ʃũbu]
mineraal (het)	**mineral** (m)	[mine'raw]
kristal (het)	**cristal** (m)	[kris'taw]
marmer (het)	**mármore** (m)	['marmori]
uraan (het)	**urânio** (m)	[u'ranju]

De Aarde. Deel 2

206. Weer

weer (het)	**tempo** (m)	['tẽpu]
weersvoorspelling (de)	**previsão** (f) **do tempo**	[previ'zãw du 'tẽpu]
temperatuur (de)	**temperatura** (f)	[tẽpera'tura]
thermometer (de)	**termômetro** (m)	[ter'mometru]
barometer (de)	**barômetro** (m)	[ba'romɛtru]
vochtig (bn)	**úmido**	['umidu]
vochtigheid (de)	**umidade** (f)	[umi'dadʒi]
hitte (de)	**calor** (m)	[ka'lor]
heet (bn)	**tórrido**	['tɔhidu]
het is heet	**está muito calor**	[is'ta 'mwĩtu ka'lor]
het is warm	**está calor**	[is'ta ka'lor]
warm (bn)	**quente**	['kẽtʃi]
het is koud	**está frio**	[is'ta 'friu]
koud (bn)	**frio**	['friu]
zon (de)	**sol** (m)	[sɔw]
schijnen (de zon)	**brilhar** (vi)	[bri'ʎar]
zonnig (~e dag)	**de sol, ensolarado**	[de sɔw], [ẽsola'radu]
opgaan (ov. de zon)	**nascer** (vi)	[na'ser]
ondergaan (ww)	**pôr-se** (vr)	['porsi]
wolk (de)	**nuvem** (f)	['nuvẽj]
bewolkt (bn)	**nublado**	[nu'bladu]
regenwolk (de)	**nuvem** (f) **preta**	['nuvẽj 'preta]
somber (bn)	**escuro**	[is'kuru]
regen (de)	**chuva** (f)	['ʃuva]
het regent	**está a chover**	[is'ta a ʃo'ver]
regenachtig (bn)	**chuvoso**	[ʃu'vozu]
motregenen (ww)	**chuviscar** (vi)	[ʃuvis'kar]
plensbui (de)	**chuva** (f) **torrencial**	['ʃuva tohẽ'sjaw]
stortbui (de)	**aguaceiro** (m)	[agwa'sejru]
hard (bn)	**forte**	['fɔrtʃi]
plas (de)	**poça** (f)	['posa]
nat worden (ww)	**molhar-se** (vr)	[mo'ʎarsi]
mist (de)	**nevoeiro** (m)	[nevo'ejru]
mistig (bn)	**de nevoeiro**	[de nevu'ejru]
sneeuw (de)	**neve** (f)	['nɛvi]
het sneeuwt	**está nevando**	[is'ta ne'vãdu]

207. Zwaar weer. Natuurrampen

noodweer (storm)	**trovoada** (f)	[tro'vwada]
bliksem (de)	**relâmpago** (m)	[he'lãpagu]
flitsen (ww)	**relampejar** (vi)	[helãpe'ʒar]
donder (de)	**trovão** (m)	[tro'vãw]
donderen (ww)	**trovejar** (vi)	[trove'ʒar]
het dondert	**está trovejando**	[is'ta trove'ʒãdu]
hagel (de)	**granizo** (m)	[gra'nizu]
het hagelt	**está caindo granizo**	[is'ta ka'ĩdu gra'nizu]
overstromen (ww)	**inundar** (vt)	[inũ'dar]
overstroming (de)	**inundação** (f)	[ĩtrodu'sãw]
aardbeving (de)	**terremoto** (m)	[tehe'mɔtu]
aardschok (de)	**abalo, tremor** (m)	[a'balu], [tre'mor]
epicentrum (het)	**epicentro** (m)	[epi'sẽtru]
uitbarsting (de)	**erupção** (f)	[erup'sãw]
lava (de)	**lava** (f)	['lava]
wervelwind (de)	**tornado** (m)	[tor'nadu]
windhoos (de)	**tornado** (m)	[tor'nadu]
tyfoon (de)	**tufão** (m)	[tu'fãw]
orkaan (de)	**furacão** (m)	[fura'kãw]
storm (de)	**tempestade** (f)	[tẽpes'tadʒi]
tsunami (de)	**tsunami** (m)	[tsu'nami]
cycloon (de)	**ciclone** (m)	[si'klɔni]
onweer (het)	**mau tempo** (m)	[maw 'tẽpu]
brand (de)	**incêndio** (m)	[ĩ'sẽdʒju]
ramp (de)	**catástrofe** (f)	[ka'tastrofi]
meteoriet (de)	**meteorito** (m)	[meteo'ritu]
lawine (de)	**avalanche** (f)	[ava'lãʃi]
sneeuwverschuiving (de)	**deslizamento** (m) **de neve**	[dʒizliza'mẽtu de 'nɛvi]
sneeuwjacht (de)	**nevasca** (f)	[ne'vaska]
sneeuwstorm (de)	**tempestade** (f) **de neve**	[tẽpes'tadʒi de 'nɛvi]

208. Geluiden. Geluiden

stilte (de)	**silêncio** (m)	[si'lẽsju]
geluid (het)	**som** (m)	[sõ]
lawaai (het)	**ruído, barulho** (m)	['hwidu], [ba'ruʎu]
lawaai maken (ww)	**fazer barulho**	[fa'zer ba'ruʎu]
lawaaierig (bn)	**ruidoso, barulhento**	[hwi'dozu], [baru'ʎẽtu]
luid (~ spreken)	**alto**	['awtu]
luid (bijv. ~e stem)	**alto**	['awtu]
aanhoudend (voortdurend)	**constante**	[kõs'tãtʃi]

schreeuw (de)	**grito** (m)	['gritu]
schreeuwen (ww)	**gritar** (vi)	[gri'tar]
gefluister (het)	**sussurro** (m)	[su'suhu]
fluisteren (ww)	**sussurrar** (vi, vt)	[susu'har]
geblaf (het)	**latido** (m)	[la'tʃidu]
blaffen (ww)	**latir** (vi)	[la'tʃir]
gekreun (het)	**gemido** (m)	[ʒe'midu]
kreunen (ww)	**gemer** (vi)	[ʒe'mer]
hoest (de)	**tosse** (f)	['tɔsi]
hoesten (ww)	**tossir** (vi)	[to'sir]
gefluit (het)	**assobio** (m)	[aso'biu]
fluiten (op het fluitje blazen)	**assobiar** (vi)	[aso'bjar]
geklop (het)	**batida** (f)	[ba'tʃida]
kloppen (aan een deur)	**bater** (vi)	[ba'ter]
kraken (hout, ijs)	**estalar** (vi)	[ista'lar]
gekraak (het)	**estalido, estalo** (m)	[ista'lidu], [is'talu]
sirene (de)	**sirene** (f)	[si'rɛni]
fluit (stoom ~)	**apito** (m)	[a'pitu]
fluiten (schip, trein)	**apitar** (vi)	[api'tar]
toeter (de)	**buzina** (f)	[bu'zina]
toeteren (ww)	**buzinar** (vi)	[buzi'nar]

209. Winter

winter (de)	**inverno** (m)	[ĩ'vɛrnu]
winter- (abn)	**de inverno**	[de ĩ'vɛrnu]
in de winter (bw)	**no inverno**	[nu ĩ'vɛrnu]
sneeuw (de)	**neve** (f)	['nɛvi]
het sneeuwt	**está nevando**	[is'ta ne'vãdu]
sneeuwval (de)	**queda** (f) **de neve**	['kɛda de 'nɛvi]
sneeuwhoop (de)	**amontoado** (m) **de neve**	[amõ'twadu de 'nɛvi]
sneeuwvlok (de)	**floco** (m) **de neve**	['flɔku de 'nɛvi]
sneeuwbal (de)	**bola** (f) **de neve**	['bɔla de 'nɛvi]
sneeuwman (de)	**boneco** (m) **de neve**	[bo'neku de 'nɛvi]
ijspegel (de)	**sincelo** (m)	[sĩ'sɛlu]
december (de)	**dezembro** (m)	[de'zẽbru]
januari (de)	**janeiro** (m)	[ʒa'nejru]
februari (de)	**fevereiro** (m)	[feve'rejru]
vorst (de)	**gelo** (m)	['ʒelu]
vries- (abn)	**gelado**	[ʒe'ladu]
onder nul (bw)	**abaixo de zero**	[a'baɪʃu de 'zɛru]
eerste vorst (de)	**primeira geada** (f)	[pri'mejra 'ʒjada]
rijp (de)	**geada** (f) **branca**	['ʒjada 'brãka]
koude (de)	**frio** (m)	['friu]

het is koud	**está frio**	[is'ta 'friu]
bontjas (de)	**casaco** (m) **de pele**	[kaz'aku de 'pɛli]
wanten (mv.)	**mitenes** (f pl)	[mi'tɛnes]
ziek worden (ww)	**adoecer** (vi)	[adoe'ser]
verkoudheid (de)	**resfriado** (m)	[hes'frjadu]
verkouden raken (ww)	**ficar resfriado**	[fi'kar hes'frjadu]
ijs (het)	**gelo** (m)	['ʒelu]
ijzel (de)	**gelo** (m) **na estrada**	['ʒelu na is'trada]
bevriezen (rivier, enz.)	**congelar-se** (vr)	[kõʒe'larsi]
ijsschol (de)	**bloco** (m) **de gelo**	['blɔku de 'ʒelu]
ski's (mv.)	**esqui** (m)	[is'ki]
skiër (de)	**esquiador** (m)	[iskja'dor]
skiën (ww)	**esquiar** (vi)	[is'kjar]
schaatsen (ww)	**patinar** (vi)	[patʃi'nar]

Fauna

210. Zoogdieren. Roofdieren

roofdier (het)	**predador** (m)	[preda'dor]
tijger (de)	**tigre** (m)	['tʃigri]
leeuw (de)	**leão** (m)	[le'ãw]
wolf (de)	**lobo** (m)	['lobu]
vos (de)	**raposa** (f)	[ha'pozu]
jaguar (de)	**jaguar** (m)	[ʒa'gwar]
luipaard (de)	**leopardo** (m)	[ljo'pardu]
jachtluipaard (de)	**chita** (f)	['ʃita]
panter (de)	**pantera** (f)	[pã'tɛra]
poema (de)	**puma** (m)	['puma]
sneeuwluipaard (de)	**leopardo-das-neves** (m)	[ljo'pardu das 'nɛvis]
lynx (de)	**lince** (m)	['lĩsi]
coyote (de)	**coiote** (m)	[ko'jɔtʃi]
jakhals (de)	**chacal** (m)	[ʃa'kaw]
hyena (de)	**hiena** (f)	['jena]

211. Wilde dieren

dier (het)	**animal** (m)	[ani'maw]
beest (het)	**besta** (f)	['besta]
eekhoorn (de)	**esquilo** (m)	[is'kilu]
egel (de)	**ouriço** (m)	[o'risu]
haas (de)	**lebre** (f)	['lɛbri]
konijn (het)	**coelho** (m)	[ko'eʎu]
das (de)	**texugo** (m)	[te'ʃugu]
wasbeer (de)	**guaxinim** (m)	[gwaʃi'nĩ]
hamster (de)	**hamster** (m)	['amster]
marmot (de)	**marmota** (f)	[mah'mɔta]
mol (de)	**toupeira** (f)	[to'pejra]
muis (de)	**rato** (m)	['hatu]
rat (de)	**ratazana** (f)	[hata'zana]
vleermuis (de)	**morcego** (m)	[mor'segu]
hermelijn (de)	**arminho** (m)	[ar'miɲu]
sabeldier (het)	**zibelina** (f)	[zibe'lina]
marter (de)	**marta** (f)	['mahta]
wezel (de)	**doninha** (f)	[dɔ'niɲa]
nerts (de)	**visom** (m)	[vi'zõ]

bever (de)	**castor** (m)	[kas'tor]
otter (de)	**lontra** (f)	['lõtra]
paard (het)	**cavalo** (m)	[ka'valu]
eland (de)	**alce** (m)	['awsi]
hert (het)	**veado** (m)	['vjadu]
kameel (de)	**camelo** (m)	[ka'melu]
bizon (de)	**bisão** (m)	[bi'zãw]
wisent (de)	**auroque** (m)	[aw'rɔki]
buffel (de)	**búfalo** (m)	['bufalu]
zebra (de)	**zebra** (f)	['zebra]
antilope (de)	**antílope** (m)	[ã'tʃilopi]
ree (de)	**corça** (f)	['korsa]
damhert (het)	**gamo** (m)	['gamu]
gems (de)	**camurça** (f)	[ka'mursa]
everzwijn (het)	**javali** (m)	[ʒava'li]
walvis (de)	**baleia** (f)	[ba'leja]
rob (de)	**foca** (f)	['fɔka]
walrus (de)	**morsa** (f)	['mɔhsa]
zeebeer (de)	**urso-marinho** (m)	['ursu ma'riɲu]
dolfijn (de)	**golfinho** (m)	[gow'fiɲu]
beer (de)	**urso** (m)	['ursu]
ijsbeer (de)	**urso** (m) **polar**	['ursu po'lar]
panda (de)	**panda** (m)	['pãda]
aap (de)	**macaco** (m)	[ma'kaku]
chimpansee (de)	**chimpanzé** (m)	[ʃĩpã'zɛ]
orang-oetan (de)	**orangotango** (m)	[orãgu'tãgu]
gorilla (de)	**gorila** (m)	[go'rila]
makaak (de)	**macaco** (m)	[ma'kaku]
gibbon (de)	**gibão** (m)	[ʒi'bãw]
olifant (de)	**elefante** (m)	[ele'fãtʃi]
neushoorn (de)	**rinoceronte** (m)	[hinose'rõtʃi]
giraffe (de)	**girafa** (f)	[ʒi'rafa]
nijlpaard (het)	**hipopótamo** (m)	[ipo'pɔtamu]
kangoeroe (de)	**canguru** (m)	[kãgu'ru]
koala (de)	**coala** (m)	['kwala]
mangoest (de)	**mangusto** (m)	[mã'gustu]
chinchilla (de)	**chinchila** (f)	[ʃĩ'ʃila]
stinkdier (het)	**cangambá** (f)	[kã'gãba]
stekelvarken (het)	**porco-espinho** (m)	['pɔrku is'piɲu]

212. Huisdieren

poes (de)	**gata** (f)	['gata]
kater (de)	**gato** (m) **macho**	['gatu 'maʃu]
hond (de)	**cão** (m)	['kãw]

paard (het)	**cavalo** (m)	[ka'valu]
hengst (de)	**garanhão** (m)	[gara'ɲãw]
merrie (de)	**égua** (f)	['ɛgwa]
koe (de)	**vaca** (f)	['vaka]
bul, stier (de)	**touro** (m)	['toru]
os (de)	**boi** (m)	[boj]
schaap (het)	**ovelha** (f)	[o'veʎa]
ram (de)	**carneiro** (m)	[kar'nejru]
geit (de)	**cabra** (f)	['kabra]
bok (de)	**bode** (m)	['bɔʤi]
ezel (de)	**burro** (m)	['buhu]
muilezel (de)	**mula** (f)	['mula]
varken (het)	**porco** (m)	['porku]
biggetje (het)	**leitão** (m)	[lej'tãw]
konijn (het)	**coelho** (m)	[ko'eʎu]
kip (de)	**galinha** (f)	[ga'liɲa]
haan (de)	**galo** (m)	['galu]
eend (de)	**pata** (f)	['pata]
woerd (de)	**pato** (m)	['patu]
gans (de)	**ganso** (m)	['gãsu]
kalkoen haan (de)	**peru** (m)	[pe'ru]
kalkoen (de)	**perua** (f)	[pe'rua]
huisdieren (mv.)	**animais** (m pl) **domésticos**	[ani'majs do'mɛstʃikus]
tam (bijv. hamster)	**domesticado**	[domestʃi'kadu]
temmen (tam maken)	**domesticar** (vt)	[domestʃi'kar]
fokken (bijv. paarden ~)	**criar** (vt)	[krjar]
boerderij (de)	**fazenda** (f)	[fa'zẽda]
gevogelte (het)	**aves** (f pl) **domésticas**	['avis do'mɛstʃikas]
rundvee (het)	**gado** (m)	['gadu]
kudde (de)	**rebanho** (m), **manada** (f)	[he'baɲu], [ma'nada]
paardenstal (de)	**estábulo** (m)	[is'tabulu]
zwijnenstal (de)	**chiqueiro** (m)	[ʃi'kejru]
koeienstal (de)	**estábulo** (m)	[is'tabulu]
konijnenhok (het)	**coelheira** (f)	[kue'ʎejra]
kippenhok (het)	**galinheiro** (m)	[gali'ɲejru]

213. Honden. Hondenrassen

hond (de)	**cão** (m)	['kãw]
herdershond (de)	**cão pastor** (m)	['kãw pas'tor]
Duitse herdershond (de)	**pastor-alemão** (m)	[pas'tor ale'mãw]
poedel (de)	**poodle** (m)	['pudw]
teckel (de)	**linguicinha** (m)	[lĩgwi'siɲa]
buldog (de)	**buldogue** (m)	[buw'dɔgi]

boxer (de)	**boxer** (m)	['bɔkser]
mastiff (de)	**mastim** (m)	[mas'tʃĩ]
rottweiler (de)	**rottweiler** (m)	[hɔt'vejler]
doberman (de)	**dóberman** (m)	['dɔberman]
basset (de)	**basset** (m)	[ba'sɛt]
bobtail (de)	**pastor inglês** (m)	[pas'tor ĩ'gles]
dalmatiër (de)	**dálmata** (m)	['dalmata]
cockerspaniël (de)	**cocker spaniel** (m)	['kɔker spa'njel]
Newfoundlander (de)	**terra-nova** (m)	['tɛha-'nɔva]
sint-bernard (de)	**são-bernardo** (m)	[sãw-ber'nardu]
husky (de)	**husky** (m) **siberiano**	['aski sibe'rjanu]
chowchow (de)	**Chow-chow** (m)	[ʃɔu'ʃɔu]
spits (de)	**spitz alemão** (m)	['spits ale'mãw]
mopshond (de)	**pug** (m)	[pug]

214. Dierengeluiden

geblaf (het)	**latido** (m)	[la'tʃidu]
blaffen (ww)	**latir** (vi)	[la'tʃir]
miauwen (ww)	**miar** (vi)	[mjar]
spinnen (katten)	**ronronar** (vi)	[hõho'nar]
loeien (ov. een koe)	**mugir** (vi)	[mu'ʒir]
brullen (stier)	**bramir** (vi)	[bra'mir]
grommen (ov. de honden)	**rosnar** (vi)	[hoz'nar]
gehuil (het)	**uivo** (m)	['wivu]
huilen (wolf, enz.)	**uivar** (vi)	[wi'var]
janken (ov. een hond)	**ganir** (vi)	[ga'nir]
mekkeren (schapen)	**balir** (vi)	[ba'lih]
knorren (varkens)	**grunhir** (vi)	[gru'ɲir]
gillen (bijv. varken)	**guinchar** (vi)	[gĩ'ʃar]
kwaken (kikvorsen)	**coaxar** (vi)	[koa'ʃar]
zoemen (hommel, enz.)	**zumbir** (vi)	[zũ'bir]
tjirpen (sprinkhanen)	**ziziar** (vi)	[zi'zjar]

215. Jonge dieren

jong (het)	**cria** (f), **filhote** (m)	['kria], [fi'ʎɔtʃi]
poesje (het)	**filhote de gato, gatinho** (m)	[fi'ʎɔtʃi de gatu], [ga'tiɲu]
muisje (het)	**ratinho** (m)	[ha'tiɲu]
puppy (de)	**cachorro** (m)	[ka'ʃohu]
jonge haas (de)	**filhote** (m) **de lebre**	[fi'ʎɔtʃi de 'lɛbri]
konijntje (het)	**coelhinho** (m)	[kue'ʎiɲu]
wolfje (het)	**lobinho** (m)	[lo'biɲu]
vosje (het)	**filhote** (m) **de raposa**	[fi'ʎɔtʃi de ha'pozu]

beertje (het)	**filhote** (m) **de urso**	[fi'ʎɔtʃi de 'ursu]
leeuwenjong (het)	**filhote** (m) **de leão**	[fi'ʎɔtʃi de le'ãw]
tijgertje (het)	**filhote** (m) **de tigre**	[fi'ʎɔtʃi de 'tʃigri]
olifantenjong (het)	**filhote** (m) **de elefante**	[fi'ʎɔtʃi de ele'fãtʃi]
biggetje (het)	**leitão** (m)	[lej'tãw]
kalf (het)	**bezerro** (m)	[be'zehu]
geitje (het)	**cabrito** (m)	[ka'britu]
lam (het)	**cordeiro** (m)	[kor'dejru]
reekalf (het)	**filhote** (m) **de veado**	[fi'ʎɔtʃi de 'vjadu]
jonge kameel (de)	**cria** (f) **de camelo**	['kria de ka'melu]
slangenjong (het)	**filhote** (m) **de serpente**	[fi'ʎɔtʃi de ser'pẽtʃi]
kikkertje (het)	**filhote** (m) **de rã**	[fi'ʎɔtʃi de hã]
vogeltje (het)	**cria** (f) **de ave**	['kria de 'avi]
kuiken (het)	**pinto** (m)	['pĩtu]
eendje (het)	**patinho** (m)	[pa'tʃiɲu]

216. Vogels

vogel (de)	**pássaro** (m), **ave** (f)	['pasaru], ['avi]
duif (de)	**pombo** (m)	['põbu]
mus (de)	**pardal** (m)	[par'daw]
koolmees (de)	**chapim-real** (m)	[ʃa'pĩ-he'aw]
ekster (de)	**pega-rabuda** (f)	['pega-ha'buda]
raaf (de)	**corvo** (m)	['korvu]
kraai (de)	**gralha-cinzenta** (f)	['graʎa sĩ'zẽta]
kauw (de)	**gralha-de-nuca-cinzenta** (f)	['graʎa de 'nuka sĩ'zẽta]
roek (de)	**gralha-calva** (f)	['graʎa 'kawvu]
eend (de)	**pato** (m)	['patu]
gans (de)	**ganso** (m)	['gãsu]
fazant (de)	**faisão** (m)	[faj'zãw]
arend (de)	**águia** (f)	['agja]
havik (de)	**açor** (m)	[a'sor]
valk (de)	**falcão** (m)	[faw'kãw]
gier (de)	**abutre** (m)	[a'butri]
condor (de)	**condor** (m)	[kõ'dor]
zwaan (de)	**cisne** (m)	['sizni]
kraanvogel (de)	**grou** (m)	[grow]
ooievaar (de)	**cegonha** (f)	[se'gɔɲa]
papegaai (de)	**papagaio** (m)	[papa'gaju]
kolibrie (de)	**beija-flor** (m)	[bejʒa'flɔr]
pauw (de)	**pavão** (m)	[pa'vãw]
struisvogel (de)	**avestruz** (m)	[aves'truz]
reiger (de)	**garça** (f)	['garsa]
flamingo (de)	**flamingo** (m)	[fla'mĩgu]
pelikaan (de)	**pelicano** (m)	[peli'kanu]

nachtegaal (de)	**rouxinol** (m)	[hoʃi'nɔw]
zwaluw (de)	**andorinha** (f)	[ãdo'riɲa]
lijster (de)	**tordo-zornal** (m)	['tɔrdu-zor'nal]
zanglijster (de)	**tordo-músico** (m)	['tɔrdu-'muziku]
merel (de)	**melro-preto** (m)	['mɛwhu 'pretu]
gierzwaluw (de)	**andorinhão** (m)	[ãdori'ɲãw]
leeuwerik (de)	**laverca, cotovia** (f)	[la'verka], [kutu'via]
kwartel (de)	**codorna** (f)	[ko'dɔrna]
specht (de)	**pica-pau** (m)	['pika 'paw]
koekoek (de)	**cuco** (m)	['kuku]
uil (de)	**coruja** (f)	[ko'ruʒa]
oehoe (de)	**bufo-real** (m)	['bufu-he'aw]
auerhoen (het)	**tetraz-grande** (m)	[tɛ'tras-'grãdʒi]
korhoen (het)	**tetraz-lira** (m)	[tɛ'tras-'lira]
patrijs (de)	**perdiz-cinzenta** (f)	[per'dis sĩ'zẽta]
spreeuw (de)	**estorninho** (m)	[istor'niɲu]
kanarie (de)	**canário** (m)	[ka'narju]
hazelhoen (het)	**galinha-do-mato** (f)	[ga'liɲa du 'matu]
vink (de)	**tentilhão** (m)	[tẽtʃi'ʎãw]
goudvink (de)	**dom-fafe** (m)	[dõ'fafi]
meeuw (de)	**gaivota** (f)	[gaj'vɔta]
albatros (de)	**albatroz** (m)	[alba'trɔs]
pinguïn (de)	**pinguim** (m)	[pĩ'gwĩ]

217. Vogels. Zingen en geluiden

fluiten, zingen (ww)	**cantar** (vi)	[kã'tar]
schreeuwen (dieren, vogels)	**gritar, chamar** (vi)	[gri'tar], [ʃa'mar]
kraaien (ov. een haan)	**cantar** (vi)	[kã'tar]
kukeleku	**cocorocó** (m)	[kɔkuru'kɔ]
klokken (hen)	**cacarejar** (vi)	[kakare'ʒar]
krassen (kraai)	**crocitar, grasnar** (vi)	[krosi'tar], [graz'nar]
kwaken (eend)	**grasnar** (vi)	[graz'nar]
piepen (kuiken)	**piar** (vi)	[pjar]
tjilpen (bijv. een mus)	**chilrear, gorjear** (vi)	[ʃiw'hjar], [gor'ʒjar]

218. Vis. Zeedieren

brasem (de)	**brema** (f)	['brema]
karper (de)	**carpa** (f)	['karpa]
baars (de)	**perca** (f)	['pehka]
meerval (de)	**siluro** (m)	[si'luru]
snoek (de)	**lúcio** (m)	['lusju]
zalm (de)	**salmão** (m)	[saw'mãw]
steur (de)	**esturjão** (m)	[istur'ʒãw]

haring (de)	**arenque** (m)	[a'rẽki]
atlantische zalm (de)	**salmão** (m) **do Atlântico**	[saw'mãw du at'lãtʃiku]
makreel (de)	**cavala, sarda** (f)	[ka'vala], ['sarda]
platvis (de)	**solha** (f), **linguado** (m)	['soʎa], [lĩ'gwadu]
snoekbaars (de)	**lúcio perca** (m)	['lusju 'perka]
kabeljauw (de)	**bacalhau** (m)	[baka'ʎaw]
tonijn (de)	**atum** (m)	[a'tũ]
forel (de)	**truta** (f)	['truta]
paling (de)	**enguia** (f)	[ẽ'gia]
sidderrog (de)	**raia** (f) **elétrica**	['haja e'lɛtrika]
murene (de)	**moreia** (f)	[mo'reja]
piranha (de)	**piranha** (f)	[pi'raɲa]
haai (de)	**tubarão** (m)	[tuba'rãw]
dolfijn (de)	**golfinho** (m)	[gow'fiɲu]
walvis (de)	**baleia** (f)	[ba'leja]
krab (de)	**caranguejo** (m)	[karã'geʒu]
kwal (de)	**água-viva** (f)	['agwa 'viva]
octopus (de)	**polvo** (m)	['powvu]
zeester (de)	**estrela-do-mar** (f)	[is'trela du 'mar]
zee-egel (de)	**ouriço-do-mar** (m)	[o'risu du 'mar]
zeepaardje (het)	**cavalo-marinho** (m)	[ka'valu ma'riɲu]
oester (de)	**ostra** (f)	['ostra]
garnaal (de)	**camarão** (m)	[kama'rãw]
kreeft (de)	**lagosta** (f)	[la'gosta]
langoest (de)	**lagosta** (f)	[la'gosta]

219. Amfibieën. Reptielen

slang (de)	**cobra** (f)	['kɔbra]
giftig (slang)	**venenoso**	[vene'nozu]
adder (de)	**víbora** (f)	['vibora]
cobra (de)	**naja** (f)	['naʒa]
python (de)	**píton** (m)	['pitɔn]
boa (de)	**jiboia** (f)	[ʒi'bɔja]
ringslang (de)	**cobra-de-água** (f)	[kɔbra de 'agwa]
ratelslang (de)	**cascavel** (f)	[kaska'vɛw]
anaconda (de)	**anaconda, sucuri** (f)	[ana'kõda], [sukuri]
hagedis (de)	**lagarto** (m)	[la'gartu]
leguaan (de)	**iguana** (f)	[i'gwana]
varaan (de)	**varano** (m)	[va'ranu]
salamander (de)	**salamandra** (f)	[sala'mãdra]
kameleon (de)	**camaleão** (m)	[kamale'ãu]
schorpioen (de)	**escorpião** (m)	[iskorpi'ãw]
schildpad (de)	**tartaruga** (f)	[tarta'ruga]
kikker (de)	**rã** (f)	[hã]

pad (de)	**sapo** (m)	['sapu]
krokodil (de)	**crocodilo** (m)	[kroko'dʒilu]

220. Insecten

insect (het)	**inseto** (m)	[ĩ'sɛtu]
vlinder (de)	**borboleta** (f)	[borbo'leta]
mier (de)	**formiga** (f)	[for'miga]
vlieg (de)	**mosca** (f)	['moska]
mug (de)	**mosquito** (m)	[mos'kitu]
kever (de)	**escaravelho** (m)	[iskara'veʎu]
wesp (de)	**vespa** (f)	['vespa]
bij (de)	**abelha** (f)	[a'beʎa]
hommel (de)	**mamangaba** (f)	[mamã'gaba]
horzel (de)	**moscardo** (m)	[mos'kardu]
spin (de)	**aranha** (f)	[a'raɲa]
spinnenweb (het)	**teia** (f) **de aranha**	['teja de a'raɲa]
libel (de)	**libélula** (f)	[li'bɛlula]
sprinkhaan (de)	**gafanhoto** (m)	[gafa'ɲotu]
nachtvlinder (de)	**traça** (f)	['trasa]
kakkerlak (de)	**barata** (f)	[ba'rata]
teek (de)	**carrapato** (m)	[kaha'patu]
vlo (de)	**pulga** (f)	['puwga]
kriebelmug (de)	**borrachudo** (m)	[boha'ʃudu]
treksprinkhaan (de)	**gafanhoto-migratório** (m)	[gafa'ɲotu-migra'tɔrju]
slak (de)	**caracol** (m)	[kara'kɔw]
krekel (de)	**grilo** (m)	['grilu]
glimworm (de)	**pirilampo, vaga-lume** (m)	[piri'lãpu], [vaga-'lumi]
lieveheersbeestje (het)	**joaninha** (f)	[ʒwa'niɲa]
meikever (de)	**besouro** (m)	[be'zoru]
bloedzuiger (de)	**sanguessuga** (f)	[sãgi'suga]
rups (de)	**lagarta** (f)	[la'garta]
aardworm (de)	**minhoca** (f)	[mi'ɲɔka]
larve (de)	**larva** (f)	['larva]

221. Dieren. Lichaamsdelen

snavel (de)	**bico** (m)	['biku]
vleugels (mv.)	**asas** (f pl)	['azas]
poot (ov. een vogel)	**pata** (f)	['pata]
verenkleed (het)	**plumagem** (f)	[plu'maʒẽ]
veer (de)	**pena, pluma** (f)	['pena], ['pluma]
kuifje (het)	**crista** (f)	['krista]
kieuwen (mv.)	**guelras** (f pl)	['gɛwhas]
kuit, dril (de)	**ovas** (f pl)	['ɔvas]

larve (de)	**larva** (f)	['larva]
vin (de)	**barbatana** (f)	[barba'tana]
schubben (mv.)	**escama** (f)	[is'kama]
slagtand (de)	**presa** (f)	['preza]
poot (bijv. ~ van een kat)	**pata** (f)	['pata]
muil (de)	**focinho** (m)	[fo'siɲu]
bek (mond van dieren)	**boca** (f)	['boka]
staart (de)	**cauda** (f), **rabo** (m)	['kawda], ['habu]
snorharen (mv.)	**bigodes** (m pl)	[bi'gɔdʒis]
hoef (de)	**casco** (m)	['kasku]
hoorn (de)	**corno** (m)	['kornu]
schild (schildpad, enz.)	**carapaça** (f)	[kara'pasa]
schelp (de)	**concha** (f)	['kõʃa]
eierschaal (de)	**casca** (f) **de ovo**	['kaska de 'ovu]
vacht (de)	**pelo** (m)	['pelu]
huid (de)	**pele** (f), **couro** (m)	['pɛli], ['koru]

222. Acties van de dieren

vliegen (ww)	**voar** (vi)	[vo'ar]
cirkelen (vogel)	**dar voltas**	[dar 'vɔwtas]
wegvliegen (ww)	**voar** (vi)	[vo'ar]
klapwieken (ww)	**bater as asas**	[ba'ter as 'azas]
pikken (vogels)	**bicar** (vi)	[bi'kar]
broeden (de eend zit te ~)	**incubar** (vt)	[ĩku'bar]
uitbroeden (ww)	**sair do ovo**	[sa'ir du 'ovu]
een nest bouwen	**fazer o ninho**	[fa'zer u 'niɲu]
kruipen (ww)	**rastejar** (vi)	[haste'ʒar]
steken (bij)	**picar** (vt)	[pi'kar]
bijten (de hond, enz.)	**morder** (vt)	[mor'der]
snuffelen (ov. de dieren)	**cheirar** (vt)	[ʃej'rar]
blaffen (ww)	**latir** (vi)	[la'tʃir]
sissen (slang)	**silvar** (vi)	[siw'var]
doen schrikken (ww)	**assustar** (vt)	[asus'tar]
aanvallen (ww)	**atacar** (vt)	[ata'kar]
knagen (ww)	**roer** (vt)	[hwer]
schrammen (ww)	**arranhar** (vt)	[aha'ɲar]
zich verbergen (ww)	**esconder-se** (vr)	[iskõ'dersi]
spelen (ww)	**brincar** (vi)	[brĩ'kar]
jagen (ww)	**caçar** (vi)	[ka'sar]
winterslapen	**hibernar** (vi)	[iber'nar]
uitsterven (dinosauriërs, enz.)	**extinguir-se** (vr)	[istʃĩ'girsi]

223. Dieren. Leefomgevingen

leefgebied (het)	**hábitat** (m)	['abitatʃi]
migratie (de)	**migração** (f)	[migra'sãw]
berg (de)	**montanha** (f)	[mõ'taɲa]
rif (het)	**recife** (m)	[he'sifi]
klip (de)	**falésia** (f)	[fa'lɛzja]
bos (het)	**floresta** (f)	[flo'rɛsta]
jungle (de)	**selva** (f)	['sɛwva]
savanne (de)	**savana** (f)	[sa'vana]
toendra (de)	**tundra** (f)	['tũdra]
steppe (de)	**estepe** (f)	[is'tɛpi]
woestijn (de)	**deserto** (m)	[de'zɛrtu]
oase (de)	**oásis** (m)	[o'asis]
zee (de)	**mar** (m)	[mah]
meer (het)	**lago** (m)	['lagu]
oceaan (de)	**oceano** (m)	[o'sjanu]
moeras (het)	**pântano** (m)	['pãtanu]
zoetwater- (abn)	**de água doce**	[de 'agwa 'dosi]
vijver (de)	**lagoa** (f)	[la'goa]
rivier (de)	**rio** (m)	['hiu]
berenhol (het)	**toca** (f) **do urso**	['tɔka du 'ursu]
nest (het)	**ninho** (m)	['niɲu]
boom holte (de)	**buraco** (m) **de árvore**	[bu'raku de 'arvori]
hol (het)	**toca** (f)	['tɔka]
mierenhoop (de)	**formigueiro** (m)	[formi'gejru]

224. Dierverzorging

dierentuin (de)	**jardim** (m) **zoológico**	[ʒar'dʒĩ zo'lɔʒiku]
natuurreservaat (het)	**reserva** (f) **natural**	[he'zɛrva natu'raw]
fokkerij (de)	**viveiro** (m)	[vi'vejru]
openluchtkooi (de)	**jaula** (f) **de ar livre**	['ʒawla de ar 'livri]
kooi (de)	**jaula, gaiola** (f)	['ʒawla], [ga'jɔla]
hondenhok (het)	**casinha** (f) **de cachorro**	[ka'ziɲa de ka'ʃohu]
duiventil (de)	**pombal** (m)	[põ'baw]
aquarium (het)	**aquário** (m)	[a'kwarju]
dolfinarium (het)	**delfinário** (m)	[delfi'narju]
fokken (bijv. honden ~)	**criar** (vt)	[krjar]
nakomelingen (mv.)	**cria** (f)	['kria]
temmen (tam maken)	**domesticar** (vt)	[domestʃi'kar]
dresseren (ww)	**adestrar** (vt)	[ades'trar]
voeding (de)	**ração** (f)	[ha'sãw]
voederen (ww)	**alimentar** (vt)	[alimẽ'tar]

dierenwinkel (de)	**loja** (f) **de animais**	['lɔʒa de animajs]
muilkorf (de)	**focinheira** (m)	[fosi'ɲejra]
halsband (de)	**coleira** (f)	[ko'lejra]
naam (ov. een dier)	**nome** (m)	['nɔmi]
stamboom (honden met ~)	**pedigree** (m)	[pedʒi'gri]

225. Dieren. Diversen

meute (wolven)	**alcateia** (f)	[awka'tɛja]
zwerm (vogels)	**bando** (m)	['bãdu]
school (vissen)	**cardume** (m)	[kar'dumi]
kudde (wilde paarden)	**manada** (f)	[ma'nada]
mannetje (het)	**macho** (m)	['maʃu]
vrouwtje (het)	**fêmea** (f)	['femja]
hongerig (bn)	**faminto**	[fa'mĩtu]
wild (bn)	**selvagem**	[sew'vaʒẽ]
gevaarlijk (bn)	**perigoso**	[peri'gozu]

226. Paarden

paard (het)	**cavalo** (m)	[ka'valu]
ras (het)	**raça** (f)	['hasa]
veulen (het)	**potro** (m)	['potru]
merrie (de)	**égua** (f)	['ɛgwa]
mustang (de)	**mustangue** (m)	[mus'tãgi]
pony (de)	**pônei** (m)	['ponej]
koudbloed (de)	**cavalo** (m) **de tiro**	[ka'valu de 'tʃiru]
manen (mv.)	**crina** (f)	['krina]
staart (de)	**rabo** (m)	['habu]
hoef (de)	**casco** (m)	['kasku]
hoefijzer (het)	**ferradura** (f)	[feha'dura]
beslaan (ww)	**ferrar** (vt)	[fe'har]
paardensmid (de)	**ferreiro** (m)	[fe'hejru]
zadel (het)	**sela** (f)	['sɛla]
stijgbeugel (de)	**estribo** (m)	[is'tribu]
breidel (de)	**brida** (f)	['brida]
leidsels (mv.)	**rédeas** (f pl)	['hɛdʒjas]
zweep (de)	**chicote** (m)	[ʃi'kɔtʃi]
ruiter (de)	**cavaleiro** (m)	[kava'lejru]
zadelen (ww)	**colocar sela**	[kolo'kar 'sɛla]
een paard bestijgen	**montar no cavalo**	[mõ'tar nu ka'valu]
galop (de)	**galope** (m)	[ga'lɔpi]
galopperen (ww)	**galopar** (vi)	[galo'par]

draf (de)	**trote** (m)	['trɔtʃi]
in draf (bw)	**a trote**	[a 'trɔtʃi]
draven (ww)	**ir a trote**	[ir a 'trɔtʃi]
renpaard (het)	**cavalo** (m) **de corrida**	[ka'valu de ko'hida]
paardenrace (de)	**corridas** (f pl)	[ko'hidas]
paardenstal (de)	**estábulo** (m)	[is'tabulu]
voederen (ww)	**alimentar** (vt)	[alimẽ'tar]
hooi (het)	**feno** (m)	['fenu]
water geven (ww)	**dar água**	[dar 'agwa]
wassen (paard ~)	**limpar** (vt)	[lĩ'par]
paardenkar (de)	**carroça** (f)	[ka'hɔsa]
grazen (gras eten)	**pastar** (vi)	[pas'tar]
hinniken (ww)	**relinchar** (vi)	[helĩ'ʃar]
een trap geven	**dar um coice**	[dar ũ 'kojsi]

Flora

227. Bomen

boom (de)	**árvore** (f)	['arvori]
loof- (abn)	**decídua**	[de'sidwa]
dennen- (abn)	**conífera**	[ko'nifera]
groenblijvend (bn)	**perene**	[pe'rɛni]
appelboom (de)	**macieira** (f)	[ma'sjejra]
perenboom (de)	**pereira** (f)	[pe'rejra]
zoete kers (de)	**cerejeira** (f)	[sere'ʒejra]
zure kers (de)	**ginjeira** (f)	[ʒĩ'ʒejra]
pruimelaar (de)	**ameixeira** (f)	[amej'ʃejra]
berk (de)	**bétula** (f)	['bɛtula]
eik (de)	**carvalho** (m)	[kar'vaʎu]
linde (de)	**tília** (f)	['tʃilja]
esp (de)	**choupo-tremedor** (m)	['ʃopu-treme'dor]
esdoorn (de)	**bordo** (m)	['bɔrdu]
spar (de)	**espruce** (m)	[is'pruse]
den (de)	**pinheiro** (m)	[pi'ɲejru]
lariks (de)	**alerce, lariço** (m)	[a'lɛrse], [la'risu]
zilverspar (de)	**abeto** (m)	[a'bɛtu]
ceder (de)	**cedro** (m)	['sɛdru]
populier (de)	**choupo, álamo** (m)	['ʃopu], ['alamu]
lijsterbes (de)	**tramazeira** (f)	[trama'zejra]
wilg (de)	**salgueiro** (m)	[saw'gejru]
els (de)	**amieiro** (m)	[a'mjejru]
beuk (de)	**faia** (f)	['faja]
iep (de)	**ulmeiro, olmo** (m)	[ul'mejru], ['ɔwmu]
es (de)	**freixo** (m)	['frejʃu]
kastanje (de)	**castanheiro** (m)	[kasta'ɲejru]
magnolia (de)	**magnólia** (f)	[mag'nɔlja]
palm (de)	**palmeira** (f)	[paw'mejra]
cipres (de)	**cipreste** (m)	[si'prɛstʃi]
mangrove (de)	**mangue** (m)	['mãgi]
baobab (apenbroodboom)	**embondeiro, baobá** (m)	[ẽbõ'dejru], [bao'ba]
eucalyptus (de)	**eucalipto** (m)	[ewka'liptu]
mammoetboom (de)	**sequoia** (f)	[se'kwɔja]

228. Heesters

struik (de)	**arbusto** (m)	[ar'bustu]
heester (de)	**arbusto** (m), **moita** (f)	[ar'bustu], ['mɔjta]

wijnstok (de)	**videira** (f)	[vi'dejra]
wijngaard (de)	**vinhedo** (m)	[vi'ɲedu]
frambozenstruik (de)	**framboeseira** (f)	[frãboe'zejra]
zwarte bes (de)	**groselheira-negra** (f)	[groze'ʎejra 'negra]
rode bessenstruik (de)	**groselheira-vermelha** (f)	[grozɛ'ʎejra ver'meʎa]
kruisbessenstruik (de)	**groselheira** (f) **espinhosa**	[groze'ʎejra ispi'ɲoza]
acacia (de)	**acácia** (f)	[a'kasja]
zuurbes (de)	**bérberis** (f)	['bɛrberis]
jasmijn (de)	**jasmim** (m)	[ʒaz'mĩ]
jeneverbes (de)	**junípero** (m)	[ʒu'niperu]
rozenstruik (de)	**roseira** (f)	[ho'zejra]
hondsroos (de)	**roseira** (f) **brava**	[ho'zejra 'brava]

229. Champignons

paddenstoel (de)	**cogumelo** (m)	[kogu'mɛlu]
eetbare paddenstoel (de)	**cogumelo** (m) **comestível**	[kogu'mɛlu komes'tʃivew]
giftige paddenstoel (de)	**cogumelo** (m) **venenoso**	[kogu'mɛlu vene'nozu]
hoed (de)	**chapéu** (m)	[ʃa'pɛw]
steel (de)	**pé, caule** (m)	[pɛ], ['kauli]
eekhoorntjesbrood (het)	**boleto, porcino** (m)	[bu'letu], [pɔrsinu]
rosse populierboleet (de)	**boleto** (m) **alaranjado**	[bu'letu alarã'ʒadu]
berkenboleet (de)	**boleto** (m) **de bétula**	[bu'letu de 'bɛtula]
cantharel (de)	**cantarelo** (m)	[kãta'rɛlu]
russula (de)	**rússula** (f)	['rusula]
morielje (de)	**morchella** (f)	[mor'ʃɛla]
vliegenzwam (de)	**agário-das-moscas** (m)	[a'garju das 'moskas]
groene knolamaniet (de)	**cicuta** (f) **verde**	[si'kuta 'verdʒi]

230. Vruchten. Bessen

vrucht (de)	**fruta** (f)	['fruta]
vruchten (mv.)	**frutas** (f pl)	['frutas]
appel (de)	**maçã** (f)	[ma'sã]
peer (de)	**pera** (f)	['pera]
pruim (de)	**ameixa** (f)	[a'mejʃa]
aardbei (de)	**morango** (m)	[mo'rãgu]
zure kers (de)	**ginja** (f)	['ʒĩʒa]
zoete kers (de)	**cereja** (f)	[se'reʒa]
druif (de)	**uva** (f)	['uva]
framboos (de)	**framboesa** (f)	[frãbo'eza]
zwarte bes (de)	**groselha** (f) **negra**	[gro'zɛʎa 'negra]
rode bes (de)	**groselha** (f) **vermelha**	[[gro'zɛʎa ver'meʎa]
kruisbes (de)	**groselha** (f) **espinhosa**	[gro'zɛʎa ispi'ɲoza]
veenbes (de)	**oxicoco** (m)	[oksi'koku]

sinaasappel (de)	**laranja** (f)	[la'rãʒa]
mandarijn (de)	**tangerina** (f)	[tãʒe'rina]
ananas (de)	**abacaxi** (m)	[abaka'ʃi]
banaan (de)	**banana** (f)	[ba'nana]
dadel (de)	**tâmara** (f)	['tamara]
citroen (de)	**limão** (m)	[li'mãw]
abrikoos (de)	**damasco** (m)	[da'masku]
perzik (de)	**pêssego** (m)	['pesegu]
kiwi (de)	**quiuí** (m)	[ki'vi]
grapefruit (de)	**toranja** (f)	[to'rãʒa]
bes (de)	**baga** (f)	['baga]
bessen (mv.)	**bagas** (f pl)	['bagas]
vossenbes (de)	**arando** (m) **vermelho**	[a'rãdu ver'meʎu]
bosaardbei (de)	**morango-silvestre** (m)	[mo'rãgu siw'vɛstri]
blauwe bosbes (de)	**mirtilo** (m)	[mih'tʃilu]

231. Bloemen. Planten

bloem (de)	**flor** (f)	[flɔr]
boeket (het)	**buquê** (m) **de flores**	[bu'ke de 'floris]
roos (de)	**rosa** (f)	['hɔza]
tulp (de)	**tulipa** (f)	[tu'lipa]
anjer (de)	**cravo** (m)	['kravu]
gladiool (de)	**gladíolo** (m)	[gla'dʒiolu]
korenbloem (de)	**escovinha** (f)	[isko'viɲa]
klokje (het)	**campainha** (f)	[kampa'iɲa]
paardenbloem (de)	**dente-de-leão** (m)	['dẽtʃi de le'ãw]
kamille (de)	**camomila** (f)	[kamo'mila]
aloë (de)	**aloé** (m)	[alo'ɛ]
cactus (de)	**cacto** (m)	['kaktu]
ficus (de)	**fícus** (m)	['fikus]
lelie (de)	**lírio** (m)	['lirju]
geranium (de)	**gerânio** (m)	[ʒe'ranju]
hyacint (de)	**jacinto** (m)	[ʒa'sĩtu]
mimosa (de)	**mimosa** (f)	[mi'mɔza]
narcis (de)	**narciso** (m)	[nar'sizu]
Oost-Indische kers (de)	**capuchinha** (f)	[kapu'ʃiɲa]
orchidee (de)	**orquídea** (f)	[or'kidʒja]
pioenroos (de)	**peônia** (f)	[pi'onia]
viooltje (het)	**violeta** (f)	[vjo'leta]
driekleurig viooltje (het)	**amor-perfeito** (m)	[a'mor per'fejtu]
vergeet-mij-nietje (het)	**não-me-esqueças** (m)	['nãw mi is'kesas]
madeliefje (het)	**margarida** (f)	[marga'rida]
papaver (de)	**papoula** (f)	[pa'pola]
hennep (de)	**cânhamo** (m)	['kaɲamu]

munt (de)	**hortelã, menta** (f)	[orte'lã], ['mẽta]
lelietje-van-dalen (het)	**lírio-do-vale** (m)	['lirju du 'vali]
sneeuwklokje (het)	**campânula-branca** (f)	[kã'panula-'brãka]
brandnetel (de)	**urtiga** (f)	[ur'tʃiga]
veldzuring (de)	**azedinha** (f)	[aze'dʒinha]
waterlelie (de)	**nenúfar** (m)	[ne'nufar]
varen (de)	**samambaia** (f)	[samã'baja]
korstmos (het)	**líquen** (m)	['likẽ]
oranjerie (de)	**estufa** (f)	[is'tufa]
gazon (het)	**gramado** (m)	[gra'madu]
bloemperk (het)	**canteiro** (m) **de flores**	[kã'tejru de 'floris]
plant (de)	**planta** (f)	['plãta]
gras (het)	**grama** (f)	['grama]
grasspriet (de)	**folha** (f) **de grama**	['foʎa de 'grama]
blad (het)	**folha** (f)	['foʎa]
bloemblad (het)	**pétala** (f)	['pɛtala]
stengel (de)	**talo** (m)	['talu]
knol (de)	**tubérculo** (m)	[tu'berkulu]
scheut (de)	**broto, rebento** (m)	['brotu], [he'bẽtu]
doorn (de)	**espinho** (m)	[is'piɲu]
bloeien (ww)	**florescer** (vi)	[flore'ser]
verwelken (ww)	**murchar** (vi)	[mur'ʃar]
geur (de)	**cheiro** (m)	['ʃejru]
snijden (bijv. bloemen ~)	**cortar** (vt)	[kor'tar]
plukken (bloemen ~)	**colher** (vt)	[ko'ʎer]

232. Granen, graankorrels

graan (het)	**grão** (m)	['grãw]
graangewassen (mv.)	**cereais** (m pl)	[se'rjajs]
aar (de)	**espiga** (f)	[is'piga]
tarwe (de)	**trigo** (m)	['trigu]
rogge (de)	**centeio** (m)	[sẽ'teju]
haver (de)	**aveia** (f)	[a'veja]
gierst (de)	**painço** (m)	[pa'ĩsu]
gerst (de)	**cevada** (f)	[se'vada]
maïs (de)	**milho** (m)	['miʎu]
rijst (de)	**arroz** (m)	[a'hoz]
boekweit (de)	**trigo-sarraceno** (m)	['trigu-saha'sẽnu]
erwt (de)	**ervilha** (f)	[er'viʎa]
nierboon (de)	**feijão** (m) **roxo**	[fej'ʒãw 'hoʃu]
soja (de)	**soja** (f)	['sɔʒa]
linze (de)	**lentilha** (f)	[lẽ'tʃiʎa]
bonen (mv.)	**feijão** (m)	[fej'ʒãw]

233. Groenten. Groene groenten

groenten (mv.)	**vegetais** (m pl)	[veʒe'tajs]
verse kruiden (mv.)	**verdura** (f)	[ver'dura]
tomaat (de)	**tomate** (m)	[to'matʃi]
augurk (de)	**pepino** (m)	[pe'pinu]
wortel (de)	**cenoura** (f)	[se'nora]
aardappel (de)	**batata** (f)	[ba'tata]
ui (de)	**cebola** (f)	[se'bola]
knoflook (de)	**alho** (m)	['aʎu]
kool (de)	**couve** (f)	['kovi]
bloemkool (de)	**couve-flor** (f)	['kovi 'flɔr]
spruitkool (de)	**couve-de-bruxelas** (f)	['kovi de bru'ʃelas]
broccoli (de)	**brócolis** (m pl)	['brɔkolis]
rode biet (de)	**beterraba** (f)	[bete'haba]
aubergine (de)	**berinjela** (f)	[berĩ'ʒɛla]
courgette (de)	**abobrinha** (f)	[abo'briɲa]
pompoen (de)	**abóbora** (f)	[a'bɔbora]
knolraap (de)	**nabo** (m)	['nabu]
peterselie (de)	**salsa** (f)	['sawsa]
dille (de)	**endro, aneto** (m)	['ẽdru], [a'netu]
sla (de)	**alface** (f)	[aw'fasi]
selderij (de)	**aipo** (m)	['ajpu]
asperge (de)	**aspargo** (m)	[as'pargu]
spinazie (de)	**espinafre** (m)	[ispi'nafri]
erwt (de)	**ervilha** (f)	[er'viʎa]
bonen (mv.)	**feijão** (m)	[fej'ʒãw]
maïs (de)	**milho** (m)	['miʎu]
nierboon (de)	**feijão** (m) **roxo**	[fej'ʒãw 'hoʃu]
peper (de)	**pimentão** (m)	[pimẽ'tãw]
radijs (de)	**rabanete** (m)	[haba'netʃi]
artisjok (de)	**alcachofra** (f)	[awka'ʃofra]

REGIONALE AARDRIJKSKUNDE

234. West-Europa

Europa (het)	**Europa** (f)	[ew'rɔpa]
Europese Unie (de)	**União** (f) **Europeia**	[u'njãw euro'pɛja]
Europeaan (de)	**europeu** (m)	[ewro'peu]
Europees (bn)	**europeu**	[ewro'peu]
Oostenrijk (het)	**Áustria** (f)	['awstrja]
Oostenrijker (de)	**austríaco** (m)	[aws'triaku]
Oostenrijkse (de)	**austríaca** (f)	[aws'triaka]
Oostenrijks (bn)	**austríaco**	[aws'triaku]
Groot-Brittannië (het)	**Grã-Bretanha** (f)	[grã-bre'taɲa]
Engeland (het)	**Inglaterra** (f)	[ĩgla'tɛha]
Engelsman (de)	**inglês** (m)	[ĩ'gles]
Engelse (de)	**inglesa** (f)	[ĩ'gleza]
Engels (bn)	**inglês**	[ĩ'gles]
België (het)	**Bélgica** (f)	['bɛwʒika]
Belg (de)	**belga** (m)	['bɛwga]
Belgische (de)	**belga** (f)	['bɛwga]
Belgisch (bn)	**belga**	['bɛwga]
Duitsland (het)	**Alemanha** (f)	[ale'mãɲa]
Duitser (de)	**alemão** (m)	[ale'mãw]
Duitse (de)	**alemã** (f)	[ale'mã]
Duits (bn)	**alemão**	[ale'mãw]
Nederland (het)	**Países Baixos** (m pl)	[pa'jisis 'baɪʃus]
Holland (het)	**Holanda** (f)	[o'lãda]
Nederlander (de)	**holandês** (m)	[olã'des]
Nederlandse (de)	**holandesa** (f)	[ɔlã'deza]
Nederlands (bn)	**holandês**	[olã'des]
Griekenland (het)	**Grécia** (f)	['grɛsja]
Griek (de)	**grego** (m)	['gregu]
Griekse (de)	**grega** (f)	['grega]
Grieks (bn)	**grego**	['gregu]
Denemarken (het)	**Dinamarca** (f)	[dʒina'marka]
Deen (de)	**dinamarquês** (m)	[dʒinamar'kes]
Deense (de)	**dinamarquesa** (f)	[dʒinamar'keza]
Deens (bn)	**dinamarquês**	[dʒinamar'kes]
Ierland (het)	**Irlanda** (f)	[ir'lãda]
Ier (de)	**irlandês** (m)	[irlã'des]
Ierse (de)	**irlandesa** (f)	[irlã'deza]
Iers (bn)	**irlandês**	[irlã'des]

IJsland (het)	**Islândia** (f)	[iz'lãdʒa]
IJslander (de)	**islandês** (m)	[izlã'des]
IJslandse (de)	**islandesa** (f)	[izlã'deza]
IJslands (bn)	**islandês**	[izlã'des]
Spanje (het)	**Espanha** (f)	[is'paɲa]
Spanjaard (de)	**espanhol** (m)	[ispa'ɲɔw]
Spaanse (de)	**espanhola** (f)	[ispa'ɲɔla]
Spaans (bn)	**espanhol**	[ispa'ɲɔw]
Italië (het)	**Itália** (f)	[i'talja]
Italiaan (de)	**italiano** (m)	[ita'ljanu]
Italiaanse (de)	**italiana** (f)	[ita'ljana]
Italiaans (bn)	**italiano**	[ita'ljanu]
Cyprus (het)	**Chipre** (m)	['ʃipri]
Cypriot (de)	**cipriota** (m)	[si'prjɔta]
Cypriotische (de)	**cipriota** (f)	[si'prjɔta]
Cypriotisch (bn)	**cipriota**	[si'prjɔta]
Malta (het)	**Malta** (f)	['mawta]
Maltees (de)	**maltês** (m)	[maw'tes]
Maltese (de)	**maltesa** (f)	[maw'teza]
Maltees (bn)	**maltês**	[maw'tes]
Noorwegen (het)	**Noruega** (f)	[nor'wɛga]
Noor (de)	**norueguês** (m)	[norwe'ges]
Noorse (de)	**norueguesa** (f)	[norwe'geza]
Noors (bn)	**norueguês**	[norwe'ges]
Portugal (het)	**Portugal** (m)	[portu'gaw]
Portugees (de)	**português** (m)	[portu'ges]
Portugese (de)	**portuguesa** (f)	[portu'geza]
Portugees (bn)	**português**	[portu'ges]
Finland (het)	**Finlândia** (f)	[fĩ'lãdʒja]
Fin (de)	**finlandês** (m)	[fĩlã'des]
Finse (de)	**finlandesa** (f)	[fĩlã'deza]
Fins (bn)	**finlandês**	[fĩlã'des]
Frankrijk (het)	**França** (f)	['frãsa]
Fransman (de)	**francês** (m)	[frã'ses]
Française (de)	**francesa** (f)	[frã'seza]
Frans (bn)	**francês**	[frã'ses]
Zweden (het)	**Suécia** (f)	['swɛsja]
Zweed (de)	**sueco** (m)	['swɛku]
Zweedse (de)	**sueca** (f)	['swɛka]
Zweeds (bn)	**sueco**	['swɛku]
Zwitserland (het)	**Suíça** (f)	['swisa]
Zwitser (de)	**suíço** (m)	['swisu]
Zwitserse (de)	**suíça** (f)	['swisa]
Zwitsers (bn)	**suíço**	['swisu]
Schotland (het)	**Escócia** (f)	[is'kɔsja]
Schot (de)	**escocês** (m)	[isko'ses]

Schotse (de)	**escocesa** (f)	[isko'seza]
Schots (bn)	**escocês**	[isko'ses]
Vaticaanstad (de)	**Vaticano** (m)	[vatʃi'kanu]
Liechtenstein (het)	**Liechtenstein** (m)	[liʃtẽs'tajn]
Luxemburg (het)	**Luxemburgo** (m)	[luʃẽ'burgu]
Monaco (het)	**Mônaco** (m)	['monaku]

235. Centraal- en Oost-Europa

Albanië (het)	**Albânia** (f)	[aw'banja]
Albanees (de)	**albanês** (m)	[awba'nes]
Albanese (de)	**albanesa** (f)	[awba'neza]
Albanees (bn)	**albanês**	[awba'nes]
Bulgarije (het)	**Bulgária** (f)	[buw'garja]
Bulgaar (de)	**búlgaro** (m)	['buwgaru]
Bulgaarse (de)	**búlgara** (f)	['buwgara]
Bulgaars (bn)	**búlgaro**	['buwgaru]
Hongarije (het)	**Hungria** (f)	[ũ'gria]
Hongaar (de)	**húngaro** (m)	['ũgaru]
Hongaarse (de)	**húngara** (f)	['ũgara]
Hongaars (bn)	**húngaro**	['ũgaru]
Letland (het)	**Letônia** (f)	[le'tonja]
Let (de)	**letão** (m)	[le'tãw]
Letse (de)	**letã** (f)	[le'tã]
Lets (bn)	**letão**	[le'tãw]
Litouwen (het)	**Lituânia** (f)	[li'twanja]
Litouwer (de)	**lituano** (m)	[litu'ãnu]
Litouwse (de)	**lituana** (f)	[litu'ãna]
Litouws (bn)	**lituano**	[litu'ãnu]
Polen (het)	**Polônia** (f)	[po'lonja]
Pool (de)	**polonês** (m)	[polo'nez]
Poolse (de)	**polonesa** (f)	[polo'neza]
Pools (bn)	**polonês**	[polo'nez]
Roemenië (het)	**Romênia** (f)	[ho'menja]
Roemeen (de)	**romeno** (m)	[ho'mɛnu]
Roemeense (de)	**romena** (f)	[ho'mɛnu]
Roemeens (bn)	**romeno**	[ho'mɛnu]
Servië (het)	**Sérvia** (f)	['sɛhvia]
Serviër (de)	**sérvio** (m)	['sɛhviu]
Servische (de)	**sérvia** (f)	['sɛhvia]
Servisch (bn)	**sérvio**	['sɛhviu]
Slowakije (het)	**Eslováquia** (f)	islɔ'vakja]
Slowaak (de)	**eslovaco** (m)	islɔ'vaku]
Slowaakse (de)	**eslovaca** (f)	islɔ'vaka]
Slowaakse (bn)	**eslovaco**	islɔ'vaku]

Kroatië (het)	**Croácia** (f)	[kro'asja]
Kroaat (de)	**croata** (m)	['krwata]
Kroatische (de)	**croata** (f)	['krwata]
Kroatisch (bn)	**croata**	['krwata]
Tsjechië (het)	**República** (f) **Checa**	[he'publika 'ʃeka]
Tsjech (de)	**checo** (m)	['ʃɛku]
Tsjechische (de)	**checa** (f)	['ʃɛka]
Tsjechisch (bn)	**checo**	['ʃɛku]
Estland (het)	**Estônia** (f)	[is'tonja]
Est (de)	**estônio** (m)	[is'tonju]
Estse (de)	**estônia** (f)	[is'tonja]
Ests (bn)	**estônio**	[is'tonju]
Bosnië en Herzegovina (het)	**Bósnia e Herzegovina** (f)	['bɔsnia i ɛrtsegɔ'vina]
Macedonië (het)	**Macedônia** (f)	[mase'donja]
Slovenië (het)	**Eslovênia** (f)	islɔ'venja]
Montenegro (het)	**Montenegro** (m)	[mõtʃi'negru]

236. Voormalige USSR landen

Azerbeidzjan (het)	**Azerbaijão** (m)	[azerbaj'ʒãw]
Azerbeidzjaan (de)	**azeri** (m)	[aze'ri]
Azerbeidjaanse (de)	**azeri** (f)	[aze'ri]
Azerbeidjaans (bn)	**azeri, azerbaijano**	[aze'ri], [azerbaj'ʒãnu]
Armenië (het)	**Armênia** (f)	[ar'menja]
Armeen (de)	**armênio** (m)	[ar'menju]
Armeense (de)	**armênia** (f)	[ar'menja]
Armeens (bn)	**armênio**	[ar'menju]
Wit-Rusland (het)	**Belarus**	[bela'rus]
Wit-Rus (de)	**bielorrusso** (m)	[biɛlo'husu]
Wit-Russische (de)	**bielorrussa** (f)	[bjɛlo'husa]
Wit-Russisch (bn)	**bielorrusso**	[biɛlo'husu]
Georgië (het)	**Geórgia** (f)	['ʒɔrʒa]
Georgiër (de)	**georgiano** (m)	[ʒɔr'ʒanu]
Georgische (de)	**georgiana** (f)	[ʒɔr'ʒana]
Georgisch (bn)	**georgiano**	[ʒɔr'ʒanu]
Kazakstan (het)	**Cazaquistão** (m)	[kazakis'tãw]
Kazak (de)	**cazaque** (m)	[ka'zaki]
Kazakse (de)	**cazaque** (f)	[ka'zaki]
Kazakse (bn)	**cazaque**	[ka'zaki]
Kirgizië (het)	**Quirguistão** (m)	[kirgis'tãw]
Kirgiziër (de)	**quirguiz** (m)	[kir'gis]
Kirgizische (de)	**quirguiz** (f)	[kir'gis]
Kirgizische (bn)	**quirguiz**	[kir'gis]
Moldavië (het)	**Moldávia** (f)	[mow'davja]
Moldaviër (de)	**moldavo** (m)	[mɔw'davu]

Moldavische (de)	**moldava** (f)	[mɔw'dava]
Moldavisch (bn)	**moldavo**	[mɔw'davu]
Rusland (het)	**Rússia** (f)	['husja]
Rus (de)	**russo** (m)	['husu]
Russin (de)	**russa** (f)	['husa]
Russisch (bn)	**russo**	['husu]
Tadzjikistan (het)	**Tajiquistão** (m)	[taʒiki'stãw]
Tadzjiek (de)	**tajique** (m)	[ta'ʒiki]
Tadzjiekse (de)	**tajique** (f)	[ta'ʒiki]
Tadzjieks (bn)	**tajique**	[ta'ʒiki]
Turkmenistan (het)	**Turquemenistão** (m)	[turkemenis'tãw]
Turkmeen (de)	**turcomeno** (m)	[tuhko'menu]
Turkmeense (de)	**turcomena** (f)	[tuhko'mena]
Turkmeens (bn)	**turcomeno**	[tuhko'menu]
Oezbekistan (het)	**Uzbequistão** (f)	[uzbekis'tãw]
Oezbeek (de)	**uzbeque** (m)	[uz'beki]
Oezbeekse (de)	**uzbeque** (f)	[uz'beki]
Oezbeeks (bn)	**uzbeque**	[uz'beki]
Oekraïne (het)	**Ucrânia** (f)	[u'kranja]
Oekraïner (de)	**ucraniano** (m)	[ukra'njanu]
Oekraïense (de)	**ucraniana** (f)	[ukra'njana]
Oekraïens (bn)	**ucraniano**	[ukra'njanu]

237. Azië

Azië (het)	**Ásia** (f)	['azja]
Aziatisch (bn)	**asiático**	[a'zjatʃiku]
Vietnam (het)	**Vietnã** (m)	[vjet'nã]
Vietnamees (de)	**vietnamita** (m)	[vjetna'mita]
Vietnamese (de)	**vietnamita** (f)	[vjetna'mita]
Vietnamees (bn)	**vietnamita**	[vjetna'mita]
India (het)	**Índia** (f)	['ĩdʒa]
Indiër (de)	**indiano** (m)	[ĩ'dʒjanu]
Indische (de)	**indiana** (f)	[ĩ'dʒjana]
Indisch (bn)	**indiano**	[ĩ'dʒjanu]
Israël (het)	**Israel** (m)	[izha'ɛw]
Israëliër (de)	**israelense** (m)	[izhae'lẽsi]
Israëlische (de)	**israelita** (f)	[izhae'lita]
Israëlisch (bn)	**israelense**	[izhae'lẽsi]
Jood (etniciteit)	**judeu** (m)	[ʒu'dew]
Jodin (de)	**judia** (f)	[ʒu'dʒia]
Joods (bn)	**judeu**	[ʒu'dew]
China (het)	**China** (f)	['ʃina]
Chinees (de)	**chinês** (m)	[ʃi'nes]

Chinese (de)	**chinesa** (f)	[ʃi'neza]
Chinees (bn)	**chinês**	[ʃi'nes]
Koreaan (de)	**coreano** (m)	[ko'rjanu]
Koreaanse (de)	**coreana** (f)	[ko'rjana]
Koreaans (bn)	**coreano**	[ko'rjanu]
Libanon (het)	**Líbano** (m)	['libanu]
Libanees (de)	**libanês** (m)	[liba'nes]
Libanese (de)	**libanesa** (f)	[liba'neza]
Libanees (bn)	**libanês**	[liba'nes]
Mongolië (het)	**Mongólia** (f)	[mõ'gɔlja]
Mongool (de)	**mongol** (m)	[mõ'gɔw]
Mongoolse (de)	**mongol** (f)	[mõ'gɔw]
Mongools (bn)	**mongol**	[mõ'gɔw]
Maleisië (het)	**Malásia** (f)	[ma'lazja]
Maleisiër (de)	**malaio** (m)	[ma'laju]
Maleisische (de)	**malaia** (f)	[ma'laja]
Maleisisch (bn)	**malaio**	[ma'laju]
Pakistan (het)	**Paquistão** (m)	[pakis'tãw]
Pakistaan (de)	**paquistanês** (m)	[pakista'nes]
Pakistaanse (de)	**paquistanesa** (f)	[pakista'neza]
Pakistaans (bn)	**paquistanês**	[pakista'nes]
Saoedi-Arabië (het)	**Arábia** (f) **Saudita**	[a'rabja saw'dʒita]
Arabier (de)	**árabe** (m)	['arabi]
Arabische (de)	**árabe** (f)	['arabi]
Arabisch (bn)	**árabe**	['arabi]
Thailand (het)	**Tailândia** (f)	[taj'lãdʒja]
Thai (de)	**tailandês** (m)	[tajlã'des]
Thaise (de)	**tailandesa** (f)	[tajlã'deza]
Thai (bn)	**tailandês**	[tajlã'des]
Taiwan (het)	**Taiwan** (m)	[taj'wan]
Taiwanees (de)	**taiwanês** (m)	[tajwa'nes]
Taiwanese (de)	**taiwanesa** (f)	[tajwa'neza]
Taiwanees (bn)	**taiwanês**	[tajwa'nes]
Turkije (het)	**Turquia** (f)	[tur'kia]
Turk (de)	**turco** (m)	['turku]
Turkse (de)	**turca** (f)	['turka]
Turks (bn)	**turco**	['turku]
Japan (het)	**Japão** (m)	[ʒa'pãw]
Japanner (de)	**japonês** (m)	[ʒapo'nes]
Japanse (de)	**japonesa** (f)	[ʒapo'neza]
Japans (bn)	**japonês**	[ʒapo'nes]
Afghanistan (het)	**Afeganistão** (m)	[afeganis'tãw]
Bangladesh (het)	**Bangladesh** (m)	[bãgla'dɛs]
Indonesië (het)	**Indonésia** (f)	[ĩdo'nɛzja]
Jordanië (het)	**Jordânia** (f)	[ʒor'danja]

Irak (het)	**Iraque** (m)	[i'raki]
Iran (het)	**Irã** (m)	[i'rã]
Cambodja (het)	**Camboja** (f)	[kã'bɔja]
Koeweit (het)	**Kuwait** (m)	[ku'wejt]
Laos (het)	**Laos** (m)	['laws]
Myanmar (het)	**Birmânia** (f)	[bir'manja]
Nepal (het)	**Nepal** (m)	[ne'paw]
Verenigde Arabische Emiraten	**Emirados Árabes Unidos**	[emi'radus 'arabis u'nidus]
Syrië (het)	**Síria** (f)	['sirja]
Palestijnse autonomie (de)	**Palestina** (f)	[pales'tʃina]
Zuid-Korea (het)	**Coreia** (f) **do Sul**	[ko'rɛja du suw]
Noord-Korea (het)	**Coreia** (f) **do Norte**	[ko'rɛja du 'nɔrtʃi]

238. Noord-Amerika

Verenigde Staten van Amerika	**Estados Unidos da América** (m pl)	[i'stadus u'nidus da a'mɛrika]
Amerikaan (de)	**americano** (m)	[ameri'kanu]
Amerikaanse (de)	**americana** (f)	[ameri'kana]
Amerikaans (bn)	**americano**	[ameri'kanu]
Canada (het)	**Canadá** (m)	[kana'da]
Canadees (de)	**canadense** (m)	[kana'dẽsi]
Canadese (de)	**canadense** (f)	[kana'dẽsi]
Canadees (bn)	**canadense**	[kana'dẽsi]
Mexico (het)	**México** (m)	['mɛʃiku]
Mexicaan (de)	**mexicano** (m)	[meʃi'kanu]
Mexicaanse (de)	**mexicana** (f)	[meʃi'kana]
Mexicaans (bn)	**mexicano**	[meʃi'kanu]

239. Midden- en Zuid-Amerika

Argentinië (het)	**Argentina** (f)	[arʒẽ'tʃina]
Argentijn (de)	**argentino** (m)	[arʒẽ'tʃinu]
Argentijnse (de)	**argentina** (f)	[arʒẽ'tʃina]
Argentijns (bn)	**argentino**	[arʒẽ'tʃinu]
Brazilië (het)	**Brasil** (m)	[bra'ziw]
Braziliaan (de)	**brasileiro** (m)	[brazi'lejru]
Braziliaanse (de)	**brasileira** (f)	[brazi'lejra]
Braziliaans (bn)	**brasileiro**	[brazi'lejru]
Colombia (het)	**Colômbia** (f)	[ko'lõbja]
Colombiaan (de)	**colombiano** (m)	[kolõ'bjanu]
Colombiaanse (de)	**colombiana** (f)	[kolõ'bjana]
Colombiaans (bn)	**colombiano**	[kolõ'bjanu]
Cuba (het)	**Cuba** (f)	['kuba]
Cubaan (de)	**cubano** (m)	[ku'banu]

Cubaanse (de)	**cubana** (f)	[ku'bana]
Cubaans (bn)	**cubano**	[ku'banu]
Chili (het)	**Chile** (m)	['ʃili]
Chileen (de)	**chileno** (m)	[ʃi'lɛnu]
Chileense (de)	**chilena** (f)	[ʃi'lɛna]
Chileens (bn)	**chileno**	[ʃi'lɛnu]
Bolivia (het)	**Bolívia** (f)	[bo'livja]
Venezuela (het)	**Venezuela** (f)	[vene'zwɛla]
Paraguay (het)	**Paraguai** (m)	[para'gwaj]
Peru (het)	**Peru** (m)	[pe'ru]
Suriname (het)	**Suriname** (m)	[suri'nami]
Uruguay (het)	**Uruguai** (m)	[uru'gwaj]
Ecuador (het)	**Equador** (m)	[ekwa'dor]
Bahama's (mv.)	**Bahamas** (f pl)	[ba'amas]
Haïti (het)	**Haiti** (m)	[aj'tʃi]
Dominicaanse Republiek (de)	**República** (f) **Dominicana**	[he'publika domini'kana]
Panama (het)	**Panamá** (m)	[pana'ma]
Jamaica (het)	**Jamaica** (f)	[ʒa'majka]

240. Afrika

Egypte (het)	**Egito** (m)	[e'ʒitu]
Egyptenaar (de)	**egípcio** (m)	[e'ʒipsju]
Egyptische (de)	**egípcia** (f)	[e'ʒipsja]
Egyptisch (bn)	**egípcio**	[e'ʒipsju]
Marokko (het)	**Marrocos**	[ma'hɔkus]
Marokkaan (de)	**marroquino** (m)	[maho'kinu]
Marokkaanse (de)	**marroquina** (f)	[maho'kina]
Marokkaans (bn)	**marroquino**	[maho'kinu]
Tunesië (het)	**Tunísia** (f)	[tu'nizja]
Tunesiër (de)	**tunisiano** (m)	[tunizi'anu]
Tunesische (de)	**tunisiana** (f)	[tunizi'ana]
Tunesisch (bn)	**tunisiano**	[tunizi'anu]
Ghana (het)	**Gana** (f)	['gana]
Zanzibar (het)	**Zanzibar** (m)	[zãzi'bar]
Kenia (het)	**Quênia** (f)	['kenja]
Libië (het)	**Líbia** (f)	['libja]
Madagaskar (het)	**Madagascar** (m)	[mada'gaskar]
Namibië (het)	**Namíbia** (f)	[na'mibja]
Senegal (het)	**Senegal** (m)	[sene'gaw]
Tanzania (het)	**Tanzânia** (f)	[tã'zanja]
Zuid-Afrika (het)	**África** (f) **do Sul**	['afrika du suw]
Afrikaan (de)	**africano** (m)	[afri'kanu]
Afrikaanse (de)	**africana** (f)	[afri'kana]
Afrikaans (bn)	**africano**	[afri'kanu]

241. Australië. Oceanië

Australië (het)	**Austrália** (f)	[aws'tralja]
Australiër (de)	**australiano** (m)	[awstra'ljanu]
Australische (de)	**australiana** (f)	[awstra'ljana]
Australisch (bn)	**australiano**	[awstra'ljanu]
Nieuw-Zeeland (het)	**Nova Zelândia** (f)	['nɔva zi'lãdʒa]
Nieuw-Zeelander (de)	**neozelandês** (m)	[neozelã'des]
Nieuw-Zeelandse (de)	**neozelandesa** (f)	[neozelã'deza]
Nieuw-Zeelands (bn)	**neozelandês**	[neozelã'des]
Tasmanië (het)	**Tasmânia** (f)	[taz'manja]
Frans-Polynesië	**Polinésia** (f) **Francesa**	[poli'nɛzja frã'seza]

242. Steden

Amsterdam	**Amsterdã**	[amister'dã]
Ankara	**Ancara**	[ã'kara]
Athene	**Atenas**	[a'tenas]
Bagdad	**Bagdá**	[bagi'da]
Bangkok	**Bancoque**	[bã'kɔk]
Barcelona	**Barcelona**	[barse'lona]
Beiroet	**Beirute**	[bej'rutʃi]
Berlijn	**Berlim**	[ber'lĩ]
Boedapest	**Budapeste**	[buda'pɛstʃi]
Boekarest	**Bucareste**	[buka'rɛstʃi]
Bombay, Mumbai	**Mumbai**	[mũ'baj]
Bonn	**Bonn**	[bɔn]
Bordeaux	**Bordéus**	[bor'dɛus]
Bratislava	**Bratislava**	[brati'slava]
Brussel	**Bruxelas**	[bru'ʃɛlas]
Caïro	**Cairo**	['kajru]
Calcutta	**Calcutá**	[kawku'ta]
Chicago	**Chicago**	[ʃi'kagu]
Dar Es Salaam	**Dar es Salaam**	[dar es sa'lãm]
Delhi	**Deli**	['dɛli]
Den Haag	**Haia**	['aja]
Dubai	**Dubai**	[du'baj]
Dublin	**Dublim**	[dub'lĩ]
Düsseldorf	**Düsseldorf**	[duseldɔrf]
Florence	**Florença**	[flo'rẽsa]
Frankfort	**Frankfurt**	['frãkfurt]
Genève	**Genebra**	[ʒe'nɛbra]
Hamburg	**Hamburgo**	[ã'burgu]
Hanoi	**Hanói**	[ha'nɔj]
Havana	**Havana**	[a'vana]
Helsinki	**Helsinque**	[ew'sĩki]

Hiroshima	**Hiroshima**	[irɔ'ʃima]
Hongkong	**Hong Kong**	[oŋ'koŋ]
Istanbul	**Istambul**	[istã'buw]
Jeruzalem	**Jerusalém**	[ʒeruza'lẽ]
Kiev	**Kiev, Quieve**	[ki'ɛv], [ki'eve]
Kopenhagen	**Copenhague**	[kope'ɲagi]
Kuala Lumpur	**Kuala Lumpur**	['kwala lũ'pur]
Lissabon	**Lisboa**	[liz'boa]
Londen	**Londres**	['lõdris]
Los Angeles	**Los Angeles**	[loz 'ãʒeles]
Lyon	**Lion**	[li'ɔŋ]
Madrid	**Madrid**	[ma'drid]
Marseille	**Marselha**	[mar'sɛʎa]
Mexico-Stad	**Cidade do México**	[si'dadʒi du 'mɛʃiku]
Miami	**Miami**	[ma'jami]
Montreal	**Montreal**	[mõtri'al]
Moskou	**Moscou**	[mos'kow]
München	**Munique**	[mu'niki]
Nairobi	**Nairóbi**	[naj'rɔbi]
Napels	**Nápoles**	['napolis]
New York	**Nova York**	['nɔva 'jɔrk]
Nice	**Nice**	['nisi]
Oslo	**Oslo**	['ɔzlow]
Ottawa	**Ottawa**	[ɔ'tawa]
Parijs	**Paris**	[pa'ris]
Peking	**Pequim**	[pe'kĩ]
Praag	**Praga**	['praga]
Rio de Janeiro	**Rio de Janeiro**	['hiu de ʒa'nejru]
Rome	**Roma**	['homa]
Seoel	**Seul**	[se'uw]
Singapore	**Cingapura** (f)	[sĩga'pura]
Sint-Petersburg	**São Petersburgo**	['sãw peters'burgu]
Sjanghai	**Xangai**	[ʃã'gaj]
Stockholm	**Estocolmo**	[isto'kɔwmu]
Sydney	**Sydney**	['sidnej]
Taipei	**Taipé**	[taj'pɛ]
Tokio	**Tóquio**	['tɔkju]
Toronto	**Toronto**	[to'rõtu]
Venetië	**Veneza**	[ve'neza]
Warschau	**Varsóvia**	[var'sɔvja]
Washington	**Washington**	['waʃĩgtɔn]
Wenen	**Viena**	['vjɛna]

243. Politiek. Overheid. Deel 1

politiek (de)	**política** (f)	[po'litʃika]
politiek (bn)	**político**	[po'litʃiku]

politicus (de)	**político** (m)	[po'litʃiku]
staat (land)	**estado** (m)	[i'stadu]
burger (de)	**cidadão** (m)	[sida'dãw]
staatsburgerschap (het)	**cidadania** (f)	[sidada'nia]
nationaal wapen (het)	**brasão** (m) **de armas**	[bra'zãw de 'armas]
volkslied (het)	**hino** (m) **nacional**	['inu nasjo'naw]
regering (de)	**governo** (m)	[go'vernu]
staatshoofd (het)	**Chefe** (m) **de Estado**	['ʃɛfi de i'stadu]
parlement (het)	**parlamento** (m)	[parla'mẽtu]
partij (de)	**partido** (m)	[par'tʃidu]
kapitalisme (het)	**capitalismo** (m)	[kapita'lizmu]
kapitalistisch (bn)	**capitalista**	[kapita'lista]
socialisme (het)	**socialismo** (m)	[sosja'lizmu]
socialistisch (bn)	**socialista**	[sosja'lista]
communisme (het)	**comunismo** (m)	[komu'nizmu]
communistisch (bn)	**comunista**	[komu'nista]
communist (de)	**comunista** (m)	[komu'nista]
democratie (de)	**democracia** (f)	[demokra'sia]
democraat (de)	**democrata** (m)	[demo'krata]
democratisch (bn)	**democrático**	[demo'kratʃiku]
democratische partij (de)	**Partido** (m) **Democrático**	[par'tʃidu demo'kratʃiku]
liberaal (de)	**liberal** (m)	[libe'raw]
liberaal (bn)	**liberal**	[libe'raw]
conservator (de)	**conservador** (m)	[kõserva'dor]
conservatief (bn)	**conservador**	[kõserva'dor]
republiek (de)	**república** (f)	[he'publika]
republikein (de)	**republicano** (m)	hepubli'kanu]
Republikeinse Partij (de)	**Partido** (m) **Republicano**	[par'tʃidu hepubli'kanu]
verkiezing (de)	**eleições** (f pl)	[elej'sõjs]
kiezen (ww)	**eleger** (vt)	[ele'ʒer]
kiezer (de)	**eleitor** (m)	[elej'tor]
verkiezingscampagne (de)	**campanha** (f) **eleitoral**	[kã'paɲa elejto'raw]
stemming (de)	**votação** (f)	[vota'sãw]
stemmen (ww)	**votar** (vi)	[vo'tar]
stemrecht (het)	**sufrágio** (m)	[su'fraʒu]
kandidaat (de)	**candidato** (m)	[kãdʒi'datu]
zich kandideren	**candidatar-se** (vi)	[kãdʒida'tarsi]
campagne (de)	**campanha** (f)	[kã'paɲa]
oppositie- (abn)	**da oposição**	[da opozi'sãw]
oppositie (de)	**oposição** (f)	[opozi'sãw]
bezoek (het)	**visita** (f)	[vi'zita]
officieel bezoek (het)	**visita** (f) **oficial**	[vi'zita ofi'sjaw]

internationaal (bn)	**internacional**	[ĩternasjo'naw]
onderhandelingen (mv.)	**negociações** (f pl)	[negosja'sõjs]
onderhandelen (ww)	**negociar** (vi)	[nego'sjar]

244. Politiek. Overheid. Deel 2

maatschappij (de)	**sociedade** (f)	[sosje'dadʒi]
grondwet (de)	**constituição** (f)	[kõstʃitwi'sãw]
macht (politieke ~)	**poder** (m)	[po'der]
corruptie (de)	**corrupção** (f)	[kohup'sãw]
wet (de)	**lei** (f)	[lej]
wettelijk (bn)	**legal**	[le'gaw]
rechtvaardigheid (de)	**justeza** (f)	[ʒus'teza]
rechtvaardig (bn)	**justo**	['ʒustu]
comité (het)	**comitê** (m)	[komi'te]
wetsvoorstel (het)	**projeto-lei** (m)	[pro'ʒɛtu-'lej]
begroting (de)	**orçamento** (m)	[orsa'mẽtu]
beleid (het)	**política** (f)	[po'litʃika]
hervorming (de)	**reforma** (f)	[he'fɔrma]
radicaal (bn)	**radical**	[hadʒi'kaw]
macht (vermogen)	**força** (f)	['forsa]
machtig (bn)	**poderoso**	[pode'rozu]
aanhanger (de)	**partidário** (m)	[partʃi'darju]
invloed (de)	**influência** (f)	[ĩ'flwẽsja]
regime (het)	**regime** (m)	[he'ʒimi]
conflict (het)	**conflito** (m)	[kõ'flitu]
samenzwering (de)	**conspiração** (f)	[kõspira'sãw]
provocatie (de)	**provocação** (f)	[provoka'sãw]
omverwerpen (ww)	**derrubar** (vt)	[dehu'bar]
omverwerping (de)	**derrube** (m), **queda** (f)	[de'rube], ['kɛda]
revolutie (de)	**revolução** (f)	[hevolu'sãw]
staatsgreep (de)	**golpe** (m) **de Estado**	['gɔwpi de i'stadu]
militaire coup (de)	**golpe** (m) **militar**	['gɔwpi mili'tar]
crisis (de)	**crise** (f)	['krizi]
economische recessie (de)	**recessão** (f) **econômica**	[hesep'sãw eko'nomika]
betoger (de)	**manifestante** (m)	[manifes'tãtʃi]
betoging (de)	**manifestação** (f)	[manifesta'sãw]
krijgswet (de)	**lei** (f) **marcial**	[lej mar'sjaw]
militaire basis (de)	**base** (f) **militar**	['bazi mili'tar]
stabiliteit (de)	**estabilidade** (f)	[istabili'dadʒi]
stabiel (bn)	**estável**	[is'tavew]
uitbuiting (de)	**exploração** (f)	[isplora'sãw]
uitbuiten (ww)	**explorar** (vt)	[isplo'rar]
racisme (het)	**racismo** (m)	[ha'sizmu]

racist (de)	**racista** (m)	[ha'sista]
fascisme (het)	**fascismo** (m)	[fa'sizmu]
fascist (de)	**fascista** (m)	[fa'sista]

245. Landen. Diversen

vreemdeling (de)	**estrangeiro** (m)	[istrã'ʒejru]
buitenlands (bn)	**estrangeiro**	[istrã'ʒejru]
in het buitenland (bw)	**no estrangeiro**	[no istrã'ʒejru]
emigrant (de)	**emigrante** (m)	[emi'grãtʃi]
emigratie (de)	**emigração** (f)	[emigra'sãw]
emigreren (ww)	**emigrar** (vi)	[emi'grar]
Westen (het)	**Ocidente** (m)	[osi'dẽtʃi]
Oosten (het)	**Oriente** (m)	[o'rjẽtʃi]
Verre Oosten (het)	**Extremo Oriente** (m)	[is'trɛmu o'rjẽtʃi]
beschaving (de)	**civilização** (f)	[siviliza'sãw]
mensheid (de)	**humanidade** (f)	[umani'dadʒi]
wereld (de)	**mundo** (m)	['mũdu]
vrede (de)	**paz** (f)	[pajz]
wereld- (abn)	**mundial**	[mũ'dʒjaw]
vaderland (het)	**pátria** (f)	['patrja]
volk (het)	**povo** (m)	['povu]
bevolking (de)	**população** (f)	[popula'sãw]
mensen (mv.)	**gente** (f)	['ʒẽtʃi]
natie (de)	**nação** (f)	[na'sãw]
generatie (de)	**geração** (f)	[ʒera'sãw]
gebied (bijv. bezette ~en)	**território** (m)	[tehi'tɔrju]
regio, streek (de)	**região** (f)	[he'ʒjãw]
deelstaat (de)	**estado** (m)	[i'stadu]
traditie (de)	**tradição** (f)	[tradʒi'sãw]
gewoonte (de)	**costume** (m)	[kos'tumi]
ecologie (de)	**ecologia** (f)	[ekolo'ʒia]
Indiaan (de)	**índio** (m)	['ĩdʒju]
zigeuner (de)	**cigano** (m)	[si'ganu]
zigeunerin (de)	**cigana** (f)	[si'gana]
zigeuner- (abn)	**cigano**	[si'ganu]
rijk (het)	**império** (m)	[ĩ'pɛrju]
kolonie (de)	**colônia** (f)	[ko'lonja]
slavernij (de)	**escravidão** (f)	[iskravi'dãw]
invasie (de)	**invasão** (f)	[ĩva'zãw]
hongersnood (de)	**fome** (f)	['fɔmi]

246. Grote religieuze groepen. Bekentenissen

religie (de)	**religião** (f)	[heli'ʒãw]
religieus (bn)	**religioso**	[heli'ʒozu]

geloof (het)	**crença** (f)	['krẽsa]
geloven (ww)	**crer** (vt)	[krer]
gelovige (de)	**crente** (m)	['krẽtʃi]
atheïsme (het)	**ateísmo** (m)	[ate'izmu]
atheïst (de)	**ateu** (m)	[a'tew]
christendom (het)	**cristianismo** (m)	[kristʃja'nizmu]
christen (de)	**cristão** (m)	[kris'tãw]
christelijk (bn)	**cristão**	[kris'tãw]
katholicisme (het)	**catolicismo** (m)	[katoli'sizmu]
katholiek (de)	**católico** (m)	[ka'tɔliku]
katholiek (bn)	**católico**	[ka'tɔliku]
protestantisme (het)	**protestantismo** (m)	[protestã'tʃizmu]
Protestante Kerk (de)	**Igreja** (f) **Protestante**	[i'greʒa protes'tãtʃi]
protestant (de)	**protestante** (m)	[protes'tãtʃi]
orthodoxie (de)	**ortodoxia** (f)	[ortodok'sia]
Orthodoxe Kerk (de)	**Igreja** (f) **Ortodoxa**	[i'greʒa orto'dɔksa]
orthodox	**ortodoxo** (m)	[orto'dɔksu]
presbyterianisme (het)	**presbiterianismo** (m)	[prezbiterja'nizmu]
Presbyteriaanse Kerk (de)	**Igreja** (f) **Presbiteriana**	[i'greʒa prezbite'rjana]
presbyteriaan (de)	**presbiteriano** (m)	[prezbite'rjanu]
lutheranisme (het)	**luteranismo** (m)	[lutera'nizmu]
lutheraan (de)	**luterano** (m)	[lute'ranu]
baptisme (het)	**Igreja** (f) **Batista**	[i'greʒa ba'tʃista]
baptist (de)	**batista** (m)	[ba'tʃista]
Anglicaanse Kerk (de)	**Igreja** (f) **Anglicana**	[i'greʒa ãgli'kana]
anglicaan (de)	**anglicano** (m)	[ãgli'kanu]
mormonisme (het)	**mormonismo** (m)	[mormo'nizmu]
mormoon (de)	**mórmon** (m)	['mɔrmõ]
Jodendom (het)	**Judaísmo** (m)	[ʒuda'izmu]
jood (aanhanger van het Jodendom)	**judeu** (m)	[ʒu'dew]
boeddhisme (het)	**budismo** (m)	[bu'dʒizmu]
boeddhist (de)	**budista** (m)	[bu'dʒista]
hindoeïsme (het)	**hinduísmo** (m)	[ĩ'dwizmu]
hindoe (de)	**hindu** (m)	[ĩ'du]
islam (de)	**Islã** (m)	[iz'lã]
islamiet (de)	**muçulmano** (m)	[musuw'manu]
islamitisch (bn)	**muçulmano**	[musuw'manu]
sjiisme (het)	**xiismo** (m)	[ʃi'iʒmu]
sjiiet (de)	**xiita** (m)	[ʃi'ita]
soennisme (het)	**sunismo** (m)	[su'nismu]
soenniet (de)	**sunita** (m)	[su'nita]

247. Religies. Priesters

priester (de)	**padre** (m)	['padri]
paus (de)	**Papa** (m)	['papa]
monnik (de)	**monge** (m)	['mõʒi]
non (de)	**freira** (f)	['frejra]
pastoor (de)	**pastor** (m)	[pas'tor]
abt (de)	**abade** (m)	[a'badʒi]
vicaris (de)	**vigário** (m)	[vi'garju]
bisschop (de)	**bispo** (m)	['bispu]
kardinaal (de)	**cardeal** (m)	[kar'dʒjaw]
predikant (de)	**pregador** (m)	[prega'dor]
preek (de)	**sermão** (m)	[ser'mãw]
kerkgangers (mv.)	**paroquianos** (pl)	[paro'kjanus]
gelovige (de)	**crente** (m)	['krẽtʃi]
atheïst (de)	**ateu** (m)	[a'tew]

248. Geloof. Christendom. Islam

Adam	**Adão**	[a'dãw]
Eva	**Eva**	['ɛva]
God (de)	**Deus** (m)	['dews]
Heer (de)	**Senhor** (m)	[se'ɲor]
Almachtige (de)	**Todo Poderoso** (m)	['todu pode'rozu]
zonde (de)	**pecado** (m)	[pe'kadu]
zondigen (ww)	**pecar** (vi)	[pe'kar]
zondaar (de)	**pecador** (m)	[peka'dor]
zondares (de)	**pecadora** (f)	[peka'dora]
hel (de)	**inferno** (m)	[ĩ'fɛrnu]
paradijs (het)	**paraíso** (m)	[para'izu]
Jezus	**Jesus**	[ʒe'zus]
Jezus Christus	**Jesus Cristo**	[ʒe'zus 'kristu]
Heilige Geest (de)	**Espírito** (m) **Santo**	[is'piritu 'sãtu]
Verlosser (de)	**Salvador** (m)	[sawva'dor]
Maagd Maria (de)	**Virgem Maria** (f)	['virʒẽ ma'ria]
duivel (de)	**Diabo** (m)	['dʒjabu]
duivels (bn)	**diabólico**	[dʒja'bɔliku]
Satan	**Satanás** (m)	[sata'nas]
satanisch (bn)	**satânico**	[sa'taniku]
engel (de)	**anjo** (m)	['ãʒu]
beschermengel (de)	**anjo** (m) **da guarda**	['ãʒu da 'gwarda]
engelachtig (bn)	**angelical**	[ãʒeli'kaw]

apostel (de)	**apóstolo** (m)	[a'pɔstolu]
aartsengel (de)	**arcanjo** (m)	[ar'kãʒu]
antichrist (de)	**anticristo** (m)	[ãtʃi'kristu]
Kerk (de)	**Igreja** (f)	[i'greʒa]
bijbel (de)	**Bíblia** (f)	['biblja]
bijbels (bn)	**bíblico**	['bibliku]
Oude Testament (het)	**Velho Testamento** (m)	['vɛʎu testa'mẽtu]
Nieuwe Testament (het)	**Novo Testamento** (m)	['novu testa'mẽtu]
evangelie (het)	**Evangelho** (m)	[evã'ʒɛʎu]
Heilige Schrift (de)	**Sagradas Escrituras** (f pl)	[sa'gradas iskri'turas]
Hemel, Hemelrijk (de)	**Céu** (m)	[sɛw]
gebod (het)	**mandamento** (m)	[mãda'mẽtu]
profeet (de)	**profeta** (m)	[pro'fɛta]
profetie (de)	**profecia** (f)	[profe'sia]
Allah	**Alá** (m)	[a'la]
Mohammed	**Maomé** (m)	[mao'mɛ]
Koran (de)	**Alcorão** (m)	[awko'rãw]
moskee (de)	**mesquita** (f)	[mes'kita]
moellah (de)	**mulá** (m)	[mu'la]
gebed (het)	**oração** (f)	[ora'sãw]
bidden (ww)	**rezar, orar** (vi)	[he'zar], [o'rar]
pelgrimstocht (de)	**peregrinação** (f)	[peregrina'sãw]
pelgrim (de)	**peregrino** (m)	[pere'grinu]
Mekka	**Meca** (f)	['mɛka]
kerk (de)	**igreja** (f)	[i'greʒa]
tempel (de)	**templo** (m)	['tẽplu]
kathedraal (de)	**catedral** (f)	[kate'draw]
gotisch (bn)	**gótico**	['gɔtʃiku]
synagoge (de)	**sinagoga** (f)	[sina'gɔga]
moskee (de)	**mesquita** (f)	[mes'kita]
kapel (de)	**capela** (f)	[ka'pɛla]
abdij (de)	**abadia** (f)	[aba'dʒia]
nonnenklooster (het)	**convento** (m)	[kõ'vẽtu]
mannenklooster (het)	**mosteiro, monastério** (m)	[mos'tejru], [monas'tɛrju]
klok (de)	**sino** (m)	['sinu]
klokkentoren (de)	**campanário** (m)	[kãpa'narju]
luiden (klokken)	**repicar** (vi)	[hepi'kar]
kruis (het)	**cruz** (f)	[kruz]
koepel (de)	**cúpula** (f)	['kupula]
icoon (de)	**ícone** (m)	['ikoni]
ziel (de)	**alma** (f)	['awma]
lot, noodlot (het)	**destino** (m)	[des'tʃinu]
kwaad (het)	**mal** (m)	[maw]
goed (het)	**bem** (m)	[bẽj]
vampier (de)	**vampiro** (m)	[vã'piru]

heks (de)	**bruxa** (f)	['bruʃa]
demoon (de)	**demônio** (m)	[de'monju]
geest (de)	**espírito** (m)	[is'piritu]
verzoeningsleer (de)	**redenção** (f)	[hedẽ'sãw]
vrijkopen (ww)	**redimir** (vt)	[hedʒi'mir]
mis (de)	**missa** (f)	['misa]
de mis opdragen	**celebrar a missa**	[sele'brar a 'misa]
biecht (de)	**confissão** (f)	[kõfi'sãw]
biechten (ww)	**confessar-se** (vr)	[kõfe'sarsi]
heilige (de)	**santo** (m)	['sãtu]
heilig (bn)	**sagrado**	[sa'gradu]
wijwater (het)	**água** (f) **benta**	['agwa 'bẽta]
ritueel (het)	**ritual** (m)	[hi'twaw]
ritueel (bn)	**ritual**	[hi'twaw]
offerande (de)	**sacrifício** (m)	[sakri'fisju]
bijgeloof (het)	**superstição** (f)	[superstʃi'sãw]
bijgelovig (bn)	**supersticioso**	[superstʃi'sjozu]
hiernamaals (het)	**vida** (f) **após a morte**	['vida a'pɔjs a 'mɔrtʃi]
eeuwige leven (het)	**vida** (f) **eterna**	['vida e'terna]

DIVERSEN

249. Diverse nuttige woorden

achtergrond (de)	**fundo** (m)	['fũdu]
balans (de)	**equilíbrio** (m)	[eki'librju]
basis (de)	**base** (f)	['bazi]
begin (het)	**começo, início** (m)	[ko'mesu], [i'nisju]
beurt (wie is aan de ~?)	**vez** (f)	[vez]
categorie (de)	**categoria** (f)	[katego'ria]
comfortabel (~ bed, enz.)	**cômodo**	['komodu]
compensatie (de)	**compensação** (f)	[kõpẽsa'sãw]
deel (gedeelte)	**parte** (f)	['partʃi]
deeltje (het)	**partícula** (f)	[par'tʃikula]
ding (object, voorwerp)	**coisa** (f)	['kojza]
dringend (bn, urgent)	**urgente**	[ur'ʒẽtʃi]
dringend (bw, met spoed)	**urgentemente**	[urʒẽte'mẽtʃi]
effect (het)	**efeito** (m)	[e'fejtu]
eigenschap (kwaliteit)	**propriedade** (f)	[proprje'dadʒi]
einde (het)	**fim** (m)	[fĩ]
element (het)	**elemento** (m)	[ele'mẽtu]
feit (het)	**fato** (m)	['fatu]
fout (de)	**erro** (m)	['ehu]
geheim (het)	**segredo** (m)	[se'gredu]
graad (mate)	**grau** (m)	[graw]
groei (ontwikkeling)	**crescimento** (m)	[kresi'mẽtu]
hindernis (de)	**barreira** (f)	[ba'hejra]
hinderpaal (de)	**obstáculo** (m)	[ob'stakulu]
hulp (de)	**ajuda** (f)	[a'ʒuda]
ideaal (het)	**ideal** (m)	[ide'jaw]
inspanning (de)	**esforço** (m)	[is'forsu]
keuze (een grote ~)	**variedade** (f)	[varje'dadʒi]
labyrint (het)	**labirinto** (m)	[labi'rĩtu]
manier (de)	**modo** (m)	['mɔdu]
moment (het)	**momento** (m)	[mo'mẽtu]
nut (bruikbaarheid)	**utilidade** (f)	[utʃili'dadʒi]
onderscheid (het)	**diferença** (f)	[dʒife'rẽsa]
ontwikkeling (de)	**desenvolvimento** (m)	[dʒizẽvowvi'mẽtu]
oplossing (de)	**solução** (f)	[solu'sãw]
origineel (het)	**original** (m)	[oriʒi'naw]
pauze (de)	**pausa** (f)	['pawza]
positie (de)	**posição** (f)	[pozi'sãw]
principe (het)	**princípio** (m)	[prĩ'sipju]

probleem (het)	**problema** (m)	[prob'lɛma]
proces (het)	**processo** (m)	[pru'sɛsu]
reactie (de)	**reação** (f)	[hea'sãw]
reden (om ~ van)	**causa** (f)	['kawza]
risico (het)	**risco** (m)	['hisku]
samenvallen (het)	**coincidência** (f)	[koĩsi'dẽsja]
serie (de)	**série** (f)	['sɛri]
situatie (de)	**situação** (f)	[sitwa'sãw]
soort (bijv. ~ sport)	**tipo** (m)	['tʃipu]
standaard (bn)	**padrão**	[pa'drãw]
standaard (de)	**padrão** (m)	[pa'drãw]
stijl (de)	**estilo** (m)	[is'tʃilu]
stop (korte onderbreking)	**paragem** (f)	[pa'raʒẽ]
systeem (het)	**sistema** (m)	[sis'tɛma]
tabel (bijv. ~ van Mendelejev)	**tabela** (f)	[ta'bɛla]
tempo (langzaam ~)	**ritmo** (m)	['hitʃmu]
term (medische ~en)	**termo** (m)	['termu]
type (soort)	**tipo** (m)	['tʃipu]
variant (de)	**variante** (f)	[va'rjãtʃi]
veelvuldig (bn)	**frequente**	[fre'kwẽtʃi]
vergelijking (de)	**comparação** (f)	[kõpara'sãw]
voorbeeld (het goede ~)	**exemplo** (m)	[e'zẽplu]
voortgang (de)	**progresso** (m)	[pro'grɛsu]
voorwerp (ding)	**objeto** (m)	[ɔb'ʒɛtu]
vorm (uiterlijke ~)	**forma** (f)	['fɔrma]
waarheid (de)	**verdade** (f)	[ver'dadʒi]
zone (de)	**zona** (f)	['zɔna]

250. Beperkende bijwoorden. Bijvoeglijke naamwoorden. Deel 1

accuraat (uurwerk, enz.)	**meticuloso**	[metʃiku'lozu]
achter- (abn)	**de trás**	[de trajs]
additioneel (bn)	**suplementar**	[suplemẽ'tar]
anders (bn)	**diferente**	[dʒife'rẽtʃi]
arm (bijv. ~e landen)	**pobre**	['pɔbri]
begrijpelijk (bn)	**claro**	['klaru]
belangrijk (bn)	**importante**	[ĩpor'tãtʃi]
belangrijkst (bn)	**o mais importante**	[u majs ĩpor'tãtʃi]
beleefd (bn)	**educado**	[edu'kadu]
beperkt (bn)	**limitado**	[limi'tadu]
betekenisvol (bn)	**considerável**	[kõside'ravew]
bijziend (bn)	**míope**	['miopi]
binnen- (abn)	**interno**	[ĩ'tɛrnu]
bitter (bn)	**amargo**	[a'margu]
blind (bn)	**cego**	['sɛgu]
breed (een ~e straat)	**largo**	['largu]

breekbaar (porselein, glas)	**frágil**	['fraʒiw]
buiten- (abn)	**externo**	[is'tɛrnu]
buitenlands (bn)	**estrangeiro**	[istrã'ʒejru]
burgerlijk (bn)	**civil**	[si'viw]
centraal (bn)	**central**	[sẽ'traw]
dankbaar (bn)	**agradecido**	[agrade'sidu]
dicht (~e mist)	**denso**	['dẽsu]
dicht (bijv. ~e mist)	**cerrado**	[se'hadu]
dicht (in de ruimte)	**próximo**	['prɔsimu]
dicht (bn)	**perto**	['pɛrtu]
dichtstbijzijnd (bn)	**mais próximo**	[majs 'prɔsimu]
diepvries (~product)	**congelado**	[kõʒe'ladu]
dik (bijv. muur)	**grosso**	['grosu]
dof (~ licht)	**fraco**	['fraku]
dom (dwaas)	**burro, estúpido**	['buhu], [is'tupidu]
donker (bijv. ~e kamer)	**escuro**	[is'kuru]
dood (bn)	**morto**	['mortu]
doorzichtig (bn)	**transparente**	[trãspa'rẽtʃi]
droevig (~ blik)	**triste**	['tristʃi]
droog (bn)	**seco**	['seku]
dun (persoon)	**magro**	['magru]
duur (bn)	**caro**	['karu]
eender (bn)	**igual**	[i'gwaw]
eenvoudig (bn)	**fácil**	['fasiw]
eenvoudig (bn)	**simples**	['sĩplis]
eeuwenoude (~ beschaving)	**antigo**	[ã'tʃigu]
enorm (bn)	**enorme**	[e'nɔrmi]
geboorte- (stad, land)	**natal**	[na'taw]
gebruind (bn)	**bronzeado**	[brõ'zjadu]
gelijkend (bn)	**similar**	[simi'lar]
gelukkig (bn)	**feliz**	[fe'liz]
gesloten (bn)	**fechado**	[fe'ʃadu]
getaand (bn)	**moreno**	[mo'renu]
gevaarlijk (bn)	**perigoso**	[peri'gozu]
gewoon (bn)	**comum, normal**	[ko'mũ], [nor'maw]
gezamenlijk (~ besluit)	**conjunto**	[kõ'ʒũtu]
glad (~ oppervlak)	**liso**	['lizu]
glad (~ oppervlak)	**liso**	['lizu]
goed (bn)	**bom**	[bõ]
goedkoop (bn)	**barato**	[ba'ratu]
gratis (bn)	**gratuito, grátis**	[gra'twitu], ['gratʃis]
groot (bn)	**grande**	['grãdʒi]
hard (niet zacht)	**duro**	['duru]
heel (volledig)	**inteiro**	[ĩ'tejru]
heet (bn)	**quente**	['kẽtʃi]
hongerig (bn)	**faminto**	[fa'mĩtu]

hoofd- (abn)	**principal**	[prĩsi'paw]
hoogste (bn)	**superior**	[supe'rjor]
huidig (courant)	**presente**	[pre'zẽtʃi]
jong (bn)	**jovem**	['ʒɔvẽ]
juist, correct (bn)	**correto**	[ko'hɛtu]
kalm (bn)	**calmo**	['kawmu]
kinder- (abn)	**infantil**	[ĩfã'tʃiw]
klein (bn)	**pequeno**	[pe'kenu]
koel (~ weer)	**fresco**	['fresku]
kort (kortstondig)	**de curta duração**	[de 'kurta dura'sãw]
kort (niet lang)	**curto**	['kurtu]
koud (~ water, weer)	**frio**	['friu]
kunstmatig (bn)	**artificial**	[artʃifi'sjaw]
laatst (bn)	**último**	['uwtʃimu]
lang (een ~ verhaal)	**longo**	['lõgu]
langdurig (bn)	**contínuo**	[kõ'tʃinwu]
lastig (~ probleem)	**difícil, complexo**	[dʒi'fisiw], [kõ'plɛksu]
leeg (glas, kamer)	**vazio**	[va'ziu]
lekker (bn)	**gostoso**	[gos'tozu]
licht (kleur)	**claro**	['klaru]
licht (niet veel weegt)	**leve**	['lɛvi]
linker (bn)	**esquerdo**	[is'kerdu]
luid (bijv. ~e stem)	**alto**	['awtu]
mager (bn)	**muito magro**	['mwĩtu 'magru]
mat (bijv. ~ verf)	**mate**	['matʃi]
moe (bn)	**cansado**	[kã'sadu]
moeilijk (~ besluit)	**difícil**	[dʒi'fisiw]
mogelijk (bn)	**possível**	[po'sivew]
mooi (bn)	**bonito**	[bo'nitu]
mysterieus (bn)	**enigmático**	[enigi'matʃiku]
naburig (bn)	**vizinho**	[vi'ziɲu]
nalatig (bn)	**descuidado**	[dʒiskwi'dadu]
nat (~te kleding)	**molhado**	[mo'ʎadu]
nerveus (bn)	**nervoso**	[ner'vozu]
niet groot (bn)	**não muito grande**	['nãw 'mwĩtu 'grãdʒi]
niet moeilijk (bn)	**não difícil**	['nãw dʒi'fisiw]
nieuw (bn)	**novo**	['novu]
nodig (bn)	**necessário**	[nese'sarju]
normaal (bn)	**normal**	[nor'maw]

251. Beperkende bijwoorden. Bijvoeglijke naamwoorden. Deel 2

onbegrijpelijk (bn)	**incompreensível**	[ĩkõprjẽ'sivew]
onbelangrijk (bn)	**insignificante**	[ĩsignifi'kãtʃi]
onbeweeglijk (bn)	**imóvel**	[i'mɔvew]
onbewolkt (bn)	**desanuviado**	[dʒizanu'vjadu]

ondergronds (geheim)	**clandestino**	[klãdes'tʃinu]
ondiep (bn)	**pouco fundo**	['poku 'fũdu]
onduidelijk (bn)	**não é clara**	['nãw ɛ 'klara]
onervaren (bn)	**inexperiente**	[inespe'rjẽtʃi]
onmogelijk (bn)	**impossível**	[ĩpo'sivew]
onontbeerlijk (bn)	**indispensável**	[ĩdʒispẽ'savew]
onophoudelijk (bn)	**ininterrupto**	[inĩte'huptu]
ontkennend (bn)	**negativo**	[nega'tʃivu]
open (bn)	**aberto**	[a'bɛrtu]
openbaar (bn)	**público**	['publiku]
origineel (ongewoon)	**original**	[oriʒi'naw]
oud (~ huis)	**velho**	['vɛʎu]
overdreven (bn)	**excessivo**	[ese'sivu]
passend (bn)	**apropriado**	[apro'prjadu]
permanent (bn)	**permanente**	[perma'nẽtʃi]
persoonlijk (bn)	**pessoal**	[pe'swaw]
plat (bijv. ~ scherm)	**plano**	['planu]
prachtig (~ paleis, enz.)	**belo**	['bɛlu]
precies (bn)	**exato**	[e'zatu]
prettig (bn)	**agradável**	[agra'davew]
privé (bn)	**privado**	[pri'vadu]
punctueel (bn)	**pontual**	[põ'twaw]
rauw (niet gekookt)	**cru**	[kru]
recht (weg, straat)	**reto**	['hɛtu]
rechter (bn)	**direito**	[dʒi'rejtu]
rijp (fruit)	**maduro**	[ma'duro]
riskant (bn)	**arriscado**	[ahis'kadu]
ruim (een ~ huis)	**amplo**	['ãplu]
rustig (bn)	**tranquilo**	[trã'kwilu]
scherp (bijv. ~ mes)	**afiado**	[a'fjadu]
schoon (niet vies)	**limpo**	['lĩpu]
slecht (bn)	**mau**	[maw]
slim (verstandig)	**inteligente**	[ĩteli'ʒẽtʃi]
smal (~le weg)	**estreito**	[is'trejtu]
snel (vlug)	**rápido**	['hapidu]
somber (bn)	**sombrio**	[sõ'briu]
speciaal (bn)	**especial**	[ispe'sjaw]
sterk (bn)	**forte**	['fɔrtʃi]
stevig (bn)	**sólido**	['sɔlidu]
straatarm (bn)	**indigente**	[ĩdʒi'ʒẽtʃi]
strak (schoenen, enz.)	**apertado**	[aper'tadu]
teder (liefderijk)	**afetuoso**	[afe'twozu]
tegenovergesteld (bn)	**contrário**	[kõ'trarju]
tevreden (bn)	**contente**	[kõ'tẽtʃi]
tevreden (klant, enz.)	**satisfeito**	[satʃis'fejtu]
treurig (bn)	**triste**	['tristʃi]
tweedehands (bn)	**usado**	[u'zadu]
uitstekend (bn)	**excelente**	[ese'lẽtʃi]

uitstekend (bn)	**soberbo, perfeito**	[so'berbu], [per'fejtu]
uniek (bn)	**único**	['uniku]
veilig (niet gevaarlijk)	**seguro**	[se'guru]
ver (in de ruimte)	**distante**	[dʒis'tãtʃi]
verenigbaar (bn)	**compatível**	[kõpa'tʃivew]
vermoeiend (bn)	**cansativo**	[kãsa'tʃivu]
verplicht (bn)	**obrigatório**	[obriga'tɔrju]
vers (~ brood)	**fresco**	['fresku]
verschillende (bn)	**diverso**	[dʒi'vɛrsu]
verst (meest afgelegen)	**remoto, longínquo**	he'mɔtu], [lõ'ʒĩkwu]
vettig (voedsel)	**gordo**	['gordu]
vijandig (bn)	**hostil**	[os'tʃiw]
vloeibaar (bn)	**líquido**	['likidu]
vochtig (bn)	**úmido**	['umidu]
vol (helemaal gevuld)	**cheio**	['ʃeju]
volgend (~ jaar)	**seguinte**	[se'gĩtʃi]
vorig (bn)	**mais recente**	[majs he'sẽtʃi]
voornaamste (bn)	**principal**	[prĩsi'paw]
vorig (~ jaar)	**passado**	[pa'sadu]
vorig (bijv. ~e baas)	**prévio**	['prɛvju]
vriendelijk (aardig)	**encantador**	[ẽkãta'dor]
vriendelijk (goedhartig)	**bondoso**	[bõ'dozu]
vrij (bn)	**livre**	['livri]
vrolijk (bn)	**alegre**	[a'lɛgri]
vruchtbaar (~ land)	**fértil**	['fɛrtʃiw]
vuil (niet schoon)	**sujo**	['suʒu]
waarschijnlijk (bn)	**provável**	[pro'vavew]
warm (bn)	**quente**	['kẽtʃi]
wettelijk (bn)	**legal**	[le'gaw]
zacht (bijv. ~ kussen)	**mole**	['mɔli]
zacht (bn)	**baixo**	['baɪʃu]
zeldzaam (bn)	**raro**	['haru]
ziek (bn)	**doente**	[do'ẽtʃi]
zoet (~ water)	**doce**	['dosi]
zoet (bn)	**doce**	['dosi]
zonnig (~e dag)	**de sol, ensolarado**	[de sɔw], [ẽsola'radu]
zorgzaam (bn)	**carinhoso**	[kari'ɲozu]
zout (de soep is ~)	**salgado**	[saw'gadu]
zuur (smaak)	**azedo**	[a'zedu]
zwaar (~ voorwerp)	**pesado**	[pe'zadu]

DE 500 BELANGRIJKSTE WERKWOORDEN

252. Werkwoorden A-C

aaien (bijv. een konijn ~)	**acariciar** (vt)	[akari'sjar]
aanbevelen (ww)	**recomendar** (vt)	[hekomẽ'dar]
aandringen (ww)	**insistir** (vi)	[ĩsis'tʃir]
aankomen (ov. de treinen)	**chegar** (vi)	[ʃe'gar]
aanleggen (bijv. bij de pier)	**atracar** (vi)	[atra'kar]
aanraken (met de hand)	**tocar** (vt)	[to'kar]
aansteken (kampvuur, enz.)	**acender** (vt)	[asẽ'der]
aanstellen (in functie plaatsen)	**nomear** (vt)	[no'mjar]
aanvallen (mil.)	**atacar** (vt)	[ata'kar]
aanvoelen (gevaar ~)	**sentir** (vt)	[sẽ'tʃir]
aanvoeren (leiden)	**encabeçar** (vt)	[ẽkabe'sar]
aanwijzen (de weg ~)	**indicar** (vt)	[ĩdʒi'kar]
aanzetten (computer, enz.)	**ligar** (vt)	[li'gar]
ademen (ww)	**respirar** (vi)	[hespi'rar]
adverteren (ww)	**fazer propaganda**	[fa'zer propa'gãda]
adviseren (ww)	**aconselhar** (vt)	[akõse'ʎar]
afdalen (on.ww.)	**descer** (vi)	[de'ser]
afgunstig zijn (ww)	**invejar** (vt)	[ĩve'ʒar]
afhakken (ww)	**cortar** (vt)	[kor'tar]
afhangen van ...	**depender de ...**	[depẽ'der de]
afluisteren (ww)	**escutar atrás da porta**	[isku'tar a'trajs da 'pɔrta]
afnemen (verwijderen)	**tirar** (vt)	[tʃi'rar]
afrukken (ww)	**arrancar** (vt)	[ahã'kar]
afslaan (naar rechts ~)	**virar** (vi)	[vi'rar]
afsnijden (ww)	**cortar** (vt)	[kor'tar]
afzeggen (ww)	**anular, cancelar** (vt)	[anu'lar], [kãse'lar]
amputeren (ww)	**amputar** (vt)	[ãpu'tar]
amuseren (ww)	**divertir** (vt)	[dʒiver'tʃir]
antwoorden (ww)	**responder** (vt)	[hespõ'der]
applaudisseren (ww)	**aplaudir** (vi)	[aplaw'dʒir]
aspireren (iets willen worden)	**aspirar a ...**	[aspi'rar a]
assisteren (ww)	**assistir** (vt)	[asis'tʃir]
bang zijn (ww)	**ter medo**	[ter 'medu]
barsten (plafond, enz.)	**rachar-se** (vr)	[ha'ʃarsi]
bedienen (in restaurant)	**servir** (vt)	[ser'vir]
bedreigen (bijv. met een pistool)	**ameaçar** (vt)	[amea'sar]

bedriegen (ww)	**enganar** (vt)	[ẽga'nar]
beduiden (betekenen)	**significar** (vt)	[signifi'kar]
bedwingen (ww)	**refrear** (vt)	[hefre'ar]
beëindigen (ww)	**terminar** (vt)	[termi'nar]
begeleiden (vergezellen)	**acompanhar** (vt)	[akõpa'ɲar]
begieten (water geven)	**regar** (vt)	[he'gar]
beginnen (ww)	**começar** (vt)	[kome'sar]
begrijpen (ww)	**entender** (vt)	[ẽtẽ'der]
behandelen (patiënt, ziekte)	**tratar** (vt)	[tra'tar]
beheren (managen)	**dirigir** (vt)	[ʤiri'ʒir]
beïnvloeden (ww)	**influenciar** (vt)	[ĩflwẽ'sjar]
bekennen (misdadiger)	**confessar-se** (vr)	[kõfe'sarsi]
beledigen (met scheldwoorden)	**insultar** (vt)	[ĩsuw'tar]
beledigen (ww)	**ofender** (vt)	[ofẽ'der]
beloven (ww)	**prometer** (vt)	[prome'ter]
beperken (de uitgaven ~)	**limitar** (vt)	[limi'tar]
bereiken (doel ~, enz.)	**alcançar** (vt)	[awkã'sar]
bereiken (plaats van bestemming ~)	**chegar a ...**	[ʃe'gar a]
beschermen (bijv. de natuur ~)	**proteger** (vt)	[prote'ʒer]
beschuldigen (ww)	**acusar** (vt)	[aku'zar]
beslissen (~ iets te doen)	**decidir** (vt)	[desi'ʤir]
besmet worden (met ...)	**contagiar-se com ...**	[kõta'ʒjarsi kõ]
besmetten (ziekte overbrengen)	**infetar, contagiar** (vt)	[ĩfe'tar], [kõta'ʒjar]
bespreken (spreken over)	**discutir** (vt)	[ʤisku'tʃir]
bestaan (een ~ voeren)	**viver** (vi)	[vi'ver]
bestellen (eten ~)	**pedir** (vt)	[pe'ʤir]
bestraffen (een stout kind ~)	**punir, castigar** (vt)	[pu'nir], [kastʃi'gar]
betalen (ww)	**pagar** (vt)	[pa'gar]
betekenen (beduiden)	**significar** (vt)	[signifi'kar]
betreuren (ww)	**arrepender-se** (vr)	[ahepẽ'dersi]
bevallen (prettig vinden)	**gostar** (vt)	[gos'tar]
bevelen (mil.)	**ordenar** (vt)	[orde'nar]
bevredigen (ww)	**satisfazer** (vt)	[satʃisfa'zer]
bevrijden (stad, enz.)	**libertar, liberar** (vt)	[liber'tar], [libe'rar]
bewaren (oude brieven, enz.)	**guardar** (vt)	[gwar'dar]
bewaren (vrede, leven)	**preservar** (vt)	[prezer'var]
bewijzen (ww)	**provar** (vt)	[pro'var]
bewonderen (ww)	**admirar** (vt)	[aʤimi'rar]
bezitten (ww)	**possuir** (vt)	[po'swir]
bezorgd zijn (ww)	**estar preocupado**	[is'tar preoku'padu]
bezorgd zijn (ww)	**preocupar-se** (vr)	[preoku'parsi]
bidden (praten met God)	**rezar, orar** (vi)	[he'zar], [o'rar]
bijvoegen (ww)	**acrescentar** (vt)	[akresẽ'tar]

binden (ww)	**amarrar** (vt)	[ama'har]
binnengaan (een kamer ~)	**entrar** (vi)	[ẽ'trar]
blazen (ww)	**soprar** (vi)	[so'prar]
blozen (zich schamen)	**corar** (vi)	[ko'rar]
blussen (brand ~)	**apagar** (vt)	[apa'gar]
boos maken (ww)	**zangar** (vt)	[zã'gar]
boos zijn (ww)	**zangar-se com ...**	[zã'garsi kõ]
breken (on.ww., van een touw)	**romper-se** (vr)	[hõ'persi]
breken (speelgoed, enz.)	**quebrar** (vt)	[ke'brar]
brengen (iets ergens ~)	**trazer** (vt)	[tra'zer]
charmeren (ww)	**fascinar** (vt)	[fasi'nar]
citeren (ww)	**citar** (vt)	[si'tar]
compenseren (ww)	**compensar** (vt)	[kõpẽ'sar]
compliceren (ww)	**complicar** (vt)	[kõpli'kar]
componeren (muziek ~)	**compor** (vt)	[kõ'por]
compromitteren (ww)	**comprometer** (vt)	[kõprome'ter]
concurreren (ww)	**competir** (vi)	[kõpe'tʃir]
controleren (ww)	**controlar** (vt)	[kõtro'lar]
coöpereren (samenwerken)	**cooperar** (vi)	[koope'rar]
coördineren (ww)	**coordenar** (vt)	[koorde'nar]
corrigeren (fouten ~)	**corrigir** (vt)	[kohi'ʒir]
creëren (ww)	**criar** (vt)	[krjar]

253. Werkwoorden D-K

danken (ww)	**agradecer** (vt)	[agrade'ser]
de was doen	**lavar a roupa**	[la'var a 'hopa]
de weg wijzen	**direcionar** (vt)	[dʒiresjo'nar]
deelnemen (ww)	**participar** (vi)	[partʃisi'par]
delen (wisk.)	**dividir** (vt)	[dʒivi'dʒir]
denken (ww)	**pensar** (vi, vt)	[pẽ'sar]
doden (ww)	**matar** (vt)	[ma'tar]
doen (ww)	**fazer** (vt)	[fa'zer]
dresseren (ww)	**adestrar** (vt)	[ades'trar]
drinken (ww)	**beber, tomar** (vt)	[be'ber], [to'mar]
drogen (kledern, haar)	**secar** (vt)	[se'kar]
dromen (in de slaap)	**sonhar** (vi)	[so'ɲar]
dromen (over vakantie ~)	**sonhar** (vt)	[so'ɲar]
duiken (ww)	**mergulhar** (vi)	[mergu'ʎar]
durven (ww)	**ousar** (vt)	[o'zar]
duwen (ww)	**empurrar** (vt)	[ẽpu'har]
een auto besturen	**dirigir** (vt)	[dʒiri'ʒir]
een bad geven	**dar banho, lavar** (vt)	[dar 'baɲu], [la'var]
een bad nemen	**lavar-se** (vr)	[la'varsi]
een conclusie trekken	**tirar uma conclusão**	[tʃi'rar 'uma kõklu'zãw]

foto's maken	**tirar fotos**	[tʃi'rar 'fɔtus]
eisen (met klem vragen)	**exigir** (vt)	[ezi'ʒir]
erkennen (schuld)	**reconhecer** (vt)	[hekoɲe'ser]
erven (ww)	**herdar** (vt)	[er'dar]
eten (ww)	**comer** (vt)	[ko'mer]
excuseren (vergeven)	**desculpar** (vt)	[dʒiskuw'par]
existeren (bestaan)	**existir** (vi)	[ezis'tʃir]
feliciteren (ww)	**felicitar** (vt)	[felisi'tar]
gaan (te voet)	**ir** (vi)	[ir]
gaan slapen	**ir para a cama**	[ir 'para a 'kama]
gaan zitten (ww)	**sentar-se** (vr)	[sẽ'tarsi]
gaan zwemmen	**ir nadar**	[ir na'dar]
garanderen (garantie geven)	**garantir** (vt)	[garã'tʃir]
gebruiken (bijv. een potlood ~)	**utilizar** (vt)	[utʃili'zar]
gebruiken (woord, uitdrukking)	**usar** (vt)	[u'zar]
geconserveerd zijn (ww)	**ser preservado**	[ser prezer'vadu]
gedateerd zijn (ww)	**datar** (vi)	[da'tar]
gehoorzamen (ww)	**obedecer** (vt)	[obede'ser]
gelijken (op elkaar lijken)	**parecer-se** (vr)	[pare'sersi]
geloven (vinden)	**crer** (vt)	[krer]
genoeg zijn (ww)	**bastar** (vi)	[bas'tar]
geven (ww)	**dar** (vt)	[dar]
gieten (in een beker ~)	**encher** (vt)	[ẽ'ʃer]
glimlachen (ww)	**sorrir** (vi)	[so'hir]
glimmen (glanzen)	**brilhar** (vi)	[bri'ʎar]
gluren (ww)	**espreitar** (vi)	[isprej'tar]
goed raden (ww)	**adivinhar** (vt)	[adʒivi'ɲar]
gooien (een steen, enz.)	**jogar, atirar** (vt)	[ʒo'gar], [atʃi'rar]
grappen maken (ww)	**fazer piadas**	[fa'zer 'pjadas]
graven (tunnel, enz.)	**cavar** (vt)	[ka'var]
haasten (iemand ~)	**apressar** (vt)	[apre'sar]
hebben (ww)	**ter** (vt)	[ter]
helpen (hulp geven)	**ajudar** (vt)	[aʒu'dar]
herhalen (opnieuw zeggen)	**repetir** (vt)	[hepe'tʃir]
herinneren (ww)	**lembrar** (vt)	[lẽ'brar]
herinneren aan ... (afspraak, opdracht)	**fazer lembrar**	[fa'zer lẽ'brar]
herkennen (identificeren)	**reconhecer** (vt)	[hekoɲe'ser]
herstellen (repareren)	**reparar** (vt)	[hepa'rar]
het haar kammen	**pentear-se** (vr)	[pẽ'tʃjarsi]
hopen (ww)	**esperar** (vi, vt)	[ispe'rar]
horen (waarnemen met het oor)	**ouvir** (vt)	[o'vir]
houden van (muziek, enz.)	**adorar** (vt)	[ado'rar]
huilen (wenen)	**chorar** (vi)	[ʃo'rar]
huiveren (ww)	**estremecer** (vi)	[istreme'ser]

huren (een boot ~)	**alugar** (vt)	[alu'gar]
huren (huis, kamer)	**alugar** (vt)	[alu'gar]
huren (personeel)	**contratar** (vt)	[kõtra'tar]
imiteren (ww)	**imitar** (vt)	[imi'tar]
importeren (ww)	**importar** (vt)	[ĩpor'tar]
inenten (vaccineren)	**vacinar** (vt)	[vasi'nar]
informeren (informatie geven)	**informar** (vt)	[ĩfor'mar]
informeren naar ... (navraag doen)	**informar-se** (vt)	[ĩfor'marsi]
inlassen (invoegen)	**inserir** (vt)	[ĩse'rir]
inpakken (in papier)	**embrulhar** (vt)	[ẽbru'ʎar]
inspireren (ww)	**inspirar** (vt)	[ĩspi'rar]
instemmen (akkoord gaan)	**concordar** (vi)	[kõkor'dar]
interesseren (ww)	**interessar** (vt)	[ĩtere'sar]
irriteren (ww)	**irritar** (vt)	[ihi'tar]
isoleren (ww)	**isolar** (vt)	[izo'lar]
jagen (ww)	**caçar** (vi)	[ka'sar]
kalmeren (kalm maken)	**acalmar** (vt)	[akaw'mar]
kennen (kennis hebben van iemand)	**conhecer** (vt)	[koɲe'ser]
kennismaken (met ...)	**conhecer-se** (vr)	[koɲe'sersi]
kiezen (ww)	**escolher** (vt)	[isko'ʎer]
kijken (ww)	**olhar** (vt)	[ɔ'ʎar]
klaarmaken (een plan ~)	**preparar** (vt)	[prepa'rar]
klaarmaken (het eten ~)	**cozinhar** (vt)	[kozi'ɲar]
klagen (ww)	**queixar-se** (vr)	[kej'ʃarsi]
kloppen (aan een deur)	**bater** (vi)	[ba'ter]
kopen (ww)	**comprar** (vt)	[kõ'prar]
kopieën maken	**tirar cópias**	[tʃi'rar 'kɔpjas]
kosten (ww)	**custar** (vt)	[kus'tar]
kunnen (ww)	**poder** (vi)	[po'der]
kweken (planten ~)	**cultivar** (vt)	[kuwtʃi'var]

254. Werkwoorden L-R

lachen (ww)	**rir** (vi)	[hir]
laden (geweer, kanon)	**carregar** (vt)	[kahe'gar]
laden (vrachtwagen)	**carregar** (vt)	[kahe'gar]
laten vallen (ww)	**deixar cair** (vt)	[dej'ʃar ka'ir]
lenen (geld ~)	**tomar emprestado** (vt)	[to'mar ẽpres'tadu]
leren (lesgeven)	**ensinar** (vt)	[ẽsi'nar]
leven (bijv. in Frankrijk ~)	**morar** (vt)	[mo'rar]
lezen (een boek ~)	**ler** (vt)	[ler]
lid worden (ww)	**juntar-se a ...**	[ʒũ'tarsi a]
liefhebben (ww)	**amar** (vt)	[a'mar]
liegen (ww)	**mentir** (vi)	[mẽ'tʃir]

liggen (op de tafel ~)	**estar**	[is'tar]
liggen (persoon)	**estar deitado**	[is'tar dej'tadu]
lijden (pijn voelen)	**sofrer** (vt)	[so'frer]
losbinden (ww)	**desatar** (vt)	[ʤiza'tar]
luisteren (ww)	**escutar** (vt)	[isku'tar]
lunchen (ww)	**almoçar** (vi)	[awmo'sar]
markeren (op de kaart, enz.)	**marcar** (vt)	[mar'kar]
melden (nieuws ~)	**informar** (vt)	[ĩfor'mar]
memoriseren (ww)	**memorizar** (vt)	[memori'zar]
mengen (ww)	**misturar** (vt)	[mistu'rar]
mikken op (ww)	**apontar para ...**	[apõ'tar 'para]
minachten (ww)	**desprezar** (vt)	[ʤispre'zar]
moeten (ww)	**dever** (vi)	[de'ver]
morsen (koffie, enz.)	**derramar** (vt)	[deha'mar]
naderen (dichterbij komen)	**aproximar-se** (vr)	[aprosi'marsi]
neerlaten (ww)	**baixar** (vt)	[baɪ'ʃar]
nemen (ww)	**pegar** (vt)	[pe'gar]
nodig zijn (ww)	**ser necessário**	[ser nese'sarju]
noemen (ww)	**denominar** (vt)	[denomi'nar]
noteren (opschrijven)	**anotar** (vt)	[ano'tar]
omhelzen (ww)	**abraçar** (vt)	[abra'sar]
omkeren (steen, voorwerp)	**virar** (vt)	[vi'rar]
onderhandelen (ww)	**negociar** (vi)	[nego'sjar]
ondernemen (ww)	**empreender** (vt)	[ẽprjẽ'der]
onderschatten (ww)	**subestimar** (vt)	[subestʃi'mar]
onderscheiden (een ereteken geven)	**condecorar** (vt)	[kõdeko'rar]
onderstrepen (ww)	**sublinhar** (vt)	[subli'ɲar]
ondertekenen (ww)	**assinar** (vt)	[asi'nar]
onderwijzen (ww)	**instruir** (vt)	[ĩs'trwir]
onderzoeken (alle feiten, enz.)	**examinar** (vt)	[ezami'nar]
bezorgd maken	**preocupar** (vt)	[preoku'par]
onmisbaar zijn (ww)	**ser indispensável**	[ser ĩʤispẽ'savew]
ontbijten (ww)	**tomar café da manhã**	[to'mar ka'fɛ da ma'ɲã]
ontdekken (bijv. nieuw land)	**descobrir** (vt)	[ʤisko'brir]
ontkennen (ww)	**negar** (vt)	[ne'gar]
ontlopen (gevaar, taak)	**evitar** (vt)	[evi'tar]
ontnemen (ww)	**privar** (vt)	[pri'var]
ontwerpen (machine, enz.)	**projetar, criar** (vt)	[proʒɛ'tar], [krjar]
oorlog voeren (ww)	**guerrear** (vt)	[ge'hjar]
op orde brengen	**consertar** (vt)	[kõser'tar]
opbergen (in de kast, enz.)	**guardar** (vt)	[gwar'dar]
opduiken (ov. een duikboot)	**emergir** (vi)	[imer'ʒir]
openen (ww)	**abrir** (vt)	[a'brir]
ophangen (bijv. gordijnen ~)	**pendurar** (vt)	[pẽdu'rar]

ophouden (ww)	**cessar** (vt)	[se'sar]
oplossen (een probleem ~)	**resolver** (vt)	[hezow'ver]
opmerken (zien)	**perceber** (vt)	[perse'ber]
opmerken (zien)	**avistar** (vt)	[avis'tar]
opscheppen (ww)	**gabar-se** (vr)	[ga'barsi]
opschrijven (op een lijst)	**inscrever** (vt)	[ĩskre'ver]
opschrijven (ww)	**anotar** (vt)	[ano'tar]
opstaan (uit je bed)	**levantar-se** (vr)	[levã'tarsi]
opstarten (project, enz.)	**lançar** (vt)	[lã'sar]
opstijgen (vliegtuig)	**descolar** (vi)	[ʤisko'lar]
optreden (resoluut ~)	**agir** (vi)	[a'ʒir]
organiseren (concert, feest)	**organizar** (vt)	[organi'zar]
overdoen (ww)	**refazer** (vt)	[hefa'zer]
overheersen (dominant zijn)	**predominar** (vi, vt)	[predomi'nar]
overschatten (ww)	**superestimar** (vt)	[superestʃi'mar]
overtuigd worden (ww)	**estar convencido**	[is'tar kõvẽ'sidu]
overtuigen (ww)	**convencer** (vt)	[kõvẽ'ser]
passen (jurk, broek)	**servir** (vi)	[ser'vir]
passeren (~ mooie dorpjes, enz.)	**passar** (vt)	[pa'sar]
peinzen (lang nadenken)	**ficar pensativo**	[fi'kar pẽsa'tʃivu]
penetreren (ww)	**penetrar** (vt)	[pene'trar]
plaatsen (ww)	**colocar** (vt)	[kolo'kar]
plaatsen (zetten)	**pôr, colocar** (vt)	[por], [kolo'kar]
plannen (ww)	**planejar** (vt)	[plane'ʒar]
plezier hebben (ww)	**divertir-se** (vr)	[ʤiver'tʃirsi]
plukken (bloemen ~)	**colher** (vt)	[ko'ʎer]
prefereren (verkiezen)	**preferir** (vt)	[prefe'rir]
proberen (trachten)	**tentar** (vt)	[tẽ'tar]
proberen (trachten)	**tentar** (vt)	[tẽ'tar]
protesteren (ww)	**protestar** (vi)	[protes'tar]
provoceren (uitdagen)	**provocar** (vt)	[provo'kar]
raadplegen (dokter, enz.)	**consultar ...**	[kõsuw'tar]
rapporteren (ww)	**reportar** (vt)	[hepor'tar]
redden (ww)	**salvar** (vt)	[saw'var]
regelen (conflict)	**resolver** (vt)	[hezow'ver]
reinigen (schoonmaken)	**limpar** (vt)	[lĩ'par]
rekenen op ...	**contar com ...**	[kõ'tar kõ]
rennen (ww)	**correr** (vi)	[ko'her]
reserveren (een hotelkamer ~)	**reservar** (vt)	[hezer'var]
rijden (per auto, enz.)	**ir** (vi)	[ir]
rillen (ov. de kou)	**tremer** (vi)	[tre'mer]
riskeren (ww)	**arriscar** (vt)	[ahis'kar]
roepen (met je stem)	**chamar** (vt)	[ʃa'mar]
roepen (om hulp)	**chamar** (vt)	[ʃa'mar]

ruiken (bepaalde geur verspreiden)	**cheirar** (vi)	[ʃej'rar]
ruiken (rozen)	**cheirar** (vi)	[ʃej'rar]
rusten (verpozen)	**descansar** (vi)	[dʒiskã'sar]

255. Verbs S-V

samenstellen, maken (een lijst ~)	**fazer, elaborar** (vt)	[fa'zer], [elabo'rar]
schieten (ww)	**disparar, atirar** (vi)	[dʒispa'rar], [atʃi'rar]
schoonmaken (bijv. schoenen ~)	**limpar** (vt)	[lĩ'par]
schoonmaken (ww)	**arrumar, limpar** (vt)	[ahu'mar], [lĩ'par]
schrammen (ww)	**arranhar** (vt)	[aha'ɲar]
schreeuwen (ww)	**gritar** (vi)	[gri'tar]
schrijven (ww)	**escrever** (vt)	[iskre'ver]
schudden (ww)	**agitar, sacudir** (vt)	[aʒi'tar], [saku'dʒir]
selecteren (ww)	**selecionar** (vt)	[selesjo'nar]
simplificeren (ww)	**simplificar** (vt)	[sĩplifi'kar]
slaan (een hond ~)	**bater** (vt)	[ba'ter]
sluiten (ww)	**fechar** (vt)	[fe'ʃar]
smeken (bijv. om hulp ~)	**implorar** (vt)	[ĩplo'rar]
souperen (ww)	**jantar** (vi)	[ʒã'tar]
spelen (bijv. filmacteur)	**desempenhar** (vt)	[dʒizẽpe'ɲar]
spelen (kinderen, enz.)	**brincar, jogar** (vi, vt)	[brĩ'kar], [ʒo'gar]
spreken met ...	**falar com ...**	[fa'lar kõ]
spuwen (ww)	**cuspir** (vi)	[kus'pir]
stelen (ww)	**roubar** (vt)	[ho'bar]
stemmen (verkiezing)	**votar** (vi)	[vo'tar]
steunen (een goed doel, enz.)	**apoiar** (vt)	[apo'jar]
stoppen (pauzeren)	**parar** (vi)	[pa'rar]
storen (lastigvallen)	**perturbar** (vt)	[pertur'bar]
strijden (tegen een vijand)	**lutar** (vt)	[lu'tar]
strijden (ww)	**combater** (vi, vt)	[kõba'ter]
strijken (met een strijkbout)	**passar a ferro**	[pa'sar a 'fɛhu]
studeren (bijv. wiskunde ~)	**estudar** (vt)	[istu'dar]
sturen (zenden)	**enviar** (vt)	[ẽ'vjar]
tellen (bijv. geld ~)	**calcular** (vt)	[kawku'lar]
terugkeren (ww)	**voltar** (vi)	[vow'tar]
terugsturen (ww)	**devolver** (vt)	[devow'ver]
toebehoren aan ...	**pertencer** (vt)	[pertẽ'ser]
toegeven (zwichten)	**ceder** (vi)	[se'der]
toenemen (on. ww)	**aumentar** (vi)	[awmẽ'tar]
toespreken (zich tot iemand richten)	**dirigir-se** (vr)	[dʒiri'ʒirsi]

toestaan (goedkeuren)	**permitir** (vt)	[permi'tʃir]
toestaan (ww)	**permitir** (vt)	[permi'tʃir]
toewijden (boek, enz.)	**dedicar** (vt)	[dedʒi'kar]
tonen (uitstallen, laten zien)	**mostrar** (vt)	[mos'trar]
trainen (ww)	**treinar** (vt)	[trej'nar]
transformeren (ww)	**transformar** (vt)	[trãsfor'mar]
trekken (touw)	**puxar** (vt)	[pu'ʃar]
trouwen (ww)	**casar-se** (vr)	[ka'zarsi]
tussenbeide komen (ww)	**intervir** (vi)	[ĩter'vir]
twijfelen (onzeker zijn)	**duvidar** (vt)	[duvi'dar]
uitdelen (pamfletten ~)	**distribuir** (vt)	[dʒistri'bwir]
uitdoen (licht)	**desligar** (vt)	[dʒizli'gar]
uitdrukken (opinie, gevoel)	**expressar** (vt)	[ispre'sar]
uitgaan (om te dineren, enz.)	**sair** (vi)	[sa'ir]
uitlachen (bespotten)	**zombar** (vt)	[zõ'bar]
uitnodigen (ww)	**convidar** (vt)	[kõvi'dar]
uitrusten (ww)	**equipar** (vt)	[eki'par]
uitsluiten (wegsturen)	**expulsar** (vt)	[ispuw'sar]
uitspreken (ww)	**pronunciar** (vt)	[pronũ'sjar]
uittorenen (boven ...)	**elevar-se acima de ...**	[ele'varsi a'sima de]
uitvaren tegen (ww)	**repreender** (vt)	[heprjẽ'der]
uitvinden (machine, enz.)	**inventar** (vt)	[ĩvẽ'tar]
uitwissen (ww)	**apagar** (vt)	[apa'gar]
vangen (ww)	**pegar** (vt)	[pe'gar]
vastbinden aan ...	**atar** (vt)	[a'tar]
vechten (ww)	**bater-se** (vr)	[ba'tersi]
veranderen (bijv. mening ~)	**mudar** (vt)	[mu'dar]
verbaasd zijn (ww)	**surpreender-se** (vr)	[surprjẽ'dersi]
verbazen (verwonderen)	**surpreender** (vt)	[surprjẽ'der]
verbergen (ww)	**esconder** (vt)	[iskõ'der]
verbieden (ww)	**proibir** (vt)	[proi'bir]
verblinden (andere chauffeurs)	**cegar, ofuscar** (vt)	[se'gar], [ofus'kar]
verbouwereerd zijn (ww)	**estar perplexo**	[is'tar per'plɛksu]
verbranden (bijv. papieren ~)	**queimar** (vt)	[kej'mar]
verdedigen (je land ~)	**defender** (vt)	[defẽ'der]
verdenken (ww)	**suspeitar** (vt)	[suspej'tar]
verdienen (een complimentje, enz.)	**merecer** (vt)	[mere'ser]
verdragen (tandpijn, enz.)	**suportar** (vt)	[supor'tar]
verdrinken (in het water omkomen)	**afogar-se** (vr)	[afo'garse]
verdubbelen (ww)	**dobrar** (vt)	[do'brar]
verdwijnen (ww)	**desaparecer** (vi)	[dʒizapare'ser]
verenigen (ww)	**juntar, unir** (vt)	[ʒũ'tar], [u'nir]
vergelijken (ww)	**comparar** (vt)	[kõpa'rar]

vergeten (achterlaten)	**deixar** (vt)	[dej'ʃar]
vergeten (ww)	**esquecer** (vt)	[iske'ser]
vergeven (ww)	**perdoar** (vt)	[per'dwar]
vergroten (groter maken)	**aumentar** (vt)	[awmẽ'tar]
verklaren (uitleggen)	**explicar** (vt)	[ispli'kar]
verklaren (volhouden)	**afirmar** (vt)	[afir'mar]
verklikken (ww)	**denunciar** (vt)	[denũ'sjar]
verkopen (per stuk ~)	**vender** (vt)	[vẽ'der]
verlaten (echtgenoot, enz.)	**deixar** (vt)	[dej'ʃar]
verlichten (gebouw, straat)	**iluminar** (vt)	[ilumi'nar]
verlichten (gemakkelijker maken)	**facilitar** (vt)	[fasili'tar]
verliefd worden (ww)	**apaixonar-se ...**	[apajʃo'narsi]
verliezen (bagage, enz.)	**perder** (vt)	[per'der]
vermelden (praten over)	**mencionar** (vt)	[mẽsjo'nar]
vermenigvuldigen (wisk.)	**multiplicar** (vt)	[muwtʃipli'kar]
verminderen (ww)	**reduzir** (vt)	[hedu'zir]
vermoeid raken (ww)	**ficar cansado**	[fi'kar kã'sadu]
vermoeien (ww)	**fatigar** (vt)	[fatʃi'gar]

256. Verbs V-Z

vernietigen (documenten, enz.)	**destruir** (vt)	[dʒis'trwir]
veronderstellen (ww)	**supor** (vt)	[su'por]
verontwaardigd zijn (ww)	**indignar-se** (vr)	[ĩdʒig'narsi]
veroordelen (in een rechtszaak)	**sentenciar** (vt)	[sẽtẽ'sjar]
veroorzaken ... (oorzaak zijn van ...)	**causar** (vt)	[kaw'zar]
verplaatsen (ww)	**mover** (vt)	[mo'ver]
verpletteren (een insect, enz.)	**esmagar** (vt)	[izma'gar]
verplichten (ww)	**forçar** (vt)	[for'sar]
verschijnen (bijv. boek)	**sair** (vi)	[sa'ir]
verschijnen (in zicht komen)	**aparecer** (vi)	[apare'ser]
verschillen (~ van iets anders)	**ser diferente**	[ser dʒife'rẽtʃi]
versieren (decoreren)	**decorar** (vt)	[deko'rar]
verspreiden (pamfletten, enz.)	**distribuir** (vt)	[dʒistri'bwir]
verspreiden (reuk, enz.)	**emitir** (vt)	[emi'tʃir]
versterken (positie ~)	**reforçar** (vt)	[hefor'sar]
verstommen (ww)	**calar-se** (vr)	[ka'larsi]
vertalen (ww)	**traduzir** (vt)	[tradu'zir]
vertellen (verhaal ~)	**contar** (vt)	[kõ'tar]
vertrekken (bijv. naar Mexico ~)	**partir** (vt)	[par'tʃir]

vertrouwen (ww)	**confiar** (vt)	[kõ'fjar]
vervolgen (ww)	**continuar** (vt)	[kõtʃi'nwar]
verwachten (ww)	**esperar** (vt)	[ispe'rar]
verwarmen (ww)	**aquecer** (vt)	[ake'ser]
verwarren (met elkaar ~)	**confundir** (vt)	[kõfũ'dʒir]
verwelkomen (ww)	**saudar** (vt)	[saw'dar]
verwezenlijken (ww)	**realizar** (vt)	[heali'zar]
verwijderen (een obstakel)	**remover, eliminar** (vt)	[hemo'ver], [elimi'nar]
verwijderen (een vlek ~)	**remover** (vt)	[hemo'ver]
verwijten (ww)	**censurar** (vt)	[sẽsu'rar]
verwisselen (ww)	**trocar, mudar** (vt)	[tro'kar], [mu'dar]
verzoeken (ww)	**pedir** (vt)	[pe'dʒir]
verzuimen (school, enz.)	**faltar a ...**	[faw'tar a]
vies worden (ww)	**sujar-se** (vr)	[su'ʒarsi]
vinden (denken)	**achar** (vt)	[a'ʃar]
vinden (ww)	**encontrar** (vt)	[ẽkõ'trar]
vissen (ww)	**pescar** (vt)	[pes'kar]
vleien (ww)	**lisonjear** (vt)	[lizõ'ʒjar]
vliegen (vogel, vliegtuig)	**voar** (vi)	[vo'ar]
voederen (een dier voer geven)	**alimentar** (vt)	[alimẽ'tar]
volgen (ww)	**seguir ...**	[se'gir]
voorstellen (introduceren)	**apresentar** (vt)	[aprezẽ'tar]
voorstellen (Mag ik jullie ~)	**apresentar** (vt)	[aprezẽ'tar]
voorstellen (ww)	**propor** (vt)	[pro'por]
voorzien (verwachten)	**prever** (vt)	[pre'ver]
vorderen (vooruitgaan)	**avançar** (vi)	[avã'sar]
vormen (samenstellen)	**formar** (vt)	[for'mar]
vullen (glas, fles)	**encher** (vt)	[ẽ'ʃer]
waarnemen (ww)	**observar** (vt)	[obser'var]
waarschuwen (ww)	**advertir** (vt)	[adʒiver'tʃir]
wachten (ww)	**esperar** (vt)	[ispe'rar]
wassen (ww)	**lavar** (vt)	[la'var]
weerspreken (ww)	**objetar** (vt)	[obʒe'tar]
wegdraaien (ww)	**virar as costas**	[vi'rar as 'kɔstas]
wegdragen (ww)	**levar** (vt)	[le'var]
wegen (gewicht hebben)	**pesar** (vt)	[pe'zar]
wegjagen (ww)	**afugentar** (vt)	[afuʒẽ'tar]
weglaten (woord, zin)	**omitir** (vt)	[omi'tʃir]
wegvaren (uit de haven vertrekken)	**desatracar** (vi)	[dʒizatra'kar]
weigeren (iemand ~)	**recusar** (vt)	[heku'zar]
wekken (ww)	**acordar, despertar** (vt)	[akor'dar], [dʒisper'tar]
wensen (ww)	**desejar** (vt)	[deze'ʒar]
werken (ww)	**trabalhar** (vi)	[traba'ʎar]
weten (ww)	**saber** (vt)	[sa'ber]

willen (verlangen)	**querer** (vt)	[ke'rer]
wisselen (omruilen, iets ~)	**trocar** (vt)	[tro'kar]
worden (bijv. oud ~)	**tornar-se** (vr)	[tor'narsi]
worstelen (sport)	**lutar** (vi)	[lu'tar]
wreken (ww)	**vingar** (vt)	[vĩ'gar]
zaaien (zaad strooien)	**semear** (vt)	[se'mjar]
zeggen (ww)	**dizer** (vt)	[dʒi'zer]
zich baseerd op	**basear-se** (vr)	[ba'zjarsi]
zich bevrijden van ... (afhelpen)	**livrar-se de ...**	[li'vrarsi de]
zich concentreren (ww)	**concentrar-se** (vr)	[kõsẽ'trarsi]
zich ergeren (ww)	**irritar-se** (vr)	[ihi'tarsi]
zich gedragen (ww)	**comportar-se** (vr)	[kõpor'tarsi]
zich haasten (ww)	**apressar-se** (vr)	[apre'sarsi]
zich herinneren (ww)	**recordar, lembrar** (vt)	[hekor'dar], [lẽ'brar]
zich herstellen (ww)	**recuperar-se** (vr)	[hekupe'rarsi]
zich indenken (ww)	**imaginar** (vt)	[imaʒi'nar]
zich interesseren voor ...	**interessar-se** (vr)	[ĩtere'sarsi]
zich scheren (ww)	**barbear-se** (vr)	[bar'bjarsi]
zich trainen (ww)	**treinar-se** (vr)	[trej'narsi]
zich verdedigen (ww)	**defender-se** (vr)	[defẽ'dersi]
zich vergissen (ww)	**errar** (vi)	[e'har]
zich verontschuldigen	**desculpar-se** (vr)	[dʒiskuw'parsi]
zich verspreiden (meel, suiker, enz.)	**derramar-se** (vr)	[deha'marsi]
zich vervelen (ww)	**entediar-se** (vr)	[ẽte'dʒjarsi]
zinspelen (ww)	**insinuar** (vt)	[ĩsi'nwar]
zitten (ww)	**estar sentado**	[is'tar sẽ'tadu]
zoeken (ww)	**buscar** (vt)	[bus'kar]
zondigen (ww)	**pecar** (vi)	[pe'kar]
zuchten (ww)	**suspirar** (vi)	[suspi'rar]
zwaaien (met de hand)	**acenar** (vt)	[ase'nar]
zwemmen (ww)	**nadar** (vi)	[na'dar]
zwijgen (ww)	**ficar em silêncio**	[fi'kar ẽ si'lẽsju]

www.ingramcontent.com/pod-product-compliance
Lightning Source LLC
Chambersburg PA
CBHW071322090426
42738CB00012B/2769
* 9 7 8 1 8 0 0 0 1 7 8 6 3 *